天下文化
BELIEVE IN READING

如何避免數位滲透的陰影

AI底層真相

CODE DEPENDENT

Living in the Shadow of AI

Madhumita Murgia

穆吉亞——著　江坤山——譯

目次

感謝瑪雅和米拉

各界推薦

「在 AI 部署前有系統的理解 AI 對社會與人的影響」是當務之急，因為每一個演算法，都是一次重分配。關心數位社會未來走向的人，當可從本書得到啟發。

——林明仁，臺灣大學經濟系特聘教授

演算法已滲透至社會各個角落，擴大數位落差。作者翔實呈現出在 AI 的陰影下度日的人們，思想行為被操縱，弱勢族群被欺凌，掠奪者藏身於後——如再加以漠視，你我皆將成為其中一員。讓 AI 尊循普世價值，為全人類所信賴，是當務之急！

——洪士灝，臺灣大學資訊工程學系教授

近期大家都在關注如何發展「主權 AI」，但若對於書中所揭示的 AI 底層真相，與可能的數位滲透缺乏足夠理解，那麼我們追求的主權 AI 很可能會演變成「集權 AI」，這是我們絕對不希望看到的。本書以嚴謹的研究和生動的敘述，深刻揭示了人工智慧對人類社會的滲透和重塑。從隱形的演算法到無所不在的數位監控，書中的每一個案例都引人深思。身為科技立委，我更相信這不僅是一部關於科技的書，而是為我們探討未來政策制定、科技倫理的重要指南。強烈推薦給所有關心科技、社會與未來的人。

——葛如鈞，臺灣大學資訊網路與多媒體研究所兼任助理教授

（依姓氏筆劃順序排列）

我們一直期待有人能深入調查人工智慧，本書來得正是時候。穆吉亞走遍世界，細膩的描繪人生百態的每個面向，諸如內心生活、家庭、工作、階級、種族、地理、性別、社區、政治，全都被當今的跨國人工智慧巨擘重塑。最關鍵的地方在於，穆吉亞不僅「講述」，還用動人的細節向我們「展示」，人工智慧只不過是由經濟和政治力量所選擇和塑造，並賦予生命的一系列可能性。儘管監控資本主義所設計和部署的主流人工智慧體制，悄悄帶來日常的暴力和切身的影響，卻都逃不過穆吉亞的法眼。在故事的最後，穆吉亞以持續的呼籲讓我們睜開雙眼看到：如果我們懂得團結一心，為人類和地球奪回我們的數位時代，可能會有什麼樣的未來。

——祖博夫（Shoshana Zuboff），《監控資本主義時代》（*The Age of Surveillance Capitalism*）作者，哈佛大學商學院榮譽退休教授

故事很精采。與人工智慧有關的書籍經常把舞臺留給技術，但穆吉亞卻讓身為人類的您，擔任這本迷人故事集的主角。書中的故事講述了程式碼如何影響我們的未來，遺憾的是，我們常常成為受害者。

——杜索托伊（Marcus du Sautoy），《創造力密碼》（*The Creativity Code*）作者

一本清晰、精闢的書……穆吉亞巧妙的化解艱澀的科技行話和學界術語，揭露人工智慧產業第一線的真實人物……除了做為減輕人工智慧有害影響的藍圖、反思時的指南，本書最終的價值在於，它詳細記錄了人工智慧如何不可磨滅的重塑一般人的生活。沒有任何應用程式能做到這一點。

——《波士頓環球報》（*Boston Globe*）

本書的敘述引人入勝，證明可以利用故事有效的揭露人工智慧的複雜性。穆吉亞的見解和研究既深刻又細緻，為科技與社會的交會提供了罕見而珍貴的視角。

——**阿札爾（Azeem Azhar），加速觀點（*Exponential View*）創辦人**

揭露現存人工智慧技術的隱藏後果。

——《**泰晤士報**》（***The Times***）

矽谷的人工智慧發展歷程充滿令人窒息的內幕，亟需本書所提供的糾正。穆吉亞避開魅力十足的企業創辦人和有感知能力的機器，轉而關注科技泡沫之外的世界，也就是人工智慧推動者聲稱正在改善的世界。各方雇主、政府和企業，開發昂貴的集中式人工智慧模型並加以部署，穆吉亞透過那些提供勞力或給予批評的人，用實際的故事讓我們看見人工智慧和背後商業模式的問題。

——**惠特克（Meredith Whittaker），信號基金會（Signal）總裁、紐約大學 AI 現代研究所（AI Now Institute）共同創辦人**

穆吉亞的報導帶領全球讀者身臨其境，體驗人工智慧對自我的破壞性影響……本書有別於大多數關注矽谷企業家或技術本身的人工智慧報導，穆吉亞把鏡頭對準普通人，描述他們在日常生活中遭遇人工智慧的故事。

——《**君子雜誌**》（***Esquire***）

本書深入探討我們如何讓人工智慧滲透到社會的各個層面，這些幾乎無人能理解的系統正在改變治安、福利、司法、健康，甚至我們的生活。

——《**每日電訊報**》（***The Daily Telegraph***）

本書的強項在於豐富的個人故事……本書囊括作者前往全球各地的採訪，很容易閱讀，是揭露人工智慧陰暗面的重要作品。

——《**衛報**》(***The Guardian***)

這個主題無處不在，每當有新的觀點出現，都令人耳目一新。對於那些努力應對人工智慧革命的人來說，本書是必讀之作。

——《**新科學人**》(***New Scientist***)

藉由一系列生動、多元的戲劇化內容，穆吉亞確實在人類社會的激烈競爭之中找出人工智慧的影響。她發現強大的技術一旦脫離科技實驗室和智庫的道德框架，並與野心、迷信、不平等、抗爭等其他事物交互作用，就會帶來徹底的混亂。

——《**文學評論**》(***Literary Review***)

前言
我們身為人類的基本經驗正在改變

十多年前，我開始從事新聞工作時，很好奇一種聽起來無害的數位物件，它叫做「網路餅乾」（cookie）。

我想我知道這玩意兒。那是出現在裝置上的一段程式碼，能做為標記機制，讓網路公司辨識我，更加了解我在網路上的行為。每當我用手機或電腦造訪某個網站，這些網路餅乾就會跳出來，徵求我的同意，開始留下數位麵包屑的路徑。所以我決定查清楚它們通往何處。

為《連線》（*Wired*）[1] 雜誌做這項報導讓我掉進一連串眼花繚亂的兔子洞，至今還沒有完全爬出來。我的報導把「資料仲介」（data broker）的灰暗世界公諸於世，這些躲在暗處的公司四處蒐集我們在網路上的活動資料，把它們變成可兜售的個人檔案，這些檔案描繪了我們今日的貌樣，也顯示了我們未來的可能模樣。最終，我不僅揭露資料仲介的面目，更深入全球最有價值的公司，掌握他們的商業模式，這些科技巨擘的賺錢之道都很一致，就是把我們的生活轉換成資料雲，再加以販售。

但在我追蹤這條路徑之前，我不確定自己是否真的想花幾個月的時間撰寫一堆統計資料。我必須更具體的掌握報導內容。這些資料究竟看起來是什麼樣子？所以我把一個非常熟悉的人當作目標，並追蹤他的個人檔案，那個人就是我自己。

為此，我找上艾歐塔（Eyeota），它是廣告科技界的一家小型新創公司。艾歐塔公司一步一步教我，把網路瀏覽器所蒐集到關於我的資料提取出來，然後逐一為我解釋。

資料是「匿名」的，當艾歐塔公司把完整報告寄給我的那個下午，我正搭火車要前往布萊頓，報告有十幾頁，是由信用評比機構兼做資料仲介的益百利公司（Experian）彙整。

當時，益百利公司把人分成六十四類，我被歸類在「前途光明的年輕人」，意指住在城市公寓的年輕專業人士。

這份檔案描述了一名二十六歲的英籍亞裔女性，她在媒體業工作，住在倫敦的西北區。內容詳細列出她看電視的習慣（常看隨選視訊而不是有線電視）、食物喜好（愛吃泰國菜和墨西哥菜），以及晚上和週末的活動，甚至詳細分析她的花費：大多花在餐廳和旅行，而不是家具或汽車。

艾歐塔公司寄來的資料列出這位女性過去幾年的休假次數，並指出她都是臨時購買機票，暗示她沒有任何孩子或貸款，而且通常在森寶利超市（Sainsbury's）買雜貨，不過那只是因為她回家時剛好會經過。資料還預測：她會在上班時讓清潔工人自行進屋清理。

除了日常活動，檔案最後還有一小段勾勒出她的「自由多元意見」，包括野心程度、政治傾向和人格特質（樂觀、野心勃勃、不容易因他人觀點而搖擺）。

我至今難以忘懷當時那種震驚的感覺。接下來一小時，我茫然思索著這組特徵，它幾乎可以定義我這個人。當然，這個資料雲並無法忠實的呈現真實，畢竟它錯過很多讓我之所以成為我的微妙之處，但我的網路資料還是提供了一套模式，讓這些網路餅乾創造出一個近似值，一個模糊但可辨識的我。

這篇報導刊在2014年的《連線》雜誌，向大眾揭露一個價值數十億美元的產業。我們在線上和線下的行為會被蒐集起來，打包成鉅細靡遺的個人檔案，就像我找到的那樣，然後由這些公司加以販賣。這項發現讓我知道，有一個商業模式是藉由我們的數位行為來獲利，而且利潤豐厚。

我們的資料成為商品

面對這個蓬勃發展的資料經濟，我開始拆解它的結構。每次我點擊滑鼠，跟谷歌地圖、優步（Uber）、Instagram，或是非接觸式信用卡等線上產品產生互動，我的行為都會記錄在這些小小的網路餅乾裡。這些無害的資料集再跟我的市政稅或投票紀錄等公開資訊、我的網路購物習慣和即時位置資訊相結合，就可以透露很多關於我的資訊，從我的性別和年齡，乃至人格特質與未來決策等細節。

你我的生活都被轉化成這樣的資料封包，然後向外兜售。最終，我們都是商品。

我在十年前短暫窺見「資料抓取」（data scraping）這個新生的世界，從此心中播下一顆種子，開始著迷於現代世界的一般生活會產生哪些資料，以及它們如何被運用。

這類資料的轉移成為一些公司的商業基礎，而我接下來的職業生涯都在觀察、記錄這些公司在財務與其他方面的命運，當中的佼佼者有谷歌、Meta 和亞馬遜（Amazon）等。這些企業巨擘的平臺湧入全球數十億人，產生大量的資料，為了賺錢，這些企業已經學會精煉資料並加以探勘，利用它來販售個人化和目標式的推薦、內容和產品。

人工智慧（Artificial intelligence, AI）則是這門巨量資料生意的繼承者。我在 2014 年第一次聽到這項科技，儘管字面上的意義近年不斷產生變異，但基本上，AI 是一種複雜的統計軟體，可以從現實世界的大量資料中尋找出模式。

這項技術之所以在過去幾年有驚人的進展，主要是因為三件事：關於人類行為和創意的可用資料呈現爆炸式成長、處理這些資料所需的晶片功能日益強大，以及少數大型科技公司憑藉雄厚實力投入大量資源加速發展。

谷歌和 Meta 等科技巨擘已經開始應用機器學習，盡可能縮小廣告目標，使得自己的市值提升到一兆美元。美國社會心理學家暨哲學家祖博夫（Shoshana Zuboff）所謂的「監控資本主義」，指的就是這種靠個人資料賺錢的商業模式。

藝術家布萊多（James Bridle）在 2023 年的文章提到：「這些公司的賺錢之道是讓自己進入日常生活的每個面向，包括我們生活中最個人與最有創意的領域，像是祕密愛好、私人對話、個人特徵，甚至畢生夢想。」[2]

AI演算法滲透我們的生活

如今，我們的日常生活充滿這些以資料為基礎的自動化系統，它們的內部運作決定了我們的個人感情、工作時的權力動態，以及我們與國家的關係。就像我們曾經依賴彼此一樣，我們依賴演算法技術，而為了適應演算法，我們的生活方式正在改變，全球皆然。

無論打開谷歌地圖規劃假日行程、呼叫智慧型助理，預約優步或是自動駕駛的慧摩（Waymo），都是在跟某種形式的 AI 打交道。你在網路上看到的社群媒體動態內容，以及高爾夫假期或兒童服飾的廣告，都是廠商利用 AI 針對你而投放的。你想要向銀行申請貸款時，會受到 AI 的篩選。你為住宅或汽車保險付出的價錢也是由 AI 決定。你在面試工作時，臉部表情和反應可能會受到 AI 的分析。甚至你可能會利用 AI 來填寫求職申請表。如果你碰到刑事案件並進入司法體系，你的命運（保釋或入獄）可能也是由 AI 決定。

今天，AI 軟體可以幫助人類專家在醫療診斷、公共福利、抵押貸款申請、招聘和解雇等領域做出重要的決策。甚至，化學家、生物學家和遺傳學家等研究人員，也開始使用先進的 AI 軟體，加速科學發現的過程。[3]

最近幾年，我們看到 AI 技術裡有個新的領域興起，那就是生成式 AI（generative AI），這種軟體可以撰寫文章，創造影像、聲音和影片，成品幾乎與人類的產出沒有差別。生成式 AI 以人類的創意為基礎，藉由數位化的書籍、報紙、部落格、相片、藝術作品、音樂、YouTube 影片、紅迪論壇（Reddit）貼文、網路相簿和整個英語網路進行訓練。它吸收這些知識之後，能夠不經思考，自行重新混合這些類似人類的能力，產生拙劣版的創意產品來娛樂我們。

對很多人來說，ChatGPT 是生成式 AI 的具體例子，這個服務能依據對話式的詢問，提供詳細的答案，這是我們首次能與 AI 系統直接互動，更神奇的地方在於，它可以使用人類的書面語言，與我們「交談」溝通。

這代表我們和機器的關係產生深遠的變化。由於新一代的 AI 可以使用文字和視覺來表達與回應，而且是用我們的學術和創意產出進行訓練，因此可以輕易操縱我們的心情和情緒，並用前所未有的強力方式，說服我們應該如何思考與行動。

這十年來，我已經看到 AI 不知不覺進入我們的生活，當我開始寫這本書時，我想要找出人類遭遇 AI 的真實案例，清楚展示我們依賴自動化系統的後果。現在，生成式AI系統的興起讓揭露現實的需求變得明顯而迫切。我們過去這一年已經看到，不管是工作、兒童教育，或是創意等方面，ChatGPT這類技術已經對人類產生衝擊。但AI同時也影響了人類社會的其他重要領域，像是健康照護、治安監管、公共福利和軍事戰爭，在在造成漣漪擴散般的後果和長遠的社會變化。AI正在改變我們身為人類的基本經驗，這就是本書的重點。

我們隨時會成為故事主角

《連線》雜誌的工作讓我成為根深柢固的科技樂觀主義者。每天撰寫有關基因編輯、飛行汽車、3D列印月球基地和腦機介面（brain-machine interface）的文章，很難「不」對人類的巧思和高科技發明感到驚艷萬分。我著迷的還有創新者本身，尤其是狂想的發明家、性急的創業家，以及非理性的夢想家。

因此，當我開始為這本書進行研究時，我希望能找到一些故事，揭露人工智慧如何解決棘手的問題、接受難以克服的挑戰，並大幅改善人們的生活。這是「所有」新科技的承諾，也是我在多年前學會相信的事情。

這些故事都有可能變成你的故事。AI系統會影響你的健康、工作、財務、小孩、父母、公共服務，甚至人權，如果現在還沒有影響，將來也會。

我想要問一些小小的人性問題。對著黑盒子系統「講話」的感覺如何？在人類或機器之間，你可以有選擇嗎？當應用程式做出的決定改變了你的人生，你要如何提出申訴？你必須知道哪些資訊，才能投以信任？你又怎麼知道，什麼時候「不」該相信？

為了找到答案，我的足跡踏遍世界各地，觀察無所不在的自動化系統如何形塑不同社區的生活方式。你即將讀到的每個生命故事，都描繪出人工智慧對於個人自我價值、家庭、社區和更廣泛的文化，造成意想不到的後果。透過這些故事主角的經歷，我希望自己能回答一開始提出的問題：人工智慧如何改變了身為人類的意義？

大型公司進行新型態的壓迫

儘管我內心對科技抱持著樂觀的態度，但我發掘的各類故事卻呈現出迥然不同且更為黑暗的樣貌。

我刻意把關注焦點放在那些生活在矽谷以外的人，他們遠離科技力量的核心，卻仍受到這批新科技的影響。在我一一揭露他們的故事時，很難避開房間裡的大象（顯而易見卻遭眾人忽視的事）：權力集中在具有絕對優勢的少數幾家公司手裡。[4]

在探索這種不平等的過程中，我找到社會學家庫德瑞（Nick Couldry）和麥傑斯（Ulises Mejias）寫的書《連結的成本》（*The Costs of Connection*），他們在書中提及「資料殖民主義」（data colonialism）

這個重要的概念。他們指出，現代的土地掠奪就是把人類的生活轉化成連續的資料流。他們透過這股永不停息的資料流，看見殖民主義的歷史連續性，過去的不平等持續擴大，社會的資料化（datafication）最終只不過是一種新型態的掠奪與壓迫。

庫德瑞指出，那些幫優步、戶戶送（Deliveroo）或挨家戶（DoorDash）等應用程式打零工的人，他們的生計和生活都受到演算法的控制，這些演算法決定了他們的工作分派、工資，甚至解雇等面向。庫德瑞告訴我：「這是暴政。我們必須遵守哪些限制，才能讓人們擁有合宜的生活呢？當中牽涉到一些道德層面的問題，所以世界各地的人們必須團結起來。巴西、印度、中國和美國的工人都面臨同樣的掙扎——這個問題目前在舊金山或許看起來並不急迫，但很快就會變得急迫了。」

對我來說，這個架構是個啟示。慢慢的，本書每個人物之間的關連開始變得明朗清晰，就像拍立得相片從一團模糊的形狀中逐漸呈現出鮮明的對比。我意識到，先前我蒐集人們與演算法的相遇，這些故事看似涵蓋不相關的人物、時間和地點，但其實可以預測出把這些遭遇串連起來的架構，而且世界各地有一群為數不多、但成員逐漸增加的學術人員已經把架構概念化。就我所知，為這些概念提出初期基礎的人包括：葛布魯（Timnit Gebru）、波拉維尼（Joy Buolamwini）、克勞馥（Kate Crawford）、歐尼爾（Cathy O'Neill）、惠特克（Meredith Whittaker）、尤班克斯（Virginia Eubanks）[5]、諾博（Safiya Umoja Noble）[6]。我注意到她們全都是女性，專業領域是研究 AI 對邊緣化群體造成的不當傷害。

我在閱讀她們的著作並順著查找她們引用的學術論文時，發現一群人數更多，但更不為主流所知的作者。這些研究人員大多數是西方英語世界以外的女性有色人種，其中包括墨西哥的里考特（Paola Ricaurte）[7]、衣索比亞的比爾哈尼（Abeba Birhane）、印度的安娜嘉（Urvashi Aneja），以及拉丁美洲的米切利（Milagros Miceli）和佩尼亞（Paz Peña）。這些女性親眼目睹自身社群內的歧視和社會不公，而且很多人住在本書所提的地方。

從她們的研究中，一次又一次的吻合庫德瑞和麥傑斯的資料殖民主義理論，最終得出的結論很一致：機器學習這類「可擴充系統」（scalable system）的建構宗旨是為了造福大型群體，但若要運作良好，通常會犧牲某些人的利益。這裡說的「某些人」通常是早已被他者化（othered）的個人或社群，在社會的模糊邊緣浮浮沉沉，努力想要被看見和聽見。光是本書提到的民眾生活，我就可以看到 AI 系統如何對女性、黑人和棕色人種、移民和難民、宗教少數群體、窮人和失能者等人士，造成有害的影響。

人類和生活中無處不在的程式碼相互依存。如果我們對 AI 系統的運作方式過於無知，就意謂著我們無法適時得知它們何時會出錯或造成傷害——尤其是對弱勢群體。反過來說，如果 AI 系統不知道我們的本質、倫理偏好、歷史和人性，也無法真正的幫助我們所有人。

我們需要重拾人性與自尊

機器學習模型的威力在於，它們能夠建立人們通常看不到的統計連結。它們的決策和方法不是由打造它們的人來決定，所以它們被形容為黑盒子。照理來說，這會讓它們比人類對手來得客觀，但它們的推論過程卻可能不透明，且違反直覺——甚至對創造它們的人來說也是如此。

例如，開發新冠肺炎診斷演算法的研究人員使用一組肺炎胸部 X 光片做為對照組，它們剛好都來自一群年齡為一到五歲的孩童。這導致模型學錯方向，它們會判別兒童和大人，而不會區分新冠肺炎和普通肺炎的病人。[8] 這些系統是神祕的實體，具有超出人類經驗的認知模式。

除了技術上不透明，生活受到自動化系統影響的人們很少意識到自己受到影響。演算法以潛移默化的方式進入社會，侵蝕了我們個人的自主感，同時也削弱了我們信任的專家原本具有的權力和能動性（agency，我們對自身行為與行為後果的控制感），進而改變我們的社會。

如果有人注意到演算法正在做的決策會影響他們，就算想反映意見，他們通常也會被機構和公司的系統運作拒於門外。我們全都陷入「電腦說不」的無限循環裡。

失去自主感和控制感，意謂著我們更不容易為自己的行為負起責任。要在法律上把責任與判斷歸咎於個人或企業，也會變得更加困難，因為當事人或企業可以把責任推給 AI 軟體。畢竟，機器還無法受審。

1980 年代，史丹佛大學心理學家班度拉（Albert Bandura）指出，能動性是人性當中的固有部分，而且最終影響人類的演化。他表示，人類不只是生活環境和社會的產物，而是「貢獻者」。[9]

班度拉把人們發揮影響力的方式概述為三種：個人、群體，以及透過代理人。代理人通常是具有專業或資源的人（像是醫師、執法人員，或是民意代表），我們選擇他們幫忙發聲，然後集體匯聚他們的知識和力量，為所有人打造更美好的未來。

所謂的能動性是指，個人察覺自身的行為與欲望，且覺得自己足以產生改變的能力，而哲學家相信，一個人的自由終究與能動性的品質密不可分。但 AI 系統正以大大小小的方式影響能動性，讓我們產生個人權力被消除的感覺，甚至覺得自己失去自由意志。

這就是人類社會面臨的困境：在未來幾年，AI 和其他統計演算法的管理方式將深刻的影響所有人。然而我們卻缺乏工具來質疑這種變化。我們並不完全理解它們的影響。我們無法決定要在這些系統的程式碼裡添加什麼樣的道德感。至於要對 AI 軟體施加什麼樣的控制，我們也意見紛歧。我們集體把道德權威交給電腦。

但是當人們覺得自行管理行為和注意力的能力被剝奪之際，AI 系統卻出乎意料的強化了「集體」的能動性。說來諷刺，自動化系統的本質（不透明、缺乏彈性、經常改變和不受管制）正促使人們團結起來進行反擊，試圖恢復人性。

藉著反思 AI 的進展，我們可以開始處理權力不均衡的問題，並朝著改正的方向前進。我希望這本書裡的人物經歷能讓我們從恐懼中覺醒，重新拿回能動性和自尊。我挑選的對象有：印度鄉村的醫師、美國匹茲堡的食物外送員、非裔美籍工程師、保加利亞首都索菲亞的伊拉克難民、英國詩人、阿根廷官員、阿姆斯特丹的單親媽媽、流亡的中國異議份子，以及羅馬的神職人員。表面上來看，這些人物好像沒有共通性，但是當我拉動這些獨立的線頭，它們卻形成了紋理清楚的圖案，而你就位在中心。

1

AI產業中的隱形工人

前途似錦

9 月的一個早上，空氣有著赤道夏日的悶熱感，看來就快要下雨，不到九點，衣服已經緊貼著皮膚。我來到肯亞奈洛比近郊的基貝拉，抵達一家門庭若市的咖啡館，名叫康妮咖啡角落（Connie's Coffee Corner），寇利（Ian Koli）在外頭等候。當我自我介紹時，寇利的朋友暨前同事恩吉托（Benjamin Ngito）也來了，他伸出手臂打招呼，大步走向我們。

恩吉托和寇利在薩碼公司（Sama）工作時認識了彼此，薩碼公司是一家把數位工作外包到東非的美國非營利組織（2019 年引入商業模式，成為營利公司）。恩吉托身穿褪色的「極度乾燥」（Superdry）T 恤，頂著兩天未刮的鬍子告訴我，他就是從我們現在站的地方開始薩碼公司的旅程。早在 2008 年，薩碼公司的招募團隊告訴他，如果能找到二十個當地的年輕人在康妮咖啡角落附近的網咖做資訊科技訓練，就會給他一筆費用。但他只找到十九個願意參加的人。恩吉托說：「所以我插上一腳。沒有辦法，我需要錢。」他最後在薩碼公司工作了五年。

十年後，寇利聽說有工作機會，原本以為是什麼行政或清潔工作，當朋友告訴他是人工智慧方面的工作時，他嚇了一跳。他說：「我不知道 AI 是什麼意思。」他從來沒有坐過辦公桌，更別提進入科技業，他年輕時做過各種非正式的工作，諸如清潔工人、砌磚工人、草根政治組織者。當他找不到工作時，就會接受當地政客的一點施捨，然後在選舉期間於當地社區製造一些「騷亂」，像是設置路障、焚燒輪胎，或是朝警察丟石頭。他說：「在貧民區這裡，過一天算一天，一拿到現金報酬，就去買食物。」

恩吉托和其他朋友告訴寇利，幫薩碼公司工作改變了他們的生活。寇利心想，或許這也能改變他的生活，讓他能搬出跟其他六名年輕男性擠在一起的住處，甚至能為未來存一些錢。所以他也加入薩碼公司，一直工作至今。

新冠病毒封城期間，我和寇利透過線上會面的方式討論薩碼公司和他的工作，當時他還是一個瘦小的孩子，臉上掛著羞赧的笑容，留著凌亂的鬍子。今天，寇利要帶我們去看他的新家，他、妻子和四個月大的嬰兒一起住在這個位於基貝拉市中心的房子。他說：「情況不一樣了。」

位在奈洛比中心的基貝拉社區是個非正式的聚落，也是非洲最大的貧民區，住了許多該國最貧窮的家庭。這個擁有百萬人口的幽暗城市不斷在變動，同志情誼、討價還價和人性場面川流不息。我們像紙船一樣在其中載浮載沉。看到車轍和溝渠不用閃避，那是用來走的。在這些窄路上，行人必須閃避波達波達（boda-boda，一種摩托車計程車）、肆無忌憚按喇叭的貨車，以及踢足球的孩子。肉販和理髮店必須跟女性髮廊與雞肉店競逐空間。每個店家都在廣告 M-PESA 服務，那是此地無所不在的非洲數位錢包。靜止的空氣中瀰漫著油膩垃圾、熱氣和人類所產生的刺鼻氣味。

基貝拉是一個不斷變形的複雜有機體，擁有村莊、部落和社會階級。這裡有著眾人心照不宣的階級制度。從我們所在的地方往山上走，那裡是萊尼薩巴（Laini Saba），犯罪猖獗，房子都是用泥土或帆布搭建，往往六、七個人擠在一間房子裡。但是在寇利住的小村莊加特維基拉（Gatwikira），居民可以擁有一間用鐵皮甚至是磚瓦蓋的小屋，只跟一、兩個人合住，而且大白天走在馬路上不必害怕。

寇利告訴我，基貝拉的居民活著就是為了生存，要不斷爭奪數量稀少的水、電和工作，他們被迫共享這些資源。讓他們團結在一起的是對社區的強烈忠誠，以及對國家的集體不信任。平息爭端都是靠當地的領袖，俗稱長老。他們叫管理此地二十年的政客為「爸爸」。

我從來沒有造訪過奈洛比，但我在孟買長大。不知何故，奈洛比基貝拉的創業精神、日常的悲傷和灑脫的歡樂，讓我想起了家鄉。

當我們抵達寇利住的區域，他站在木製階梯前豎起拇指往上比了比，微笑著說：「二樓。」架高在這裡是很罕見的，也是一種驕傲。我們往上走，彎低身子穿過一條由兩旁簡陋房屋所構成的狹窄隧道，經過一條滿是破損屋頂的林蔭大道。空氣傳來清新的肥皂味。外面的居民都是女性，正忙著把成堆剛洗好還在滴水的衣物掛起來。有些人把孩子綁在背上。她們點頭向我致意。

寇利帶我到左邊最後一間房子。一顆裸露的燈泡照亮了這個整齊的空間。基貝拉城市背景的嘻哈樂在這裡變得模糊而遙遠。在這突然寂靜下來的空間裡，一臺桌上型風扇正嗡嗡作響。寇利說：「這是我的家。非常歡迎你（Karibu sana）。」

寇利家的每個空間都獲得充分利用。房間裡舒適的擺了一張沙發和兩張椅子，倒放的條板箱充當桌子，角落裡有一張大床，用來保持隱私的窗簾則是佩茲利渦旋紋花樣。其中一面牆的前面，有十幾雙的運動鞋陳列在鴿籠式分類架上，棒球帽整齊的掛在下面。目光看不到的床腳邊，放著這家人用來煮食物的爐子。

筆記型電腦放在大電視機旁的高層架子上，就像某種神祇一樣。網飛（Netflix）已經打開，正無聲的循環播放一系列好萊塢和寶萊塢電影與影集的廣告。2020 年底，薩碼公司與當地電信供應商合作，在基貝拉大部分地區和市內其他地方鋪設光纖寬頻，讓處理員於疫情期間能在家工作。寇利是家裡連網的工作者之一，所以他突然在鄰里間變得很受歡迎。

他說：「這裡是我的行動辦公室，我早上醒來，工作一整天，把工作完成之後，就有時間去上學。我想要學程式設計。」去年，寇利獲得薩碼公司贊助一筆上大學的獎學金，目前正在攻讀資訊科技的學士學位。

有事可做讓心態改變

寇利在薩碼公司的工作是做資料注解；人工智慧軟體需要用資料集加以訓練，寇利為資料集創造詳細的標籤。換句話說，他協助全球企業訓練人工智慧軟體。

寇利主要的工作是幫無人駕駛車做影像標記。福斯、寶馬、特斯拉、谷歌和優步等公司研發的車輛上配有電腦，它們必須知道如何判讀路況，諸如道路標誌、行人、路樹、道路標線和交通號誌，才能控制車輛的駕駛功能。寇利通常會收到車輛沿著不知名道路行駛所擷取的駕駛者角度影片，有點像是駕駛新手的危險感知測驗。相關指示會要求他標記每一個他看到的物體，方法是在它們的周圍畫上邊界框（bounding box）。他會在影片裡所有可見物體的周圍畫上小小的長方形，其中包括車輛、人類、動物、樹木、街燈、斑馬線、垃圾桶、房屋，甚至是天空和雲朵。

這些任務讓我想到「我發現」（I Spy）遊戲，我帶家中幼兒外出時常常玩，無論是搭車、走路或騎車，他們都會用稚嫩的聲音得意的大喊「籬笆」、「大門」、「女孩」、「小狗」、「卡車」。要用標籤幫一小時的影片做注解，可能得花寇利整整八小時。

儘管這項工作看起來很重複，甚至不太需要用腦，但寇利並不介意。「我覺得挺有趣，因為我學到很多關於交通規則和號誌的事情，」他告訴我，他可以累積這些知識，等到哪天能開車時就可派上用場。他也會標記住宅內部和人體骨骼的各種關節。他解釋，自己並不需要知道關節的名字，只要在影像上以視覺的方式標記出來。

寇利小時候喜歡玩電線和電子零件，夢想著有一天能當電機工程師。高中畢業時，他必須照顧母親和妹妹，也沒有錢上大學。「現在我想要當開發人員。當我加入薩碼公司，我心想我們在這裡做的這些事，其實是通往特斯拉這家公司或特斯拉技術本身的墊腳石。」

一提起特斯拉，恩吉托就忍不住發笑。「我在電視上看過馬斯克（Elon Musk）。我說，嘿，我在幫那個人打造車子！」

寇利希望自己最終能夠創業，我在基貝拉見過的奈洛比當地人很多都有這樣的夢想。他說：「你知道，在街上製造混亂，那是日常任務，是跟著哥哥姊姊們做的事。但在你找到讓自己忙碌的事情之後，你的心態會改變，你的想法不再像是貧民區的孩子或是傳統的基貝拉人，反而會跳脫框架。」

恩吉托以前也是隨傳隨到的煽動者，當地政客會付錢雇用他，叫他朝警方丟石頭。現在，他剛成立自己的徒步導覽公司，還經營一家雞肉店，帶領一個青年政治運動組織，而且正在開設一家酒吧。他更涉足賣水和賣電，這些利潤豐厚的生意在基貝拉是由勢力龐大的壟斷集團所控制。在林迪（Lindi）這個基貝拉的村落裡，恩吉托是年輕人的領袖，他會在空閒時間協助孩子申請正式的辦公室工作。「我可以把薩碼公司的精神和文化灌輸到我在這個區域遇到的人身上，不斷傳遞下去。」

寇利也協助朋友找正職。他說：「有個傢伙是我在學校結交的朋友，他以前幹扒手，每天都犯罪。當我幫他牽線之後，他加入了薩碼公司，整個人徹底改變。如果我說他從前是個壞傢伙，你一定不會相信，會以為我在說謊。」

提到犯罪讓恩吉托感到愧疚。他看著寇利說：「我想在明年之前搬離基貝拉。我希望你也能搬家。」

寇利說：「我正在計畫，三年後，我應該會離開基貝拉。」

恩吉托提醒寇利：「但你要加快速度，你有離開的責任。我一直告訴你，嘿，你甚至不需要在薩碼公司擔任組長。在這個世界上，你可以成為任何你想成為的人。老兄，我知道你前途無量。」

演算法的訓練產線

當你把車開上蒙巴沙路（Mombasa Road），基本上是沿著奈洛比國家公園的邊緣走，這個原始的綠洲讓奈洛比成為非常稀奇的城市中心，當你馳騁在快速道路上，可以在高樓大廈旁邊看到長頸鹿。薩碼公司的主要設施就位於這條馬路，是大型商業園區裡一棟四層樓的建築物，可容納兩千八百多人。外頭豎立的招牌寫著薩碼，還有公司的標語：「AI 的靈魂」。

這棟建築物的地板和牆壁採用拋光的混凝土，並以波浪狀的鐵皮裝飾。室內裝潢採用回收的木材和錫，到處掛著當地的藝術品和盆栽植物，色彩非常繽紛。有人告訴我，這應該能讓員工想起他們原本位於非正規住宅區的家。設計者諮詢過早期員工，決定使用他們熟悉的材料，希望員工覺得這個空間賞心悅目，而且有歸屬感。

薩碼公司的建築物很有美感，但終究是辦公室。薩碼公司稱他們的員工為處理員，這群處理員坐在電腦前，不斷按著滑鼠，在各種影像的周圍畫出形狀。一個又一個的房間裡擠滿了二十多歲的年輕男女，不斷在點擊、畫線、打字。這個工作需要精準與專注，動作卻很重複，有點像是形狀分類、字詞標記、點擊按鈕的遊戲。

雖然對 AI 系統來說，這些任務既新奇又複雜，可是對人類來說，大多簡單且顯而易見。儘管處理員有時候會相互討論，但大多時候都專注在自己的螢幕，每隔幾秒鐘就處理好一張影像，不斷持續下去。嘻哈音樂從某個角落流洩出來。點擊滑鼠的聲音剛好對著節拍。一組處理員在幫行駛於中國和日本街道上的車輛影像加上標籤，其他處理員在標記的影像則有玉米株的特寫照片、歐洲城鎮的衛星影像、吊起木頭的運木卡車，還有女性服飾。點擊、畫線、打字。

平均來說，這裡的員工大約從早上七點開始工作，持續八個小時。薩碼公司的員工先前大多是做些非正式的工作，例如家務清潔，或在街上賣印度麵餅洽帕提（chapati）。因為 AI 供應鏈已經拆解得非常細，很多員工幾乎都不知道他們協助打造的商品到最後是何樣貌，或有何商業價值，但他們很清楚自己在幫一些最先進的科技應用程式訓練軟體，像是導航、社群媒體、電子商務和擴增實境等。

例如催生出 ChatGPT 的 OpenAI，就聘請薩碼公司的員工對數以萬計有害和寫實的文本片段進行分類和標記，文本內容包括兒童性虐待、謀殺、自殺和亂倫等描述。他們的工作能幫助 ChatGPT 辨識、阻擋和過濾這類問題。

這些處理員大約以二十人為一組團隊，除了兩次排定好的飲食休息時間和上廁所之外，幾乎整天都在幫資料做注解，只能一直待在桌子前面。組長比較機動，會穿梭在各排處理員之間，檢查他們的工作。在每條產線的末端，品管分析師會抽查這些處理員的注解工作。

一到預定的午餐休息時間，處理員會吵鬧的魚貫走到樓下的自助餐廳，經過「請安靜！」的標語，加入拿取食物的蜿蜒人龍。今天的菜色有燉牛肉、香菜飯、醬油高麗菜絲，以及馬鈴薯蔬菜泥（mukimo）——這是一道把蔬菜加進馬鈴薯泥裡的肯亞菜餚。紙碗裡的切片西瓜正冒著水滴。所有人會一起用餐。

我找到一張長桌坐下來吃飯，桌邊坐滿了吵雜的員工，包括處理員、組長和營運經理。莉莉歐莎（Liliosa）是一名三十多歲的經理，負責評估公司對處理員的生活有何影響，此刻盡情暢談殖民主義、英國王室和肯亞選舉。她目前正在寫一部關於肯亞自由鬥士反抗英國的嘻哈音樂劇。她告訴我：「政治是我們的文化。

這跟部落有關，每個部落都希望是自己當家，但年輕人不再關心了，他們只想要有網路、工作和金錢。」

午餐時間一過，自助餐廳很快就空無一人，我回到處理員標記資料的樓層。一名年輕男性正在處理幾十張的世界各地建築、中國寶塔和法國公寓的影像，標記它們是歷史建築或現代建築。對於每張影像，他還必須點選一系列的方格來描述畫面：富有情調、飽和度高、色調銳利或復古。點選、點選、點選。目前他停留在一張東京佛教寺廟的影像上，這座寺廟雖然是日式古老佛寺，但前面卻聳立一座現代的電波塔。他覺得這個影像融合了歷史和現代，因此決定兩個選項都點擊。

我後來發現，他每次的點擊和勾選都在幫建材銀行（Material Bank）訓練演算法。建材銀行是一個能夠搜尋和訂購建築和設計材料樣本的平臺，訓練影像分類演算法的目標是要創造一個客觀工具，能提取最相關的資訊。這意謂著，當你搜尋特定的建築材料或建築風格，演算法可以提供你需要的完美範例。

他怎麼知道自己是否做對了？他告訴我：「有時答案並不明顯，這時跟著感覺走就對了。」

機器中的靈魂

試圖打造出超乎常人的智慧機器並不是什麼新鮮事。在十九至二十世紀之交，猶太人的民間傳說描述過十六世紀末有「魔像」（golem）出現，它原本是泥偶，由布拉格的拉比勒夫（Rabbi Loew）賦予生命，保護當地猶太人不受反猶人士的攻擊。

故事的結局很好預測，魔像抓狂，最後毀在創造者手裡。這個故事和兩樣事物遙相呼應：一是雪萊（Mary Shelley）的創作《科學怪人》（*Frankenstein*），這部近代的作品協助催生了科幻小說文類；另一是最近新聞熱潮的 AI 論述，人們似乎愈來愈擔心惡意 AI 帶來的危險。

今天，真實世界的 AI 沒那麼有自主性，反而更像一種輔助技術。大概從 2009 年開始，我們密集使用連網設備和網際網路產生的大量資料，加上不斷增強的晶片運算能力，促成技術突飛猛進。值得一提的是，這導致了一個 AI 子類別的興起，那就是機器學習及衍生的深度學習（deep learning），兩者都在教電腦軟體從大量資料中找出統計的相關性，範圍涵蓋文字、影像、程式碼或數字。

找出模式的方法之一是讓 AI 模型看過數百萬個標記好的範例。這種方法需要人類費心標記所有的資料，這樣電腦才能夠進行分析。沒有這些負責標記的人，做為自動駕駛車和臉部辨識基礎的演算法就與目盲無異，它們沒辦法學習模式。

以這種方式打造的演算法，如今能在醫學、刑事司法、社會福利，以及抵押貸款申請等諸多領域，強化或替代人類的判斷。生成式 AI 是最新一代的 AI 軟體，可以產生文字、程式碼和影像。這讓它們能化身為創意助理，協助教師、財務顧問、律師、藝術家和程式設計師共同製作原創的作品。

為了打造 AI，矽谷最有名的公司都在自家腹地爭取名額有限的資訊科學人才，支付數十萬美元給剛出爐的博士。但要利用真實世界的資料來訓練和配置 AI，同樣的企業卻找上薩碼這類公司，這類公司擁有的一大票員工具備基本的數位素養，薪資卻不高，且就業狀況不穩定。

薩碼不是全球唯一提供 AI 訓練服務的公司。Scale AI、Mighty AI（現歸優步所有）、澳鵬（Appen）、蜂巢微（Hive Micro）和艾美瑞特（iMerit）等新創公司，以及埃森哲（Accenture）和威普羅（Wipro）等較傳統的資訊科技公司，都是這個不斷壯大產業的一部分，據估計到了 2030 年，這份產業的價值將達到一百七十億美元。[1]

AI供應鏈中的寶貴人力

因為 AI 公司需要標記的資料量實在太大，多數新創公司都把服務外包給收入較低的國家，在這些地方有許多像寇利和恩吉托這樣的工人，能雇來篩選和詮釋資料，以便訓練 AI 系統。

逃離家園的敘利亞醫師訓練的醫療軟體能協助英國醫師診斷前列腺癌；在經濟衰退嚴重的委內瑞拉，失業的大學畢業生幫電子商務網站分類流行商品；[2] 在加爾各答貧窮的穆斯林社區梅蒂亞布魯茲（Metiabruz），赤貧的婦女幫亞馬遜智慧型喇叭的語音片段加上標記。[3] 他們的工作揭露了一個幾乎眾人皆知的祕密：所謂的人工智慧系統無法獨立「學習」，這項技術的驅動需要人類，而且是數百萬名的人類。在全球的 AI 供應鏈裡，資料處理員是寶貴的人力環節。

這股勞動力大部分是分散式的，而且組成分子多是社會中最脆弱的工人，包括弱勢青年、扶老攜幼的婦女、少數族群，以及移民和難民。AI 公司及合作的外包廠商都說他們的目標是要把這些社群納入數位革命裡，無論這些人的生活有多麼不穩定，都會提供他們安全穩定和合乎倫理的工作。但我後來發現，資料處理員就跟工廠工人一樣不安穩，他們的勞力付出大多不為人知，目前仍是 AI 產業裡被低估的基礎。[4]

隨著這群人從暗處現身，記者和學者開始了解這些分散在全球各地的工人如何影響我們的日常生活，從 ChatGPT 等 AI 聊天機器人產生的熱門內容，到我們滑抖音（TikTok）、Instagram 和 YouTube 時看到的內容，以及線上購物時瀏覽到的物品、我們駕駛的車輛，甚至我們吃到的食物，都是藉由資料處理員的協助進行整理、標記和分類。

米切利是阿根廷的研究人員，目前在柏林以民族誌的角度研究開發中國家的資料工作。她剛開始做研究的時候，找不到任何有關 AI 勞工的親身經驗，也不知道這些人的真實身分和工作樣貌。她說：「身為社會學家，我覺得這道鴻溝很巨大，沒有多少人真正了解這些人。他們到底是誰、他們如何執行工作、他們的工作實務涉及哪些層面，還有他們處於什麼樣的勞動條件？」

米切利是對的，因為很難找到一家公司，能讓我在最少干預的情況下接觸他們的資料處理員。營業祕密通常會以保密協議的形式寫進合約裡，像是禁止員工直接聯絡客戶，以及公開揭露客戶的名稱。這些要求通常來自客戶而不是外包公司，例如薩碼公司的客戶 Meta，它是臉書（Facebook）的母公司，就會要求資料處理員簽訂保密協議。通常，處理員可能根本不知道客戶是誰、不了解他們正在開發哪種演算法系統，也不清楚世界其他地方的同行從事同樣的工作能拿到多少報酬。

低薪、保密、從弱勢社群榨取勞力，像薩瑪這類公司的安排，其實是往不平等傾斜。畢竟，這終究是平價的勞動力。提供就業機會給少數族群和貧民窟青年，或許在某種程度上是一種賦權與提升，但這些資料處理員也相對廉價，而且幾乎沒有相關的談判能力，或是反抗的手段和資源。

甚至資料標記工作的目標也讓人感覺很壓榨，因為這份工作訓練了 AI 系統，但 AI 系統最終將取代訓練它的人類。然而在這兩年的時間裡，我採訪過數十名資料處理員，沒有人意識到訓練替代者的後果，他們領薪水所做的工作加速自己的淘汰。

米切利告訴我：「這群人太依賴這些工作，以致變得對客戶言聽計從。他們的心態已經轉變，不去想自己在做的事情是否有意義、是否在道德上有爭議，只會去想客戶可能要什麼。」AI 研發是一項蓬勃發展的業務，資料標記產業裡的公司都爭相降價，以一份任務幾美分的價錢提供勞力給大型企業和當紅新創公司。

「人們必須知道：科技業的發展受益於這些廉價勞力。」

旨在提供工作，而非援助

我決定把這些擔憂拿去問賈納（Leila Janah），她從資料標記產業剛起步時就一路扶植。2008 年，賈納創辦非營利組織「薩碼」，目標是提供數位工作給弱勢民眾。她在 2019 年告訴我：「矽谷的一大奢望是自動化。但一切都是偽裝，畢竟在背後出力的其實是人類。」她那時被診斷出罹患一種名叫上皮樣肉瘤（epithelioid sarcoma）的罕見癌症，正在發揮她所有的創業技能來對抗這項疾病。

賈納在洛杉磯郊區長大，父母是印度移民。十七歲生日前的那個夏天，她獲得去迦納教英文的獎學金，從此愛上這個國家，並激發她此生對非洲大陸的熱情。2019 年，她把薩碼轉型為營利社會型企業（或叫 B 型企業），並募集了將近一千五百萬美元的私募資金，其中包括來自 Meta 的資金——前身是眾人皆知的臉書。事實證明，這項關係後來變得非常複雜。

薩碼公司的員工大概有三千人，大多數是肯亞的年輕人。他們在烏干達和印度也有營運據點，那裡的員工雖然教育程度比較高，但同樣貧窮，屬於全球蒲公英族（precariat，意為「生活漂泊不定的人」）的一份子。薩碼公司的服務對象都是美國的知名企業：從谷歌、臉書、蘋果和特斯拉，到沃爾瑪、輝達、福特和微軟。恩吉托、寇利和同事處理過特斯拉的自動駕駛車、沃爾瑪的線上產品搜尋、蘋果的 Face ID，以及 Instagram 的內容過濾器。他們甚至協助訓練 OpenAI 的聊天機器人 ChatGPT。

2022 年，薩碼公司表示他們透過數位工作讓五萬多名東非民眾脫離貧窮，這個數字包括員工家屬，以及他們訓練後卻沒有雇用的人。[5] 他們在烏干達首都坎帕拉有辦公室，但第二間烏干達的辦公室卻位於北邊的小鎮古魯（Gulu），那裡數十年來都受到聖主反抗軍（Lord's Resistance Army，會招募童兵的暴力游擊組織）的摧殘。薩瑪是鎮上雇用最多二十五歲以下員工的公司。

2008 年，賈納在舊金山創辦公司，投資人對於公司位在經濟衰退嚴重的美國，卻還想把工作便宜外包到海外有所不滿。但賈納聲稱，她的目標不僅是為客戶提供負擔得起的服務，還想要讓東非那些雄心勃勃、充滿渴望的年輕人具備數位素養，在經濟上自給自足。

賈納說：「我們的勞動模式是雇用民眾當全職員工，付給他們基本生活工資，加上福利，我發現這相當於每個月實拿大約三百美元的薪水，再加上醫療保險。平均而言，我們雇用員工時，他們的收入幾乎增加為四倍。我們的同事通常來自鄉村和非正規的住宅區，因此有機會獲得一份薪水優渥、可學到電腦技能，還能接觸 AI 的工作，大家都很嚴肅看待。」

薩碼公司表示他們每年會提供四份獎學金給想繼續深造的員

工，並且提供種子資金給那些想要自己創業的人。[6] 賈納一直信奉的座右銘是「提供工作，而非援助」。在薩碼公司位於奈洛比的辦公室，員工穿著「提供工作」的帽 T 和 T 恤，公司也鼓勵大家「斜槓創業」，提出可以創造新就業機會的商業點子。在一片廢墟中搭建的臨時工廠裡，十幾名婦女和女孩正在手工縫製足球——這項業務是由薩瑪公司撥款資助的。他們的員工還推出藥草美容產品、開設 M-PESA 或數位錢包商店、飼養供屠宰的雞，以及在他們出身的住宅區成立女子足球俱樂部。

2020 年年初，就在冠狀病毒大流行之前，賈納因上皮樣肉瘤去世，享年三十六歲。她的使命，以及逐漸讓東非年輕人顯露出來的熱情不禁讓我好奇。賈納的理想化觀點是否接近現實？像寇利和恩吉托這樣的薩碼員工，是否真的感受到工作賦予他們的力量？他們有辦法要求改變嗎？這些問題的答案就在奈洛比。

具有挑戰性的內容審查工作

2023 年之前，薩碼公司在蒙巴沙路還有另一棟建築物，距離資料標記辦公室不到幾分鐘的車程。那是一棟低矮、不起眼的混凝土建築物，專門服務 Meta 這個客戶。這家社群媒體巨擘和薩碼公司簽約，雇用數百名內容審查員來標記、分類並移除臉書和 Instagram 平臺上非法與令人不安的內容，同時訓練公司的 AI 系統做同樣的事情。雖然我有機會短暫拜訪這個地方，但無法進入實際的工作樓層，因為 Meta 規定的保密協議涵蓋了這些員工必須處理的有害內容。

在我不得其門而入的另一邊，年輕男女觀看無人機攻擊造成的殘破屍體、兒童色情、獸姦、戀屍癖和自殺等影像，然後把它們過濾掉，這樣「我們」才不會看到。我後來發現他們很多人經年累月做噩夢，有些人吃抗憂鬱藥，有些人則遠離家庭，再也沒辦法親近自己的孩子。

在我拜訪過後幾個月，將近兩百名聲請人控告薩碼與 Meta 兩間公司，指稱對方侵犯人權及不當終止合約。[7]

這個案子是全球同類型案件中最大的一件，也是 Meta 在肯亞被追究的三個案子之一。為大型科技公司執行外包數位工作的處理員可能有數萬人，對於這批世人罕知的員工來說，這些案子可能會產生全面的影響，衝擊他們的就業狀況。

內容審查的工作跟寇利和恩吉托等人一直在做的標記工作迥然不同。薩碼公司的執行長岡薩雷斯（Wendy Gonzalez）告訴我，她相信內容審查是「重要的工作」，但「相當有挑戰性」，並補充說這類型的工作只占薩碼業務的百分之二。[8] 她表示，就核心來說，薩碼是一家資料標記公司。2023 年年初，由於面臨多起訴訟，薩碼公司退出內容審查業務，關閉整座辦公室。

Meta 內容中心的關閉是因莫唐（Daniel Motaung）而起，他二十七歲，是薩碼公司的員工，曾在這棟建築物工作。2022 年年初，莫唐控告薩碼和 Meta，指控這兩家公司不當解雇和剝削。這位南非移民的工作是手動過濾臉書的內容，範圍是撒哈拉以南的非洲各地，那些暴力和仇恨的行為讓他留下多年的創傷。

莫唐的老家在約翰尼斯堡郊外的鄉村，他來肯亞時，對新工作感到樂觀。根據模糊的職務說明，他以為工作內容跟行銷有關。薩碼公司因莫唐熟悉祖魯語而雇用他，可是工作一年後，他崩潰了。莫唐和同事在工作上要處理活人獻祭、斬首、仇恨言論和兒童虐待的影像，但據說他們的工資只有每小時 2.2 美元。[9]他在家中接受我電話採訪時說：「上市公司前往貧窮的國家，或到任何地方雇用窮人，雖然打著提升生活水準和經濟賦權的幌子，但仍然可能是剝削。這些公司只對利潤有興趣，並不關心他們是否摧毀掉人們的生活。」

雖然他的工作是判斷圖形素材合法與否，不像寇利和恩吉托那樣需要標記資料，但他的工作成果也被用來訓練演算法：他做的每個決定都在教導臉書的內容審查 AI 系統，如何分辨平臺上內容是好是壞。

根據莫唐的說法，臉書設計的審查系統可以計算員工在每項任務上花費的時間。在薩碼公司裡，所有員工和主管每天都有配額，除了固定的午休和上廁所時間，不允許休息。員工會編造藉口去上廁所，只為了讓腳能伸展一下。Meta 和薩碼公司極力否認這些指控，目前正受到莫唐在肯亞法庭上的挑戰。他因為遭到開除而控告對方，據說被開除的理由是他想要組工會。薩碼公司表示，他們付給員工的薪資和肯亞的教師與護理師差不多，而且支持成立工會。

莫唐告訴我：「當你又窮又餓的時候，基本上沒有選擇，如果你被剝削了，也沒有發言權。他們做的只是提供人們基本的溫飽。僅此而已。」

下一場工業革命的奴隸

莫唐的法庭代表人是肯亞的律師穆特米（Mercy Mutemi），她也代表那些指稱 Meta 和薩碼公司的職場違法而發起控告的聲請人。她告訴我，提供民眾工作不是施捨，光付錢是不夠的。薩碼等公司或許能讓他們擺脫貧窮，但同時也剝奪了他們的權利，把他們當成「沒有能動性的棋子」。

她一邊吃著奈及利亞燉牛肉、炸大蕉，喝著濃咖啡，一邊跟我說：「AI 的工作就像很炫的車子，每個人都想要。把那輛炫車換成嘟嘟車（一種機動三輪車）吧，畢竟說到底，工作就是工作。關於違反人權和喪失尊嚴的諸多行為，我看到很多人願意視而不見，因為他們能獲得『AI』技能。」

穆特米有一種神奇的能力，可以剝去無謂的外層，直指問題核心。在她看來，薩碼公司的客戶只是在走標準外包商的老路，尤其是 Meta。我們已經看過時尚和資訊科技等傳統外包產業造成巨大鴻溝和不平等，資料勞力產業只是在重蹈覆轍，但人們卻因為穆特米口中的「AI 幻覺」而覺得這份工作很獨特。

她特別指出，從全球資本主義的演變來看，訓練演算法的工作（例如教軟體過濾極端的社群媒體內容）並不是什麼新鮮事。它只是接續孟加拉服裝工廠、肯亞奈瓦沙（Naivasha）花卉農場，甚至是美國採棉莊園的做法。只不過 AI 對人們生活的影響被它的嶄新給掩蓋了。她說：「這是古馳（Gucci）的故事，也是路易威登（Louis Vuitton）的故事。工廠工人只會想，他們在做的就是鞋子而已。他們不知道自己做的鞋子在一些店裡賣到三千美元。換湯不換藥。」

儘管 AI 在前端看起來是純然高科技的東西，但穆特米對技術人才足以推動 AI 發展的說法提出質疑。她告訴我，如果觀察 AI 開發的流程，「會發現工廠裡的人 90% 的時間都不知道自己在做的工作跟 AI 有關。你知道為什麼嗎？因為 AI 被拆解得非常零碎。人們看不到他們在打造的東西。只要繼續保持這種零碎的狀態，這些員工就沒有立足之地能為自己爭取權利。」

穆特米表示，要修正薪資結構，確認資料處理員能依照全球標準獲得公平的報酬，唯一辦法就是開始把資料處理員視為整體流程的一部分、視為 AI 產業的一部分。拿他們的工資與西方公司「裡面」做類似工作的人做比較。讓他們也從最終產品的銷售中獲得相當的利潤。「所有的革命都是奠基於對奴隸的欺壓。因此，如果 AI 是下一場工業革命，那麼從事 AI 訓練和審查的人就是這場革命的奴隸。」

只求一份穩定的工作

我試著尋找更多來自員工的觀點，在過程中發現一家保加利亞的小型新創公司，也為跨國企業提供 AI 資料標記服務，公司名為「人機迴圈」（Humans in the Loop）。員工主要是因為政治衝突和戰爭而流離失所的中東難民與移民。

希巴（Hiba Hatem Daoud）住在索菲亞一棟粗獷公寓的十三樓，同住的還有丈夫加茲萬（Ghazwan Daoud），以及三個十多歲的孩子。希巴下樓歡迎我到她家。加茲萬比希巴要大上將近二十歲，會說一點英語，臉上常掛著微笑。加茲萬用不流利的保加利亞語滿懷歉意的跟我說，他以前在伊拉克法魯加（Fallujah）的老家擔任英語教師，但離開後把英語忘得一乾二淨。

希巴花費一個早上準備精緻的餐點，咖啡桌上的盤子堆滿了開心果餡的片狀果仁蜜餅，以及排列整齊的自製芝麻餅（一種灑滿芝麻的中東糕點）。搭配的飲料則是紅茶，再添加一大匙的伊拉克全脂奶粉，裝在色彩繽紛的土耳其杯子裡。電視正播放阿拉伯語的肥皂劇，只不過沒有人在專心看。希巴說：「請坐，當自己家。」

希巴的一天通常都是這樣開始的：為家人煮飯（「阿拉伯人的食量很大！」她說），幫三個孩子準備當天要用的東西，做點家務，直到她在手機上收到工作的通知，就像現在一樣。她點擊「是」之後進入一個特殊網站，那裡有等著她完成的任務。網站上的說明通常是英文，希巴常常會用谷歌進行翻譯。一如既往，客戶傳來一些簡單物體的影像，她必須進行標記。她花費幾分鐘完成工作，心滿意足的關掉網站。

希巴在這個房間裡標記過田野、海洋和城鎮的衛星影像，注解過道路場景，標記過行人、交通號誌、斑馬線和人行道；她也標記過住宅和大樓的內部空間，以多邊形圈出房間、廚房、客廳、浴室，並標記這些地方的名稱。她從來就搞不清楚為什麼客戶會要她做這些看似簡單的事情，很像在幫幼兒的繪本加上說明文字，但她不願意去質疑這一點。反正這份工作很簡單，又有彈性，而且可以讓她維持家計。

希巴就跟奈洛比的寇利等人一樣，為資料集做標記，訓練 AI 軟體。希巴也同樣幾乎不會接觸到美國和西歐公司耗資數十億美元開發的最終產品，她甚至不會講客戶傳送任務時所使用的語言。我問希巴，她對於人工智慧，或者她協助建構的東西帶來的衝擊，有什麼看法。「沒有……」她啞然失笑。她只是要一份穩定的工作，除此之外，對於目的並不特別感興趣。

她有個模糊的概念，認為這一切都跟阿拉伯語所謂的「almawarid albasharia」有關。依據她信賴的谷歌翻譯應用程式，她告訴我這個詞的意思是「人力資源」。沒錯，她和加茲萬都點頭，那就是他們在做的事。他們在充當某種人力資源。

遠方有戰爭

大約十年前，希巴一家人逃離位於伊拉克中部城市法魯加的家，來到保加利亞。加茲萬以前是薪資優渥的學校教師，希巴則在一棟有小院子、空間寬敞的兩層樓房子裡撫養孩子。「你看，」希巴拿出手機指給我看，這裡是廚房、客房和祈禱室，「空間很大。」他們離開之後，親戚搬進他們的家，但在那之後，房子被轟炸好幾次。他們也有房子遭轟炸後的照片，天花板陷落，牆壁滿是彈痕。

以美國為首的軍隊在 2003 年入侵伊拉克，法魯加一直是反抗據點。在之後的十年，反抗戰士和當地民兵跟一群極端主義和恐怖主義叛亂份子激戰，此地飽受摧殘，最終由後者在 2014 年控制這座城市。希巴告訴我：「我們的生活完蛋了，我們把能帶的東西背在身上就離開。」他們一開始先搭巴士到土耳其，然後抱著孩子徒步走好幾個小時，終於在 2015 年一個溫暖的早上越過邊境，進入保加利亞。

他們在這個陌生國度的第一個家是奧夫查庫佩爾（Ovcha Kupel）難民營，位於索菲亞邊陲，希巴一家人待了十一個月，才正式獲准進入歐洲。他們住的地方是一棟低矮的混凝土建築物，裡面有數百個像他們一樣的人。他們跟所有鄰居一樣，把衣服晾在難民營周圍的曬衣繩上。加茲萬試圖在索菲亞找工作，但幾個月都沒有結果，只能提前退休，使得希巴有生以來第一次必須成為家中主要的經濟來源。希巴告訴我：「遠方有戰爭，但此地沒有工作。」她開始拚命找工作。

打了兩年零工之後，希巴被紅十字會轉介到人機迴圈公司開辦的英語和資訊科技課程。這家新創公司的辦公室位於索菲亞市中心，由兩房公寓改建而成，裝潢簡單，只有幾張桌子，靠著懸掛植物和以前學生的照片增添活潑的氣氛。希巴在這裡遇到伊拉克、伊朗和敘利亞的難民，他們同病相憐，最後都來到保加利亞，想要在這個陌生的新環境找工作和學英語。這是希巴第一次獨自使用電腦，或在待在辦公室裡。

希巴和加茲萬帶我到人機迴圈公司的辦公室，拜會創辦人古姆尼希卡（Iva Gumnishka）。2017 年，她二十一歲，剛從紐約哥倫比亞大學畢業，搬回索菲亞老家。歐洲那時候正陷入難民危機，在奧夫查庫佩爾擔任志工讓古姆尼希卡了解到，幫助移民和難民家庭的最好辦法，就是訓練他們從事有彈性的數位工作。

古姆尼希卡成立的人機迴圈公司擁有基金會和營利公司的雙重身分，做法非常像賈納的薩碼。基金會為流離失所的家庭提供英語和資訊科技課程，公司則雇用他們擔任特約的 AI 資料處理員。在古姆尼希卡的新創公司裡，所有的員工都是流離失所的移民，但他們服務的客戶卻是精打細算的西方科技公司，通常會根據最有利的成本選擇資料注解服務。「這是削價競爭的比賽，」她指的是提供資料注解服務時要盡量壓低價錢的壓力，「因此很難去解釋，為什麼我們的影響層面是業務裡很重要的一部分。」

自從公司成立以來，古姆尼希卡已經建立龐大的全球夥伴組織網路，幫助那些需要標記演算法資料的客戶，與需要工作的移民、難民和戰爭受害者進行配對。她的公司從喀布爾、基輔、大馬士革、阿勒坡和貝魯特等意想不到的地方招募注解人員，其中很多人是在真實的戰區從事這些工作。她在索菲亞招募的員工大多是中東地區逃離戰爭的難民和遊民。她的目標是提供穩定的工作，以及最終可以在其他地方應用的技能。

十二週的課程結束後，古姆尼希卡提供一份工作給希巴。儘管希巴還需要一週的培訓，但只要掌握任務的竅門，就能以職業婦女的身分，選擇適合自己的時段裡在家工作。她會按任務獲得報酬，即使英語不流利也能工作。

希巴在求職過程中了解到，保加利亞的多數雇主都會要求語言技能，而她的程度還不夠好。雇主希望她一天可以工作八個小時，但她無法離開住家和孩子這麼久。加茲萬很挺她，但希巴仍然要煮飯、做家事和照顧家人。而這份工作讓她既能陪伴家人，也能賺錢謀生。竟然有這麼好的事。

這時，希巴第一次接觸到「人工智慧」這個名詞。她的工作是訓練人工智慧，她想到「almawarid albasharia」。

承擔不起的代價

希巴坐在我旁邊的沙發上，身穿黑色皮夾克，唇塗鮮豔的口紅，搭配相襯的頭巾，正喝著茶，這時她聽到手機上的 Slack 應用程式響起熟悉的通知聲。她邀我到角落的桌子前面，接著打開她的筆電。加茲萬拉了一把椅子讓我坐在希巴旁邊。古姆尼希卡也加入我們，並擔任我的翻譯。

在過去的三年裡，希巴主要幫一個客戶工作，那是一家加拿大的石油公司，設計出的演算法可以估計原油樣本的純度。她告訴我，她喜歡這份工作，事實上，她不能沒有這份工作。她說重點倒不在於內容，而是這份工作可預測、重複性高、每月能帶來收入，而且客戶友善，透過 Slack 就能輕鬆溝通。

客戶會在一天之中陸陸續續傳送裝滿油的試管照片給她，如果她有空，就會認領這些影像。用纖細如鋼琴家的手指點開影像之後，她會追蹤試管裡石油的彎月面（或稱表面水平），標記出任何可見的雜質和沉積物。如果她在照片裡看得不清楚，就會切換到可以看得更清楚的紫外線版本。這些標記好的影像會用來教客戶的演算法，讓演算法之後能執行希巴正在用肉眼做的事情：評估石油樣本的品質。

希巴每標記一張影像，就能拿到六十美分的報酬。根據傳送過來的工作量而定，她一天可能要處理三十到五十張這類影像，但每工作一小時最少能賺到四歐元。

這份工作的安排和彈性太吸引人了，所以希巴介紹加茲萬進公司做夜班，這樣他們的收入就能倍增。

他們的大兒子阿布杜拉（Abdullah）也會接一些零星的案子。

他們共用一臺筆電，希巴自己在家訓練家人使用電腦。她鼓勵家中么女在 AI 平臺上進行訓練，這樣么女也可以賺一些零用錢，給自己買衣服和化妝品，以及看電影。希巴說這已經變成家族事業，他們一家人每個月的總收入在六百到一千兩百美元之間。

阿布杜拉還幫忙經營附近的一家美容院，好增加他們的收入。希巴低頭看著我沒有修飾的指甲，邀請我在城裡的時候去美容院免費做指甲。他們一個月的支出大約是一千六百美元，加上美容院的收入，勉強可以打平。每年在開齋節前後，希巴會把一部分的工作收入捐給當地的清真寺，藉此表達祝福並將祝福傳遞下去。

但沒有哪一份工作是完美的。我問希巴，關於這份工作，她有什麼想要改變的地方。古姆尼希卡打算離開，好讓希巴暢所欲言，但希巴請古姆尼希卡留下。「我要說的任何話，都可以在妳面前說，」希巴看著古姆尼希卡說道。古姆尼希卡以伊斯蘭教儀式和丈夫（摩洛哥的穆斯林）結婚時，希巴和加茲萬是證婚人。希巴告訴我，古姆尼希卡對他們來說就像家人一樣。

整體來說，相較於朝九晚五、有固定收入的工作，希巴表示她更喜歡現在這份工作的彈性。然而，權力不對等的問題在最近幾個月出現了。雖然希巴受雇的身分是日班員工，但之前公司從來沒有規定員工的工作時間，所以她常常是吃完晚餐，等孩子上床之後才上工，這樣可以一路標記影像到空閒時間較多的深夜。

然而，隨著這家新創公司的規模日益壯大，雇用更多的員工，新聘的營運長瓦爾布艾納（Tess Valbuena）為了確保擁有足夠的工作周轉率，開始實施輪班制度。結果身為日班員工的希巴不能在晚上接案，因為那些案子是由新招募的夜班資料處理員負責，他們的工資比較高。

一些員工對這些新規定感到不滿，希巴和另一個人直接聯絡加拿大的石油公司提出申訴。希巴說她曾把意見反映給公司領導團隊裡的某個人，但是不滿意他們的回答。希巴不想打擾古姆尼希卡，卻不知道自己不該接觸客戶。人機迴圈公司聲稱他們警告過所有的員工，不得拿內部事務去煩客戶。針對希巴的行為，領導團隊在古姆尼希卡的同意下，決定拿她殺雞儆猴，處罰她暫停登入平臺三十天。我望向古姆尼希卡，看起來不太自在的她滿懷歉意的聳聳肩，確認希巴所言屬實。

結果整個 12 月，古姆尼希卡和團隊都禁止希巴工作，對希巴一家人來說，這是一年當中最忙碌又花錢的時候。在這段期間，希巴還是會在 Slack 上收到新任務的通知，她只能看著任務不斷進來，叮叮叮，卻無法接案。她感到無力、沮喪和憤怒。她知道那些錢可以賺，但不被允許動工。這起事件象徵了希巴的脆弱、像她這樣的資料處理員根本無能為力，以及在全球最有錢、最有野心的公司主導下的產業裡，他們終究毫無權力可言。對希巴一家人來說，收入減少變成大問題，她必須向朋友借錢來支付阿布杜拉的大學學費。她告訴我：「這個過程真的很痛苦。」

我問古姆尼希卡，對於先前的決定以及後續對希巴一家人的影響，她是否感到後悔。她說，這是小公司成長過程中的痛苦之一，對於實施輪班制和懲罰員工的決定，她也很掙扎。她承認，先前沒有考慮到當時已經是 12 月，而且就希巴這件事的事後檢討來說，一個月的禁令可能太過嚴厲。我看向希巴和加茲萬，想知道他們有沒有因此耿耿於懷或心生不滿，但加茲萬以阿拉伯語斥責希巴，提醒她古姆尼希卡已經道歉過。希巴不後悔提起這件事，但她的確告訴我這件事已是過去式。她往前走了。

我問希巴，下次有不滿時她會怎麼做？

她聳聳肩回答：「我什麼話也不會說，代價我承擔不起。」

為了安全與平靜

隔天，我回到人機迴圈公司的辦公室，這次我在牆上的照片裡認出希巴，她裹著藍綠色的頭巾，面帶微笑，和畢業班的同學站在一起。我打算觀察員工的訓練課程。我坐在四十四歲員工馬哈穆德（Ala Shaker Mahmoud）旁邊。今天的單元包含了 AI 倫理的部分，這是新增的課程，會介紹演算法偏差這類的概念，以及向終端使用者告知 AI 系統使用情況的透明政策。

之後，當冬日蒼白的陽光奮力穿過高處的窗戶，我訪問了馬哈穆德。在 2007 年之前，他一直在伊拉克北部的亞述古城摩蘇爾（Mosul）當流浪養蜂人，四周不是沙漠就是群山。馬哈穆德的養蜂場有一百五十個蜂巢箱，飼養數百萬隻蜜蜂，家鄉的田野有底格里斯河滋養，長滿灰棉花、紫甘草、麒麟花和石南花，而蜜蜂就以這些植物為食。馬哈穆德說：「我有一輛露營車，我會開著車到處跑，運送蜂蜜，然後睡在星空下。旅途結束回家後，即使是凌晨三點，我也會駕著小船去釣魚。」

馬哈穆德不耐的甩掉懷舊之情。他說，那是美好的生活，這點毋庸置疑，但必須結束了。有一天晚上，炸彈密集轟炸老家，他拋下父母逃離摩蘇爾。馬哈穆德最後來到伊斯坦堡，付錢給一個人帶他到保加利亞邊境，他們連夜趕路，徒步將近九個小時。凌晨抵達後，他被送進保加利亞的巴尼亞（Banya）難民營，在那裡等待文件送達，待了四個多月。經過十一年，他告訴我，他永遠不會回老家了。

他說：「沒有和平，百姓民不聊生，我知道自己失去很多在祖國的東西，例如老家、工作、家人，但是在保加利亞這裡，我很安全。我在這裡找到了平靜。」

馬哈穆德是人機迴圈公司的第一批員工。他做過各式各樣的資料工作，似乎覺得這些任務還滿有趣的，不會覺得辛苦或重複。他幫自動駕駛車系統標記過道路場景（他告訴我，一開始僅僅幾分鐘的影片就要花掉他一整天的時間來標記），也幫廢棄物分類的演算法系統標記過輸送帶上的垃圾類型，這份工作必須用多邊形圈出每個物體，然後標記它們是塑膠、硬紙板、紙張、玻璃，還是金屬。

馬哈穆德做過汽車保險公司、甘蔗生產商和建築師的案子，所有人都希望能利用機器學習演算法來改善和強化他們的工作。在甘蔗的專案裡，他必須根據顏色，把生甘蔗或蔗渣的每一根纖維標記為健康或生病。在新冠肺炎流行期間，馬哈穆德標記過一系列影片中的口罩，指出誰正確配戴口罩，誰的配戴方式錯誤。他不知道客戶是誰，但「工作很簡單」，他談到這項任務時露出了微笑。

馬哈穆德比希巴更意識到自己在 AI 供應鏈裡的角色。馬哈穆德開始從事資料工作後，就一直閱讀有關人工智慧的資訊，並試圖了解資料標記在 AI 研發過程中扮演的角色。他告訴我：「我認為這項技術對全世界來說是基礎，也是未來，而且⋯⋯我們必須成為這個未來的一部分。」

我問他是否有打算換工作。他用力搖搖頭，表示只要古姆尼希卡和人機迴圈公司需要他，他就會繼續幫公司工作。他自己一個人生活，靠工作賺的錢足夠維持生計。此外，他喜歡這份彈性，讓他能追求別的興趣。

最近，他在圍繞索菲亞市區的維托沙山脈那裡，向一位農民購買一些蜂巢箱，重新開始養蜂。他滑動手機，瀏覽幾十張蜂的照片，想找一些特別的東西給我看。最後，他找到要找的東西，照片裡他的蜂后挺著纖細修長的腹部，他把手機螢幕湊到我面前，說：「妳看，牠好美。」

我從來沒有近距離觀察過蜂后。我問他，很快就能從這些蜂身上得到蜂蜜嗎？他笑了出來，好像我開了個玩笑似的。知道我是認真發問之後，他搖搖頭說：「不，這裡的蜂不是蜜蜂，牠們沒辦法製造蜂蜜，因為沒有樹，也沒有花。在這裡，牠們可以生存，但無法生產任何東西。」

良好的產品需有溝通管道

我先前訪問過位於柏林的研究人員米切利，她一直在研究員工的賦權，以及賦權會如何影響員工訓練出來的產品。2021年，她和波薩達（Julian Posada）共同發表一份研究，他們調查了委內瑞拉和阿根廷的自由工作者，分析這些人幫許多西方公司執行的 AI 資料相關任務，像是影像標記和臉部辨識，一共兩百項不同的任務。[10] 他們想知道工作條件如何影響演算法本身的品質。他們的假設是，限縮員工的能動性不純然是人權問題，也可能對員工協助建立的技術產生影響，比如妨礙準確度。

米切利告訴我：「例如，所有的指示都以英語表示，即使在人們很少說英語的拉丁美洲也是如此。」和希巴一樣，大多數員工使用谷歌翻譯把指示翻譯成母語西班牙語，約略掌握意思。他們用這個方法來描述和標記影像。米切利說：「妳可以想像，以這個方式來標記，會對資料集造成什麼影響。」

她也發現，如果西方公司的指示在員工的地理環境中不合理，或員工有任何改進注解任務的想法，這些人並無權發言。她說：「必須給他們思考的空間。他們只要不服從或敢於質疑，就會被威脅取消任務，或是禁止進入平臺；而且如果碰到問題……或遇上任何對拉丁美洲人來說不合理的事情，他們也沒有直接和案主溝通的管道。」

米切利是對的。我遇到的許多資料處理員都不了解他們參與的產業，也很少能接觸雇用他們代訓演算法的客戶。阿布斯達（Arbusta）是一家阿根廷公司，主要合作對象是拉丁美洲客戶，例如電子商務巨擘美卡多（Mercado Libre）。一個晴朗的 10 月下午，我來到布宜諾斯艾利斯一個由倉庫改建的辦公室，跟阿布斯達公司的四名資料處理員見面後，我清楚意識到這個明顯的差異。他們和客戶講相同的語言，並且可以直接和對方溝通，還會受邀參與客戶的會議。他們告訴我，他們覺得自己受到重視，而且有掌控權，這促使他們積極參與打造美卡多公司的 AI 系統。相較於薩碼公司或人機迴圈公司的同行，他們對 AI 供應鏈有更加切身的體驗。

不平等，卻沒有談判的能力

但對於我遇到的大多數資料處理員來說，隨著時間過去，他們的工作表象開始出現裂痕。對於能夠選擇工作方式，他們確實感受到某種的獨立和掌控，不過他們也承認，自由伴隨著經濟上的代價。在索菲亞和布宜諾斯艾利斯，我採訪的員工一致認為，他們的收入只能養活一個人，不足以支持兩個人以上的家庭。至少我訪問的四名資料處理員都說，他們必須另外找工作來增加收入，或是每個月向家人借錢來維持日常開支。

我問古姆尼希卡如何計算薪資，她告訴我，身為年輕的創辦人，為全球不同市場的勞動力訂定薪資是她面臨最具挑戰性的任務。一開始古姆尼希卡打算付給索菲亞員工的薪資要比敘利亞或阿富汗的自由工作者更高，原因是這些市場的當地生活水準不同。但後來古姆尼希卡讀到烏拉圭詩人和記者加萊亞諾（Eduardo Galeano）的一些作品，加萊亞諾主張工資差異是全球不平等的核心，他的文章引起古姆尼希卡的共鳴，古姆尼希卡覺得貧窮國家的資料處理員做同樣的工作卻拿到比較少的報酬，這樣不公平。古姆尼希卡說：「畢竟，數位工作的目標是要進入高薪市場，並且能夠賺到比本地收入更多的錢。」因此為了追求公平，她改弦易轍，對全球員工都是提供每小時四歐元的費用——這是她的公司向客戶收費的一半。她說：「我們覺得這麼做才公平，但什麼是公平？這都是相對的。」

與此同時，奈洛比當地的工資確實不只能支撐個人的基本需求，還擴及父母和兄弟姊妹等家庭網路，有助於減輕日常壓力和提供財務穩定。我採訪過的許多薩碼資料處理員都說，他們可以累積儲蓄，支付孩子或兄弟姊妹的教育費用，或是支應父母的健康照護費用。然而，儘管為 OpenAI、特斯拉和 Meta 這些資源豐富的客戶提供服務、坐在辦公室工作，這些勞工的生活依然不穩定，只要關係驟變或突然生病，就可能再次無家可歸或無法支付基本需求。我採訪過一位員工蘇珊（Susan），她賺的錢足以租屋和撫養孩子，但孩子的學費是由前夫提供。當前夫突然不再付錢，蘇珊不得不放棄租屋，搬回她父母的家——我們就是在那裡碰面的。

薩碼公司的已故創辦人賈納告訴英國廣播公司（BBC），她沒有付給肯亞員工和美國員工一樣的薪資，因為這可能會扭曲東非當地的勞力市場。在奈洛比，薪資上漲可能會「對工人所在社區的住屋成本和食物成本」造成負面影響，進而「擾亂一切」。[11]

一些社會學家和經濟學家駁斥這個觀點，他們認為適度的提高工資可以改變工人的生活，不太可能會嚴重扭曲當地的經濟。牛津大學網際網路研究所的職場 AI 研究人員坎特（Callum Cant）表示：「這些開發中國家的工人薪資會這麼低，是因為過去兩個世紀以來暴力帝國主義的遺緒。所以身為已開發國家的公民，我們現在有責任廢除這種關係……就公平分配這項科技的成果而言，我們必須代換掉二十世紀的做法。」

穆特米曾提過，開發中國家的血汗工廠是顯而易見的對照，那裡的工人經常在既辛苦又危險的狀況下製造西方國家的服裝、玩具和電子產品。這些惡劣狀況包括超時工作、低薪資、重複性勞損、接觸毒素和普遍缺乏安全保障。

我不完全同意這項批評，部分原因是就我見過的資料標記員而言，他們的工作狀況並沒有明顯的剝削或者不安全——我訪問過的很多人都在家工作。我也親眼見到資料標記工作如何改變許多家庭的生活，幫助像寇利、希巴、馬哈穆德和蘇珊這類的人與他們的社區，脫離貧窮和不穩定。

然而我逐漸發現，光是有工作機會還不夠好。在 AI 系統的問世過程中，資料製作和標記是重要的步驟。沒有乾淨的資料集，就不可能有人工智慧。但我看見，資料勞工愈來愈像其他行業的外包工人。我遇到的所有資料處理員都很脆弱，工作狀態不是過渡性質或不穩定，就是入不敷出——基本上他們完全沒有談判能力。

當我問他們對工作有什麼感想，多數人表示感激，尤其是薪資和彈性，以及能夠獲得基本的數位技能。他們提到了金錢能買到的東西，但很少提到工作本身帶來的影響。當我詢問他們覺得雇用條件是否公平時，他們甚至不想思索。他們不願意分析這會如何影響他們的自主性，或是相較於世界各地的資料勞工，他們有多少的平等感。這本身就是一個問題。我知道他們三緘其口不盡然是因為他們沒有想過這些問題，或許是他們知道為自己爭取權益的代價可能會太高，例如那些直言不諱的同事碰到的狀況。

一旦資料處理員在職場採取任何行動或反抗，好比希巴、莫唐和肯亞聲請人做的事情，他們很快就會遭到無情打壓。包括莫唐在內，臉書在世界各地的承包工人都被嚴密的保密協議約束，使得他們必須對親人保持沉默，甚至得彼此隔離。資料注解工作在開發中國家提供了新的機會和某種程度的穩定性，但臉書等公司把當地的資料勞工視為可替代的機器人，地位不如世界其他國家的同行。

無論是奈洛比的薩碼、索菲亞的人機迴圈，或是布宜諾斯艾利斯的阿布斯達，我拜會的公司都聲稱想要幫助民眾擺脫貧窮或是艱困環境，讓他們在特定工作之外也能有所進步。但最終他們還是要對客戶負責。薩碼和人機迴圈的客戶主要是西方公司，這些公司的據點不在資料處理員生活和工作的國家，他們在找的不是人類認知的輸入來源，而是最便宜的承包商。古姆尼希卡說，她必須在行銷上把人機迴圈定位為優質公司，強調社會使命，以提高客戶願意支付的費用。阿布斯達公司的客戶往往來自當地，比較願意跟這些資料處理員溝通，因此這些員工在日常工作中對賦權的感受會更加深刻。

我清楚意識到，這個產業的改善勢在必行。在 AI 產業進入主流消費科技市場，把做法固定下來之前，我們必須強化有關公平薪資和工作條件的規則，並改善中間管理層，賦予工人自主權和發言權。

正如米切利所言：「AI 產業給了人們一點機會，但又不會太多，以免他們反抗。讓他們夠接近，但又不會太靠近。你可以從中看到殖民主義的根源。」

經濟獨立帶來新的夢想

回到希巴位於索菲亞的公寓，我們吃完果仁蜜餅，談到未來。她告訴我，在伊拉克時，她選擇待在家裡，因為他們不需要錢。現在她被迫工作，這段經歷讓她大開眼界。工作讓她覺得既有能力又受挫，有時會因為缺乏對工作的掌控權而生氣，但同時也很感謝這份工作帶來的機會。

希巴並不滿足於像機器人或無人機一樣，只是一遍又一遍的重複每天在做的事。三十八歲的她，有生以來第一次達到經濟獨立，而且具備科技素養。希巴有了新的夢想。

2023 年 9 月，希巴註冊了當地一所大學，和大兒子一起開始念學士學位。學費很貴，每年大概是一萬保加利亞列弗，相當於五千五百美元。當希巴談到她有多喜歡那些課程時，臉上散發著光彩。

是什麼原因讓她決定把辛苦賺來的錢拿去繳大學學費，而不是讓自己的生活更舒服一些，或是存錢買住宅或汽車等有形資產？我問她。她想了一下，然後說這其實是人類想要不斷進步的渴望。「我想要學更多，知道得更多。」

她選擇攻讀生物學。為什麼是生物學？她對我揚起眉毛，好像答案顯而易見一樣。「因為我可以。」

2

AI偽造的影像與聲音

移花接木

莫特（Helen Mort）對希巴這樣的女性很感興趣，還寫下她們的弱點和長處、她們的強大與無力、她們的身體及體現的東西。

莫特是詩人、小說家和傳記作家，住在英國的雪菲爾，這個城市的周圍是峰區（Peak District）的多岩山峰和峭壁，她小時候很喜歡到峰區爬山。莫特的文章充滿黑色幽默，富含對女性的同理心，從一些激進的登山家母親寫到她自己（做為一個小孩、焦慮的青少年、登山者和新手父母）的經歷，以及平衡多種身分的努力。她也討論女體的特徵，還有女性如何被打量。

莫特和我在2021年第一次交談，那是個春天的午後，她說：「『被打量』這個說法，那種被人觀看的感覺，很有意思。尤其是因為那些自認為女性的人，往往身上就有內部監視的成分。」

莫特除了對其他女性抱有同理心，還對別人如何看待自己一直感到很焦慮。2015 年，因為臉書會引發焦慮，她刪除了自己的帳戶。她說：「是因為臉書的公開性。如果我太沉迷於社群媒體，腦海裡就會浮現其他人的評論和聲音。這對我來說不太好，我不喜歡那種感覺。」

2020 年 11 月，正值新冠肺炎大流行期間，一位認識的人一早敲門拜訪，詢問是否可以跟她談件重要的事情。莫特驚慌失措。她說：「我以為一定是兒子在托兒所發生可怕的事情。」

那天早上，三十六歲的莫特送孩子去托兒所，接著餵了小貓皮平。莫特的丈夫是英語教授，在家中地下室工作。莫特沖好一杯咖啡，清理完小朋友的玩具。然後，她終於可以到安靜整齊的客廳裡，坐在工作桌前面，打開視訊會議程式，開始和曼徹斯特都會大學創意寫作課的一名學生通話，指導對方的課業。

敲門的男士打斷了通話，並且問她「為了隱私的緣故」是否可以進到屋內。有人突然拜訪，讓她感到不悅。她結束和學生的通話，問對方想要做什麼，結果聽到的事情完全出乎她的意料。男士說自己在瀏覽色情網站時，不小心看到莫特的照片，那些照片非常寫實，而且令人不安。

莫特的第一個反應是鬆了口氣，幸好沒有人受傷或死亡，然後覺得其中一定是有什麼誤會。她從來沒有傳過自己的私密照片給任何人。她根本就沒有這類照片。這位她認識的人看起來很不自在，說自己非常確定那個人就是她，還交給莫特一張紙片，上頭有自己跟太太寫下來的網站地址，以及莫特該如何尋求「復仇式色情熱線」協助的資訊——當私密影像遭人洩漏到網路上，就可以撥打這支熱線。男士很尷尬，不敢看她，但莫特告訴我，對方顯然很想盡可能以有人性又人道的方式提供幫助。

對方離開之後，她強迫自己假裝沒發生這件事，好過完這一天。當她去托兒所接兒子的時候，突然感到一陣羞愧而漲紅了臉，是她年輕時感受到的那種「被打量」，只不過這一次更加強烈、灼熱。莫特覺得門口的所有家長好像都在斜眼看她，而且所有人好像都知情。她整個人畏縮起來。一年後，她在一篇寫給自己的文章中提到：「在那些照片出現之後，妳就學會一動也不動的撤退。」

當天晚上，莫特請丈夫看一下這個網站。她自己不敢看。丈夫找到那些圖片之後，溫柔的告訴她，臉是她的，但身體百分之百不是。

犯罪者使用的臉孔取自莫特早已作廢的臉書和不公開的 Instagram 帳號，裡面有她青少年和懷孕時的照片。犯罪者接著使用數位編輯工具，把她描繪成暴力輪姦的受害者。在這些照片下方有一則貼文，犯罪者寫道：「這是我的女友莫特，我想要看她遭到羞辱、強暴和虐待，瞧瞧我想到的方法。」

莫特並不清楚她的照片如何遭到竄改。她後來知道這類影像是所謂的「深度偽造」——利用人工智慧技術生成的逼真圖片和影片。她告訴我：「全都是一些讓性行為看起來可能是非自願的場景，很多影像是同一個人，安上我的臉孔，被多名男子以某種方式壓住、綁住，或者勒住脖子。如果我事先不知情的話，可能會相信那個被勒脖子的人是我。」

其中一張影像的內容是女性的雙腿被一些男人的手臂強行分開，一位觀眾在下面留言：「這太瘋狂了。」那張影像深植在莫特腦中，不斷浮現，無法忽視。

深度偽造的崛起

「深度偽造」（簡稱「深偽」）這個詞彙相對比較新，是在 2017 年由一位紅迪論壇用戶所提出，指一種新研發的 AI 技術，可以創造出超真實的偽造照片和影片，就像新時代的修圖軟體一樣。[1] 他宣稱，利用這套軟體，任何人都可以天衣無縫的把色情片演員的身體和名人的臉孔融合在一起。生成的結果就是完全造假的「色情作品」，作品裡的女性對於這些影像的產生與散布完全不知情，也沒有控制權。

深度偽造技術的研發者是一位不願透露姓名的軟體程式設計師，他對人工智慧有興趣，正在進行他所謂的「研究計畫」。他告訴《Vice 新聞》的記者，他不認為這項技術有任何道德問題。就算他沒有展示這套軟體，其他人也會。而且這沒有任何法律上的問題，畢竟在當時，製作深偽影像在世界多數地方並不犯法，張貼和散布亦然，所以沒有人會去監督這套軟體的應用方式。

深偽影像是用「深度學習」技術生成。深度學習是人工智慧的一個子集，演算法先在數百萬個訓練樣本中學習模式，然後用來執行影像生成等任務。這些模型會分階段學習生成臉孔的方式：一開始先對應個別影像的所有像素，然後辨識更高階的結構，例如特定臉部或圖形的形狀。

生成式對抗網路（generative adversarial network, GAN）是其中一種能產生深偽影像的演算法，它以成對的方式運作：一個演算法就你想要複製的臉部影像進行訓練，然後生成自己的版本，另一個演算法則要判斷那個影像是真實的或是合成的。這兩個演算法會來回傳遞影像，偽造的影像在過程中會不斷微調而變得更容易讓人信服，直到偵測用的演算法再也看不出偽造痕跡。這項技術可以把臉部或整個身體處理成逼真的照片和影片，就像 2020 年抖音上瘋傳的湯姆克魯斯影片，那個深偽影片逼真得令人毛骨悚然。

比起專業的視覺特效工作室，生成式對抗網路能用更快的速度與更便宜的價格，生成高品質的影像和影片，因此成為娛樂產業一個很有吸引力的替代方案。迪士尼的光影魔幻工業（Industrial Light and Magic）等影像工作室，還有法蘭史多爾（Framestore）等視覺特效公司，已經在探索深偽演算法的應用方式，為廣告和電影創造超真實的電腦合成影像內容，以及名人的各種合成版本，無論他們已故或在世。

製作深偽影像的工具並非只有生成式對抗網路，隨著新的 AI 技術逐漸成熟，又出現「變換器」（Transformer）這種新技術，推動了生成式 AI 的進展。生成式 AI 軟體可以根據人們輸入的簡單英語描述，產生全新的影像、文本和影片，以這些系統為基礎的 AI 藝術工具有 Midjourney、Dall-E 和 ChatGPT，現在已經成為我們的日常語彙。它們讓你在靈光一閃時，只要用幾個精選的字句，就可以透過簡單的應用程式和網站，以直覺的方式產生精細的圖像作品。

AI 影像工具也被當作厭女的武器。Sensity AI 是少數幾家追蹤深度偽造的研究公司之一，根據他們的調查，在 2019 年，網路上的深偽影片大約有 95% 都是未經同意的色情影片，而且主角幾乎都是女性。[2] 作者阿傑德（Henry Ajder）告訴我，在他做完那份研究之後，深度偽造變得太猖獗，現在要撰寫這樣的報告幾乎是不可能的任務。然而他表示，最近的研究持續顯示，大多數深度偽造的目標仍然是女性，她們因為這項技術而被極度性慾化（hypersexualized）。

今天，在深度偽造這個詞問世好幾年之後，受害者還是沒有辦法訴諸法律。在全世界大部分地區，製作和散布 AI 生成的私密影像依然不違法。少數國家最近把未經同意散布私密影像（包括深偽影像）定義成犯罪，例如英國在 2024 年宣布相關法律，還有新加坡、南韓、澳洲，以及美國加州、紐約州和維吉尼亞州等也立法禁止，但創作 AI 生成的影像依然落在多數國際法的管轄範圍之外。

受害者僅存的辦法是藉由主張版權，要求平臺刪除內容。社群媒體平臺在服務條款裡承諾，會移除深度偽造和未經同意的影像，甚至有一些色情網站也這麼承諾，但他們實際上通常不會處理。[3, 4] 他們不會主動偵測這類內容，就算注意到了也不會優先考慮移除。歐盟新的立法在 2023 年生效，強制這些社群媒體平臺必須說明，民眾如何要求他們刪除非法內容，也強制社群媒體平臺執行這些要求，但如果相關內容（例如深度偽造）原本就沒有違法，則這項法律鞭長莫及。

在網路上，AI 並不是第一個被用來騷擾和凌虐邊緣化群體的數位技術。從隱藏式網路攝影機、修圖軟體到社群媒體，深偽技術就像先前許多比較簡單的影像技術一樣，也被一群變態和懦夫用來入侵我們最私密的空間，也就是身體。

AI 影像竄改技術之所以變得這麼威力驚人，是因為這些工具可以輕易的廣泛傳播，而且價格低廉，業餘人士都能使用。相較於前幾代的技術，AI 影像竄改技術產生的深偽成品非常逼真，而且透過監管不足的社群媒體管道，深偽成品就可以像被擴音器放大那樣，快速的傳播。當然，AI 影像竄改技術也會被用來對付不知情（更別說同意）的受害者。這項技術讓有心人可以更大規模的生產騷擾和虐待的材料。

我打開谷歌搜尋，很快就發現幾十個提供深偽色情作品的網站，我相信那些影片都是偽造的。數百部影片濫用真實女性的肖像，讓她們在逼真的性行為表演中出現。

這些影片的主角可能是好萊塢、寶萊塢和韓國流行音樂的主流明星，甚至非公眾人物，例如莫特。在莫特出現的那個網站上，她驚訝的發現有一整區都是非公眾人物的深偽內容，簡直是一個由科技催生的女性身體市場。

深度偽造並不是意外出現的 AI 技術。它們是工具，卻被一些想要造成傷害的人刻意扭曲，又因為這項技術容易使用，加上機構的漠視，使它們的影響獲得放大與鞏固。機構漠視是指國家未善加管理，以及大型線上平臺不願對深偽內容的傳播負責。無論莫特或我採訪過的其他女性，她們的故事都表示出：我們集體漠視了她們的痛苦。

冒犯人卻不違法

2022 年年初，莫特出版一本有關母性和登山的新書《天際線》（*A Line Above the Sky*），我有幸先讀到校樣。一部分是回憶錄，一部分是對大自然的頌歌，這本書清楚描繪了莫特的核心。她在書中暴露自己的脆弱與不堪一擊，同時也呈現鋼鐵般的自我意識。在提及深度偽造的短文中，她反思那次的經驗，以及她的身分認同感如何被改變。

在 2020 年那天之後的三年裡，莫特寫下幾篇文章，試圖回憶那次經驗的強烈感受。其中一篇名為〈這太瘋狂了〉，文章裡同時提到莫特遭遇深度偽造的經歷，以及讓她完全改觀的一場冰河探險，地點是格陵蘭東南部庫魯蘇克（Kulusuk）附近。她在文章中把爬升和墜落這兩種經驗拿來做比較。她寫給自己：「這些時候，妳會想起冰河是如何自我流放的。即使傾斜了，即使墜落了，依然是挺直的。」[5]

事件發生後不久，她寫的第一個作品是詩，〈深度偽造：色情讀畫詩〉（Deepfake: A Pornographic Ekphrastic）。寫詩感覺像是她在那幾個月裡唯一知道該怎麼做的事，讓她從擾人的想法裡解脫，重新恢復理智，療癒自己。藉由這首詩，她表達出還無法跟別人細談的那種心理衝擊：

這些扭曲的像素是我的臉，
五官我已經覺得屢見不鮮，
我想看到她填住每一個洞！
人們所謂靈魂之窗的雙眼。

莫特告訴我：「在這種情況下，說什麼都不對。我先生想要一笑置之。他說：『妳後來就會覺得好笑了——很顯然那不是妳或是妳的身體。』但這件事對我來說真的很重要。我記得當時心裡想，我不知道如何變回正常。」

莫特幾乎立刻要求網站刪除這些照片，但沒有回應；網站對這些影像不承擔任何責任，因此沒有理由幫助她。她也拿這些影像去報警，但警方告訴莫特，他們幫不上忙。警方解釋說，未經他人同意分享私密照片是違法的，但如果照片是偽造的就不算數。即使莫特能讓網站找出作惡者，對方也不犯法。她很震驚，甚至是困惑，如此冒犯人、不公平的事情，在法律的眼中竟然完全合法。

求助無門之下，莫特有好幾個星期都在想，她生命中的哪些男性可能要負責——對方使用了她的名字，可以存取她未公開的照片，所以她懷疑是認識的人，但始終沒有找到。「曾經有一段時間，我懷疑每個人，並且在心裡面想著，犯人會是誰？有的人開始發問，有幾個人假裝沒事……我會想，這個人搞不懂狀況，難道……是那個人幹的嗎？我甚至不知道對方是不是男性，這是個重大的假設，我會這樣假設是因為網站上的帳號都是以男性的身分出現，但那也可能是虛構的。」

然後莫特開始觀察身邊的男性，包括鄰居、熟人、陌生人，想著有多少人可能對其他女性做過同樣的事情。「當你思索哪些認識的人可能會使用這些網站、觀察走在街上的男人，都會讓你想起，你根本不了解這些人、不知道他們私底下做些什麼。」

這次遭遇嚴重危害了莫特和一般男人的關係，讓她對世界的看法有很長一段時間變得黯淡。她開始害怕睡覺，原本睡眠的舒適感被噩夢給刺破，噩夢的主角是遭到深度偽造的自己，她重新開始服用抗焦慮藥物。莫特跟她認為不夠有同理心的老朋友斷絕關係，對新朋友則變得疏遠。她很感謝丈夫的支持，但過於需要，一旦丈夫在忙其他的事情就會覺得不滿。

為了開始療癒，她採取的第一步是做出有意識的選擇，不再懷疑誰該為深度偽造負責。然後，為了修補跟自己身體的關係，她開始增加身上的刺青。「我對自己的身體一直沒有太大的自信，我害怕的是，萬一深度偽造變得更加真實，有人可能會故技重施，並且把我的刺青放上去，讓影像主角看起來就像我本人，」她說。「我意識到刺青可以證明那不是真的我，除了我以外，沒有人知道所有的刺青。所以這對我來說是一種安慰，刺青就像是一種防護，也是一種印記，讓我知道其他人即使想製作偽造的影像，也不可能知道這些新刺青。」

然而，就算刺青可以掩蓋問題，但她感覺自己的身分已經破裂了，不可逆轉。她說：「哪怕是現在，我也沒辦法脫離這種身分。哪怕是現在，在討論這件事時，我也把影像主角當成是自己在談——那就是我的感覺。」

影像裡的熟悉女孩

今天，原始「深度偽造」程式碼的片段已經衍生出其他的演算法，在全世界流傳。2019 年，一個名為深裸（DeepNude）的應用程式吊足了使用者的胃口，它以 50 美元的代價請使用者上傳穿著清涼的女性照片，然後利用 AI 模型把她們的衣服脫光，並換上演算法生成的身體。這款應用程式只會生成乳房和女陰，因此即使有意也無法處理男性的影像。

深裸的創作者是化名艾伯特（Alberto）的匿名程式設計師，這款程式雖然在 2020 年短暫關閉，但後來程式碼加入更複雜的功能，讓程式像病毒一樣突變，現在能讓使用者上傳各種類型的照片（衣著整齊、側視，以及籠罩在陰影裡的女性），只要按個按鈕就可以生成裸照，甚至影片。[6]

如今，數百個付費裸照服務如雨後春筍般冒出來，使用起來就像套用 Instagram 的濾鏡一樣簡單。據估計，其中一個網站在

2020 年的十個月裡就有五千萬名瀏覽者造訪。[7] 幾個月之後，網站的擁有者聲稱他們的深偽演算法會變得更加先進，不久就能讓使用者「竄改目標的特徵，例如乳房大小和陰毛」。網站的擁有者斷言，深度偽造會從被動娛樂變成參與式運動：選擇任何一名女性，脫光她的衣服，改造她，然後公開展示。周而復始。

一種以深偽色情為基礎的商業模式迅速冒了出來。有些網站會經常分享深裸程式碼給「合作夥伴」或山寨網站，只要付錢，就可以提供照片脫衣的服務，這衍生出一個蓬勃發展的性騷擾網站和應用程式生態系，甚至無法消滅。這類平臺本身透過簡單的網路搜尋就能造訪，無需任何專業知識就能使用，使用者只要上傳照片即可，操作方式跟其他網站一模一樣，只不過這些提供深度偽造的服務大多數都要收費。

其中一個合作夥伴的應用程式名為 DreamTime，是由一位自稱布拉佛（Ivan Bravo）的程式開發人員所經營。他形容 DreamTime 能「讓你利用人工智慧製作偽造的裸體照片或影片，是一款輕鬆上手的應用程式」。在接受《連線》雜誌訪問時，布拉佛聲稱付費的使用者超過三千名，賺到的錢足以「在墨西哥養活一家人，讓她們住在像樣的房子裡」。[8] 他補充道，這種賺錢方式或許不道德，但他沒有打算停手。

到了 2020 年，製作「深裸」內容變得跟傳送即時訊息給別人一樣簡單。通訊應用程式 Telegram 上面出現了一個機器人程式，提供簡單的深偽服務。使用者可以傳送一張穿衣服的受害者照片給 Telegram 機器人程式，它會在幾分鐘之內利用這個人的臉孔製作一張逼真的裸照，然後回傳。研究公司 Sensity AI 對這個機器人程式做過研究，根據他們的說法，付費版本要價大約八美元，可以提供 112 張影像。截至 2020 年 7 月，光是透過這款應用程式，就有超過十萬名不知情的女孩和婦女遭到毒手。[9]

Sensity AI 也發現，曾有人在頻道上張貼一項針對使用者所做的匿名調查，63% 的人表示，他們使用的照片來自「現實生活中認識、常見的女孩」。[10] 這個統計數據讓我不寒而慄。莫特形容過這種毛骨悚然的感覺：無法避免被人打量。

無法刪除的數位雙胞胎

2022 年春天，我開始注意到不斷有新聞報導在討論 AI 工具對形象和身分的影響。其中一則報導提到美國軟體工程師史嘉蕾（Cher Scarlett），她在臉部辨識搜尋網站「派梅耶斯」（PimEyes）上發現自己的限制級私密照片——那是將近二十年前，她在十九歲時被迫拍下的照片。[11] 她已經抹去這個痛苦事件的記憶，所以意外發現這些影像的感受就像第一次經歷這個創傷一樣。

我很好奇派梅耶斯網站，它會要求你上傳一張自己的照片，然後利用 AI 系統了解你的臉孔輪廓，接著從網路上找出有你在內的照片。所以我上傳一張自己的照片，瞧瞧網站會有什麼發現。搜尋結果很不錯，大部分是我已經看過的公開照片，一些則是參加活動時的定格照和臉部特寫，由於我當下沒有意識到有人拍照，我懷疑那是從影片裡擷取出來的照片。

我發現少數幾張特寫鏡頭被標示為「限制級」，代表它們已經被人貼到色情網站上。我得付錢給派梅耶斯網站才能點開照片，再連到這些網站，但我決定打消念頭。不過這個情形確實讓我有揮之不去的恐懼：網路上可能存在著我毫不知情的東西；我的數位雙胞胎可能散落在世界各地，可是我卻沒有任何的控制權或所有權。

史嘉蕾跟我說，某人只需拍張她的臉部照片，就能找出網路上所有關於她的資訊，這聽起來感覺像是「《星艦迷航記》(*Star Trek*) 的玩意兒」，不可能辦到。然而，這項技術已經達成不可能的任務，把她從藏匿在人群裡的不知名臉孔，變成祕密可能被迫公開的人。

像史嘉蕾和莫特這樣的女性或女孩有成千上萬人，她們偶然發現有人未經同意在網路上分享她們的私密照片或影片（無論是真是假，同意或被迫），卻求助無門。直到最近，谷歌、YouTube 或臉書等平臺，還是沒有任何按鈕可以讓人點擊，以永久移除或刪除這些私密內容。即使是現在，因為缺乏法律保護，加上網際網路去中心化的特質，想要從網路上永久移除未經同意的影像和影片，都是徒勞無功，更別說深度偽造。一旦下載到個人電腦，這些影像就會化成數位食屍鬼永遠留存，並在網路的底層漫遊，等待最意想不到的時候突然出現。

網路平臺沒有保護使用者的安全

在世上多數地方，製作和散布深度偽造的私密影像或性行為影像仍不違法，因此目前並沒有明顯的司法途徑。這個問題已經引起法律學者、慈善機構、運動人士和女權團體的關心，例如「我的影像我作主」（My Image My Choice）以及「不屬於你的色情」（Not Your Porn），他們關注各種未經同意的影像分享行為，包括復仇式色情。這些組織提供情緒支持熱線、情報資源，甚至免費的法律諮詢。但人們很難找到願意承接這類案件的律師，因為要在法庭上勝訴是場苦戰。希望訴諸法律的受害者常常會找上紐約市布魯克林區的律師戈德堡（Carrie Goldberg），用她的話說，她專門協助「遭到變態、混蛋、神經病和網路小白攻擊的客戶」。[12]

戈德堡是那種讓人很難忘懷的女性，她喜歡中性風格的「權力套裝」（power suit）、細高跟鞋和深紅色口紅；臉上戴著超大的黑框眼鏡，給人一種好學、天真的感覺，軟化了她身上有如榮譽勳章的殺手本能。她散發女性氣質、滿口髒話、氣勢凌人，既不遮掩也毫無歉意。

客戶來找她時提到的暴力行為包括直播性侵未成年人、網路張貼復仇式色情內容、性勒索，以及網路騷擾。通常，這份工作到最後都是要保護女性或自認為女性的人，她們往往被男性傷害，遇上的科技手段五花八門。當她自 2014 年開始執業時，這些行為大多數還不算是犯罪。她當初想要開業的部分原因是：她想要成為自己在最需要的時候遍尋不著的律師。她的前男友就曾經威脅要在網路上張貼她的私密照片，還用臉書傳訊息給她的家人和朋友，說她是患有性傳染病的毒蟲。

戈德堡的客戶多數是十多歲的女學生，她們經歷殘酷和無理的行為後，往往會在社交上與同儕和家人保持隔離。戈德堡從她們身上看到一部分的自己，所以經常會打破律師和客戶之間的界限，扮演起姊姊、治療師和仙女教母的角色，帶她們去修指甲，在她們生日時買耐吉公司（Nike）的商品當禮物。

在《紐約客》（*New Yorker*）撰寫的戈德堡傳略裡，一名在邁阿密的法學教授提及她收到戈德堡寄來的禮物，這位教授在倡議復仇式色情相關法規時遭到網路霸凌，禮物象徵著戈德堡對她的支持。包裹裡有一支火紅色的唇膏，品牌是加拿大的 MAC，名為危險女士（Lady Danger）。戈德堡在隨附的卡片裡寫道：「當我想讓自己像個戰士時，就會擦這支口紅。」[13]

在我們的對談中，我問戈德堡，從法律的角度該如何處理網路暴力。戈德堡立刻否決我提出的框架，拒絕被拉進線上與線下的錯誤二分法。她說：「在我看來，所有的犯罪都是在線下發生的，因為每個犯罪的對象都是人，而不是電腦。線上的部分只是犯罪用的武器，而不是犯罪本身。每當有人跟我提到他們遭到線上跟蹤或網路騷擾，我都說拿掉『線上』或『網路』，那就是跟蹤，那就是騷擾。」

戈德堡處理過各種以科技為媒介的犯罪，所以我很好奇，她是否觀察到深偽案件的數量有增加的趨勢。「我在 2014 年接到的前幾個案件中，有一件是一名女性的照片被人放上復仇式色情網站，原本是她穿著比基尼跟朋友在沙灘上的合照，但有人利用修圖軟體把比基尼拿掉，並加上雙 G 罩杯的巨乳和毛茸茸的……就某方面來說，那是深度偽造的早期表親，」她告訴我。「深度偽造無疑是更複雜的科技應用，但操作手法其實沒什麼不同。對我的客戶來說，就是把那些髒東西從網路上拿掉，確認是誰幹的，阻止這種事情，讓它不要再發生。如果有機會的話，逮捕那個混蛋。說到底，我在做的事情大部分就是這樣而已。」

她的首要之務是為客戶爭取權益，追查騷擾者和濫用者，有時還包括散布內容的平臺，不過現在她有一部分的工作是在進行遊說，希望相關單位把這些行為認定為應受懲罰的犯罪。她解釋，目前要刪除私密的內容，最強大的武器只有版權法。在別的情況下，如果牽涉到跟蹤行為，她可能會申請限制令或其他保護措施，如果對方違反命令，她通常會訴諸刑事法庭。

戈德堡覺得目前最大的問題是，谷歌、YouTube、臉書和 Instagram 等最大的網路平臺缺乏法律上的誘因，讓他們願意去限制未經同意和 AI 生成的色情作品，減少相關內容的傳播，保護使用者的安全；至於專業的色情網站，就別提了。

戈德堡一直想要讓網路平臺對線上發生的濫用行為負責。她尤其關注美國通訊端正法（Communications Decency Act）第 230

條，這項法律保護了網路平臺，使其對平臺上張貼的第三方內容享有豁免權。「這是網路上最大的問題。不論財富或持有的使用者資訊，他們都是宇宙史上最強大的公司，當其他產業必須負起責任時，他們卻享有豁免權，」她說。「他們靠每個人的私密資料來賺錢，但我們卻沒有權利對抗。這完全讓人無法忍受。」

她表示，這項法律在 1996 年制定，當時的網路狀況不像現在，法律卻一直沿用至今，「太蠢了」。遊說者一直想讓網路平臺不必對內容承擔責任，他們的主張是修法將摧毀網路產業。連電子前哨基金會（Electronic Frontier Foundation）這樣的數位運動組織也聲稱，把責任轉嫁到網路公司身上，將導致他們對網路進行更主動的審查，拖慢社群媒體的即時特性，讓網路變得更淨化、封閉，和不「自由」。[14]

戈德堡對這些說法嗤之以鼻。她說：「其他產業都要為自己造成的傷害負責，汽車產業或飛機產業也沒有因此關門大吉。科技業明明是高度利潤導向的產業，卻從來沒有為法律責任編列過任何預算。」

儘管戈德堡處理的網路受虐案就跟真實世界的案件一樣，但她承認 AI 的武器化具有特別的破壞力。這項技術以更加精細、更大規模和更為持久的方式在傷害弱勢民眾。

她表示：「要從遠端來傷害某個人從未如此便利，而且因為網路的遠端存取特性、全球觸及能力，以及倍增效應，對於人們的隱私、聲譽和職業造成的傷害也更加深遠與持久。」

尊嚴盡失

在澳洲西部的伯斯，二十五歲的馬汀（Noelle Martin）是戈德堡說詞的活見證。馬汀一家來自印度果亞（Goa），是個中產階級的天主教家庭，家中有五個女兒，她排行第二。她告訴我：「我是棕色皮膚的女孩，移民的女兒，父母是普通、勤奮，過著自己生活的人。」她記憶中的童年基本上平淡無奇，除了和四個姊妹一起長大的過程有一些混亂，以及身為學校裡少數深色皮膚的學生，偶爾會遭遇到一些種族歧視。

馬汀的家人相對保守。她在青少年時期從來沒有談過真正的戀愛，一直勤勉好學。她年輕的時候就知道自己想要像父親一樣當個律師，2014 年錄取雪梨的麥夸利大學，攻讀法律和藝術。但在大學的第一年，她的生活遭逢深遠和永久的變化，從此變得不再平凡。

她有一次偶然用谷歌反向影像搜尋（Google Reverse image search），發現有人從她的社群媒體和朋友的帳號搜刮了數十張照片，然後張貼到色情網站上。她感到混亂，開始點進這些網站，結果看見自己的裸照，顯然是從原本有穿衣服的照片修改而來。

「我看到很多自己遭到變造的照片，畫面中的我可能正在性交，採取口交姿勢，或是被人射精，」她在伯斯的父母家中透過通訊軟體與我對話，語氣幾乎可說是冷漠而疏離，我先前注意到莫特也是這種語氣。

「我想事情的經過是，某個地方的某個人意外發現我的照片，而我符合他們性幻想的形象，接著他們竊取了這些照片並張貼到有關豐滿女性的網站上。最後，這些照片出現在主流色情網站上，一再被人分享。」因為社群媒體和整個網路具有由下而上的特質，內容無法受到監管，這些照片已經被數千人下載到私人伺服器。等到馬汀發現，這些照片已經像有害的雜草一樣擴散開來，一發不可收拾。

以今天的標準來看，這些照片的修改手法相對粗糙，畢竟那個年代還沒有深偽技術，但對馬汀來說稱不上慰藉。她問：「你要怎麼對外行人解釋這件事？」她當時年僅十八歲，又遠離家鄉，沒有家人可以依靠，感到孤立無援，愈來愈沮喪。

「有很長一段時間，我把自己遭到物化這件事內化了。我開始抽菸、喝酒，像無頭蒼蠅一樣瞎忙，因為我的自尊心和自我價值感愈來愈低，」她告訴我。「我只覺得自己極度被性慾化，極度被物化，好像在人們的眼中，我不是人一樣。那真的會剝奪一個人的尊嚴和人性。」

打一場不會贏的戰爭

當馬汀第一次和我通話時，她打開攝影機跟我打招呼，一頭黑色長髮垂落到鏡頭前，臉上的表情生動。但是隨著對話的深入，她要求把攝影機關掉，以避免她所謂必須不斷保持「可見人」狀態的疲累感。即使只聞其聲不見其人，她的聲音聽起來仍然明亮、清晰、真誠，雖然我可以感覺到她陷入矛盾的情緒裡，一方面想要變得大膽，另一方面又想逃離和躲避這一切。

馬汀說，她在成長過程中總覺得自己的外表和家人不太一樣。她的姊妹都很「纖細、嬌小」，可以穿任何想穿的衣服，但她則「非常凹凸有致」。馬汀在青少年時期一直與父母抗爭，因為父母要求她必須穿得比姊妹還保守。她說：「這個社會就是這樣，尤其是當妳擁有某種體態時……不管妳穿什麼，在別人眼裡都會看起來放蕩。這些假設全都只是因為妳的身體與生俱來擁有某些優勢。」

身為一個還在探索自我的青少年，馬汀以她知道的唯一方法進行反擊，那就是主張自己的個體性。儘管她穿得相對古板，很少露出大腿或手臂，但有自己的時尚感。她說：「或許對某些人來說，我的乳溝露得太多了，但那部分的身體正是我想要處理的地方。我心裡想，為什麼不能露出來？我一向不喜歡自己的手臂，或是露出自己的肚子，所以我為什麼不能穿適合自己身體的衣服，找出自己的風格？反正別人不會因為我很有存在感就想要讓我感到羞恥，我又為什麼要感到羞恥？這其中有很多的反抗和憤怒。」

當馬汀在大學裡發現那些遭到變造的照片，她寫信給網站的擁有者，要求刪除照片，但幾乎沒有人理她，有回應的網站擁有者反而敲詐她，說如果要刪除那些偽造的照片，就必須提供真正的裸照。即使某個網站真的同意刪除，這些照片也已經有人下載，通常過不久就會被轉貼到其他的網站，根本刪不勝刪。她意識到自己正在打一場不會贏的戰爭。

就是那時候，她決定公開談論這次的經驗，被迫成為必須為自己爭取尊嚴和權利的活動份子。

由於影像竄改技術還在起步階段，所以多數人甚至不知道這類犯罪的存在。馬汀決定，就算不是為了別人，也得為了自己著想，她必須在不惹怒他人的情況下提高大眾的意識，畢竟這種事可能發生在任何人身上。正因為她起身推動，鼓吹修改當地法律，這類偽造影像才會被定義成犯罪。[15]

但她挺身而出為自己發聲，似乎引起更多網路濫用者的注意。愈來愈多經過竄改的影像出現，而且愈來愈寫實。她說：「他們其實是從媒體文章中擷取我的影像，然後做那些我在文章中大力反對的事。我曾經因為倡議而獲得證書，他們以我手持證書的照片為基礎，把證書修改為成人電影的封面，就像我在參加色情活動一樣。」

色情網站業者是唯一能幫她找到罪魁禍首的人，但既然這些行為在澳洲不犯法，他們不是根本懶得回應，就是動作太慢，完全無法抑制偽造影像擴散。

馬汀努力不懈的發起活動和大力鼓吹，終於讓澳洲通過一些州法和國家法，例如 2018 年的一項立法，把未經同意分享私密影像（包括利用科技竄改的影像）定義成犯罪，以及 2022 年的一項法律，規定社群媒體公司必須遵照網路安全管理機構的命令，移除影像遭到濫用的內容，否則每天會處以最高 55 萬 5000 澳元（約新臺幣 1180 萬元）的罰鍰。[16]

但事實證明，一開始的冒犯行為只是馬汀遭受多年霸凌與傷害的序曲，這多年來的惡行似乎在懲罰她勇於發聲。她告訴我：「他們是躲在鍵盤後面的懦夫，而我是那個只因他們沒有把我當人看，就必須承受終生影響的人。」

馬汀在 2018 年畢業後收到一封電子郵件，上面寫著：「某個色情網站有妳遭到深度偽造的影片，看起來很真實。」她向匿名寄件人索取連結，讓她找到一支 11 秒長的深偽影片，內容完全是用 AI 工具捏造出來的，片中的她全裸，正在和一名陌生人發生性關係。在同樣的網站上，她發現了另一支影片，這次她正在對一名男性進行口交。

她告訴我：「這支影片該死的標題就是我的全名，影片標籤則是『馬汀』、『澳洲女性主義者』，他們完全竊取了我的身分。他們展現我另一個該死的分身，這太欺負人了。他們是刻意要盜用和扭曲我的身分。」

這些影片比起先前的竄改影片都要來得有沉浸感和真實感，但馬汀已經對這種痛苦習以為常。她說：「在我的生活中，發現這些冒犯我的內容已經成為常態，而且近十年來，形式愈來愈糟糕。身分會被剝奪。我唯一能做的就是認清這一切，因為如果不這樣做，我就完蛋了。」

在那之後，這些影片出現在好幾個色情網站上，利用谷歌搜尋就找得到。它們一旦被人下載和轉貼，要遏制流傳就變成不可能的任務。馬汀請深偽技術專家分析這些影片，發現那支描繪性交的影片確實是 AI 生成的深偽影片。她親身體驗到影像編輯工具的日益成熟，並看到 AI 輕而易舉的就能製作逼真的色情影片。她說：「影片裡的身體像是我自己，臉上的表情會動，而且我主動和另一個人交媾，影片的標題居然還是我的名字，他們竟敢這樣持續針對我，我簡直氣炸了。」

馬汀告訴我，這個創傷開始改變她的深層性格，她發現自己的情緒不斷在高漲和低落之間擺盪。「有時我會把社群媒體全部設為不公開，有時我會變得非常開放，有時我可能會改變穿著，有時我會想，管他的，我想穿什麼就穿什麼，或質疑自己為什麼要保持不公開，為什麼要改變自己的行為？一直都是這樣起起落落。我會試圖忘記發生在我身上的一切，切斷與自己的關係，假裝什麼事也沒有發生。」但是到了晚上，當她準備睡覺時，那些影像會突然出現在她的腦海裡，她會花好幾個小時擔心，類似的影像在隔天會如何再次出現。

馬汀相信犯罪者不在澳洲，因為他們不怕被抓或受到澳洲法律起訴。澳洲法律已經把未經同意就分享私密影像（包括深度偽造）的行為定義成犯罪，但在世界其他地方，這件事依然不犯法，例如美國部分地區和歐盟。馬汀說：「他們可以繼續這樣做是因為法律管不著，而且他們想要掌控其他人。」

改變一向來得太慢

2023 年 2 月，我採訪美國加州大學洛杉磯分校的研究人員史諾（Olivia Snow），她是專業的女施虐者（dominatrix），也是性工作、科技和政策的專家。當她擔任施虐者時，不會使用真名。史諾和同行的朋友近期開始使用 Lensa，這款應用程式能利用 AI 把人臉的照片變成動畫版本，而且有多種風格任君挑選，例如動漫風格或奇幻風格。她告訴我：「我們使用 Lensa 是因為這樣就能在個人檔案上安全的展現臉孔。」但隨著她上傳更多自己的照片，她發現這些動畫影像被應用程式的演算法給極度性慾化。

在好奇心的驅使之下，史諾上傳了各種照片，包括會議中的自拍照，甚至是童年時期的照片，她想要知道 Lensa 的 AI 會如何編修這些照片。她驚駭的發現，這些照片也被性慾化，甚至出現部分裸露的畫面。她說：「像 Lensa 這樣的應用程式很快就會被拿來對付女性。在過去幾週，我已經看到愈來愈多的女性深偽色情照，有上升的趨勢。」

她表示，全球管理機構沒有負起責任，把這類的濫用行為徹底定義成犯罪，動作真的太慢了。「我們可能要等到為時已晚，才會去管制 AI 這類技術。」

史諾是對的，改變一向都來得太慢。像莫特和馬汀這樣的受害者，是因為有足夠的勇氣（而且覺得夠安全）才敢說出她們的經驗。現在她們正在爭取法律與時俱進，要求自己的政府承認深偽影像有增加趨勢，立法將未經同意就製作和散布 AI 生成的色情內容判定為犯罪行為。

她們的努力是想讓大眾知道，濫用 AI 影像的後果可能和分享真實事件的影像一樣嚴重，這也是她們願意廣泛分享自身故事的原因之一。最近幾年，隨著愈來愈多的女性吐露自己遭到深偽的經驗，以及 AI 影像創作軟體變得比以前精良，愈來愈多數位權利倡議者和女權運動者相繼遊說政府，要禁止這類濫用 AI 影像的行為。

例如，莫特就在網路上發起請願，要求政府修改法律以保護像她這樣的受害者。她寫道：「我的痛苦遭遇讓我感到害怕、羞愧、疑神疑鬼和心力交瘁。但我不會因此不敢吭聲。」

她的請願有超過六千人連署，努力想要讓深偽技術變成非法，「訂定明確的法律，禁止人們拍攝、製作和偽造這類有害的影像」。[17]

英國從 2019 年就開始草擬網路安全法（Online Safety Bill），基於莫特和 Sensity AI 的阿傑德等人，以及其他幾十名運動人士的倡議，新版的網路安全法把未經同意散布深偽私密影像的行為定義成犯罪。這項法案雖然廣受批評，但在本書撰寫期間也進入辯論的最後階段，緩慢的在英國立法程序中推進，終於在 2023 年年底生效。

麥格林（Clare McGlynn）是英國杜倫大學的法學教授，專門研究這個領域的法律十年有餘。她表示，儘管英國已經採取行動處理這個問題，但全球目前只有零星幾個國家和州的法律涉及影像濫用，至於把製作和散布深偽內容定義成犯罪的法律就更少了。麥格林採訪過一些倖存者，根據他們的說法，即使是現行的法律也沒有嚴格執行，很難保護身為絕大多數受害者的女性，讓她們免於可能持續數年的騷擾——馬汀的案子就是一例。

麥格林表示，管理單位抗拒改變，並不是因為偽造影像遭到濫用存在爭議或遭到熱議，而是立法者不夠重視這個議題。AI 跟社群媒體和其他的網路技術一樣，是個管理起來很複雜的領域。這項技術的演變速度極快，而且沒有國界之分：AI 軟體可能在某個國家被人開發出來，在另一個國家以應用程式的方式獲得採納與執行，然後在第三個國家被破解，用來製作非經受害者同意的深偽內容。

儘管 AI 技術在 2023 年已經成為全球管理的重點，但討論的議題主要圍繞在成熟 AI 系統帶來的安全風險，包括協助設計生物武器的能力、在政治領域散播 AI 生成錯誤資訊的影響，以及對民主的衝擊。其他的法律領域也受到檢視，包括生成式 AI 軟體侵犯版權的議題，因為訓練這些系統時，必須使用來自創意工作者且受到版權保護的文字、影像、聲音和肖像。2023 年 11 月，在英國布萊切利園（Bletchley Park）宅邸舉行的首次高峰會上，各國領導人就提到為 AI 的安全進行立法的必要性：設計出來的演算法系統不能具有歧視性或者不道德，也不能被用來進行犯罪，而且在遙遠的未來，超越人類的科技不能夠傷害人類。

麥格林表示，在這種複雜的背景下，全球政治領導人（絕大多數是男性）[18] 根本沒有優先考量日益盛行的深度偽造。她指出，或許是因為深度偽造的傷害對象幾乎絕大多數是女性或自認是女性的人。

換句話說，這些受害者不夠重要。

深偽技術成為抹黑用的工具

「資料殖民主義」是指有權有勢的科技公司對弱勢族群的剝削，由於演算法系統會帶來一定的影響，資料殖民主義的明顯特徵就是這些影響的分布方式。再加上資料是以統計方式取得，科技帶來的優勢往往是多數人在享受，無論種族、地理或性別。例如，有人發現設計不良的 AI 招募系統較偏好男性應徵者，是因為先前有男性應徵者在這家公司成功求職過。[19] 反過來說，這些不良系統嚴重傷害的幾乎都是當今社會裡的受害者和邊緣人。以臉部辨識 AI 為例，系統上誤判女性和有色人種的比例明顯高於男性和白種人。

當我開始追蹤深偽色情的興起，我發現這項技術已經擴散到西方以外的地方，類似的演算法已經被用來對付埃及、中國、葉門和印度等地的女性。在這些國家，深偽技術都是拿來針對女性的記者和運動人士，利用她們在自身文化中的弱勢地位，造成遠遠高於西方國家女性的傷害。

2020 年，我和《金融時報》（*Financial Times*）的同事開始報導 AI 如何被人當成武器，在網路上騷擾女性和其他的少數族群，這時我們遇到了住在德國的中國程式設計師，他挺年輕，化名「將記憶深埋」（或 Scsky）。他找來七名程式設計師組成志工團隊，花費五個多月，利用空閒時間設計一款應用程式，俗稱為「原諒寶」。這款應用程式會請使用者上傳一張女友的臉部照片，它的 AI 系統會辨識這名女性是否曾經出現在業餘、報復式或專業的色情作品中。

後來，他聲稱女性自己也可以使用這款應用程式，找出並移除未經同意就上傳的裸露影像。但我的同事楊緣在採訪他時發現，他的核心想法是找出「性開放」（sexually permissive）的中國女性，避免男性被人占便宜，尤其是那些理論上天真純樸、沒什麼女性交往經驗的程式設計師和工程師。

這款應用程式在網路上引起中國女權主義者的強烈抗議，她們認為這是在刻意騷擾那些會表達意見、通常不見容於社會的女性。2022 年，強尼戴普和安柏赫德打官司，而在那之前就有一份更大規模的研究顯示，有話直說、舉止強勢的女性會被視為「不討人喜歡」。[20]

非西方國家女性面臨的潛在危險讓人權律師洛倫特（Raquel Vazquez Llorente）晚上睡不著覺。洛倫特一直思考，在 AI 合成媒體（包括深度偽造）的世界裡，要如何捍衛權利與言論自由。她擔心 AI 工具會成為獨裁政府的武器，獨裁政府可能會拿深度偽造的影片或圖片來抹黑某個人。

與洛倫特合作的人權社群已經清楚意識到，發展中國家和獨裁國家的運動人士可能會特別容易受到傷害，因為 AI 等新興技術更容易遭到這些政府的濫用。[21]

洛倫特為非營利組織「見證者」（WITNESS）工作，專門幫助世界各地的民眾使用影片輔助技術來捍衛人權。見證者從 2019 年開始，在四大洲舉辦一系列的研討會，於奈洛比、普利托利亞、吉隆坡和聖保羅等地區召集了記者、政策倡議者和人權維護者。[22] 會議中討論深度偽造和其他的生成式 AI 技術，究竟有可能為人權工作帶來哪些威脅和機會，並試圖針對人權工作領域的未來工作，找出最迫切的擔憂與建議。

在這些研討會中，非洲、東南亞和拉丁美洲的與會者最擔心的，顯然是有人使用合成的內容來「扣帽子」，破壞民眾對他們的信任感，讓工作難以推動。他們擔心有人利用深度偽造和其他 AI 技術發動有針對性、基於性別的攻擊，製造有關對抗當權者的不實敘述。

洛倫特告訴我：「這個方法已經被用來抹黑女性運動人士和女權捍衛者的工作。把妳的臉孔放到色情影片裡並流傳出去，最好的情況，妳會失去所有工作的信用，最壞的情況，妳會被殺。我正透過深偽影像，尋找葉門和中東地區受到攻擊的人權捍衛者。我正在想辦法保護他們。這對運動人士來說太危險了，因為在這些地方，這類事情可能讓他們遇害。」

虛擬世界裡也有暴行

隨著數位科技的演進，影像生成 AI 造成的傷害可能從實體世界轉移到虛擬世界，這也是馬汀在西澳大學擔任法律研究員一直研究的問題。臉書試圖推廣三維的虛擬線上世界，即所謂的元宇宙（metaverse），還把公司更名為 Meta，而元宇宙的核心就是人工智慧。在元宇宙裡，使用者可以透過虛擬化身的形式漫遊在擬真的世界，當中有其他真實用戶的虛擬化身，還有可以互動的物件。任何人都可以造訪這些虛擬平臺來玩遊戲，這些平臺和遊戲包括分散之地（Decentraland）、《機器磚塊》（*Roblox*）、《要塞英雄》（*Fortnite*），甚至是 Meta 的《地平線世界》（*Horizon Worlds*）。

舉例來說，使用者可以利用 Meta 的虛擬實境頭戴式裝置 Oculus Quest 2 造訪《地平線世界》。這個遊戲平臺採用生成式 AI，打造具備跨語言即時語音翻譯能力的虛擬化身，並驅動這個生態系裡的聊天機器人，甚至讓使用者以語音命令就能生成鉅細靡遺的虛擬環境。

2021 年，英國電視臺記者波金尼（Yinka Bokinni）在幫第四頻道（Channel 4）紀錄片進行臥底調查時，使用 Meta 的 Oculus Quest 頭戴式裝置，透過 Oculus 應用程式商店提供的兩款應用程式，進入元宇宙。[23] 她發現這些虛擬空間存在著猖獗的性暴力、騷擾、種族主義，甚至是兒童危害問題。她一進入其中一個連接臉書 Oculus 平臺的環境，就偷聽到有關兒童色情的對話，還碰上嚴重的種族暴力、仇恨言論，以及虛擬攻擊。

她幫《衛報》（*Guardian*）寫了一篇關於這次經歷的報導，她提到：「有一次，七名用戶圍住我，想強迫我移除安全防護，好讓他們可以亂動我的身體……這算是虛擬版的性侵」。[24]

波金尼提到，即使這次的經歷完全是虛擬的，她仍有一種被侵犯的違和感。「我知道那不是真的，但是當你戴上頭戴式裝置，你真的會感覺親臨現場，」她寫道。「它會欺騙你的大腦，讓你誤以為真的在經歷那些事。你會忘記那不是真的。這真的太嚇人了。」

奮鬥還在持續

說到底，無論生成式 AI 或任何一種以 AI 為媒介的影像竄改技術、修圖軟體的舊技術，甚至是復仇式色情，對人類造成的影響都沒什麼不同。

法學教授麥格林在英國、澳洲和紐西蘭等地，訪談超過七十五名的倖存者，這些人經歷了從復仇式色情到深度偽造等各種影像的騷擾，因這類的濫用行為承受傷害。他們都提到自己會一直害怕被認出來，或擔心影像被廣為傳播。麥格林告訴我：「他們的生活斷裂成『事前』和『事後』。他們換學校、搬家、換工作。一位女士說她不但增重還改變髮色，因為擔心走在路上被認出來，所以徹底改變身體形象，避免有人認出來。」

如今，馬汀是一名律師，也是西澳大學的研究人員，主要研究科技與政策，尤其聚焦在深偽和元宇宙這類沉浸式技術，以及它們對個人的衝擊。

多年來，每當她花費無數個小時整理和處理大量騷擾，她最好的朋友就會接到她打過去的幾十通電話。在爭取法律權益的早期階段，以及每個月瀏覽最近出現而且更加寫實的濫用案例時，情況會變得特別嚴重。她說：「我永遠沒辦法以理想的狀態陪伴朋友，話題根本離不開我。」

馬汀覺得一般人不了解這類騷擾會如何擴散到日常生活，影響你遇到的人、每個工作面試、每次的戀情，以及與朋友相處的過程。因為多數人不了解 AI 技術，她發現自己必須不斷的解釋，她表示除了技術濫用本身，一直解釋這件事也很讓人情緒激動與心累。

馬汀覺得她的故事好像會影響遇見的每一個人，這讓她覺得對方好像對自己有了某些假設，永遠沒辦法認識真正的她。最近，她和網路上遇到的男性第一次約會。她說：「我不打算討論這件事，或是在個人檔案裡提起。我覺得沒必要向任何人交代，我在遇到他們之前，曾遭遇可怕、痛苦的事情。」在約會過程中，對方告訴她，自己上網查過她的事情，她原本對這個人有些好感，卻突然覺得自己很渺小，而且受屈辱。

然而，她還是持續發聲，希望能提供一盞明燈，幫助其他遭到「深度偽造」但想逐漸脫離種種脫序和傷痛經驗的人，盡快結束這場噩夢。她和其他許多受害者一樣，只希望能刪除那些冒犯的影像並阻止騷擾。她認為這些事應該直接進行規範。多年來，她致力於公開演講、參加活動和政府宣導，努力不懈的發聲反對影像性騷擾，推動澳洲乃至於大英國協等級的修法。雖然她獲得了一些成功，但她知道還不夠。隨著深偽技術變得愈來愈精良、愈便宜、愈容易讓一般人使用，她觀察到深偽色情的受害者人數也持續攀升。

她後來知道，網際網路無法由各個國家單獨執行零散的法規來管理，況且法規也經常沒有執行。隨著 AI 技術變得無所不在且日益成熟，馬汀相信全球必須要有一致的規則和標準，作惡者才不會像她碰到的那樣，逃過法律的制裁。所以，她的奮鬥還在持續。

「有時候我會說，對我而言這是最好的事情，這句話絕對是真的，」她指的是這段經歷給了她目標，推動她成為榜樣。但她告訴我，大多數時候的感覺正好相反。「很矛盾，是個悖論。這是我經歷過最糟的事情，也是最好的事情。」

莫特在文章〈這太瘋狂了〉中捕捉到同樣的感覺，這種遭遇所產生的斷裂和縫隙，很像冰河的形成過程。這些雄偉的冰塊歷經數個世紀，從柔軟的雪變成複雜多變的東西。但只有當冰河融化，內在的結構才會暴露出來，科學家把這種結構形容為「侵蝕嚴重的景觀」，上面所刻畫的都是歷史。

對莫特來說，葛蘭特（John Grant）的歌〈冰河〉（Glacier）變成療癒的咒語。她在文章中提到這首歌有個似非而是的說法：痛苦會轉化成美麗。

她繼續說道：「你會一再重複。」

3

自動化的人臉辨識

人類有偏見

1995 年的夏天，里卡內克（Karl Ricanek）第一次因「黑人駕駛」（driving while black）被警察攔下來。當時他二十五歲，剛獲得工程師的資格，開始為美國國防部工作，地點在羅德島州紐波特的海軍水下作戰中心。紐波特是個富裕的城鎮，以壯觀的懸崖步道和百萬富翁的豪宅而聞名。那年夏天，他買了人生第一輛好車，是車齡兩年的深綠色 Infiniti J30T，要價大約三萬美元。

有天晚上，他開車前往位在第一海灘的租屋處，一輛警車把他攔了下來。里卡內克保持禮貌、神色自若，知道不要讓自己看起來好鬥或有攻擊性，也知道要把手放在看得見的地方，避免不這麼做的後果。他從小就被訓練要這麼做。

警察詢問里卡內克的名字，即使他沒必要回答，卻仍舊告訴對方。他很清楚，如果想要脫身，就必須乖乖配合。那一刻，他感覺自己被剝奪了所有的權利，但他知道這是必須忍受的事情，而且有成千上萬的人像他一樣。警察指著他的車，告訴里卡內克，這是一輛好車。你怎麼買得起這麼好的車子？

里卡內克的心頭冒出一陣怒火：「什麼意思？我買不買得起這輛車關你屁事。」不過他只回答：「嗯，我是個工程師。我在研究中心上班。我用薪水買了這輛車。」

這不是里卡內克最後一次被警察攔下來；事實上，也不是在紐波特的最後一次。當朋友和同事只是聳聳肩，告訴他被攔下來和問一些問題聽起來沒什麼大不了的，他就不再提起這類事情。但朋友和同事從來沒有純粹因為「白人駕駛」而被攔下來，也沒有受過奉公守法卻遭到盤問的羞辱，更沒有僅僅因為長相外表就必須向陌生人辯解自己的出現和選擇，如果抵抗的話還要擔心自身的安危。

里卡內克從來沒有犯過法。他和其他人一樣勤奮努力，做著聰明的年輕人在美國應該做的所有事情。他心想：「所以為什麼，就是不能放過我呢？」

教電腦辨識臉孔

里卡內克的父親是德國白人，母親是黑人，哥哥和姊姊一共有四個，全家住在迪恩伍德，位於華盛頓特區的東北角，居民主要是黑人。他十八歲時獲得北卡羅來納州立農業技術大學的獎學金，便離家前往就讀。這所大學培養了全美最多的黑人工程師，里卡內克在這裡學到，要以技術方法而不是社會方法來解決問題。他學會強調自己的學術資歷，淡化自己的背景，才可以在同儕之中獲得更多重視。

結束紐波特的工作之後，里卡內克進入學術界，來到北卡羅來納大學威明頓分校。他尤其感興趣的是教電腦辨識臉孔，希望電腦能比人類厲害。他的目標看起來很簡單：首先，拆解人類如何看臉，然後教電腦如何更有效率的做這件事。

里卡內克從 1980、1990 年代就開始對這問題感興趣，他那時研發的 AI 技術是協助美國海軍的潛艦艦隊自主航行。當時，電腦視覺領域的進步很緩慢，研發人員只教機器辨識物體，而不是區別人類的身分，畢竟技術才剛萌芽，效果很差。他設計的演算法想要讓機器說出：這是一個瓶子、這些是眼鏡、這是一張桌子、這些是人類。他們每年在精確度上取得的進步屈指可數。

然後，一種叫做深度學習的新型態 AI 現身，不僅能生成莫特和馬汀遇到的性變態深偽內容，也能支撐 ChatGPT。這項尖端技術獲益於資料的豐富度，令人尷尬的是，人們上傳到網路的數百萬張照片被用來訓練新的影像辨識演算法。

深度學習讓里卡內克原本的微小成果獲得大幅進展。突然間，原本每年 1% 的進步現在變成 10%。換句話說，現在軟體不僅能用來分類物體，也能辨識獨特的臉孔。

當里卡內克剛開始研究臉部辨識的問題時，這項技術並不是要直接用在抗議者、行人或普通人身上。它應該是要成為照片分析工具。從 1990 年代這項技術誕生之初，研究人員就知道演算法的運作方式會有偏差和不準確性，但還不太清楚原因。

生物辨識（biometrics）社群把這些謎團視為學術問題，是一個有趣的電腦視覺挑戰，影響到的只是還在起步階段的原型。他們大多同意，這項技術還不適合廣泛應用，他們也沒有打算從中獲利。

隨著這項技術持續進步，里卡內克開始研發實驗性的 AI 分析模型，打算從人臉發現心血管疾病、阿茲海默症或帕金森氏症等疾病的身體徵兆。舉例來說，帕金森氏症的常見症狀是臉部表情呆滯或僵硬，因為這項疾病會造成臉部肌肉的變化。AI 技術可用來分析這些微小的肌肉變化，及早察覺疾病的發作。他告訴我，他想過要發明一面鏡子，使用者每天早上照鏡子，鏡子就會告訴使用者（或通知可信賴的人），是否出現退化性神經系統疾病的症狀。他成立了一家營利公司，名為拉匹托斯（Lapetus Solutions），能透過臉部分析，幫保險市場預測人們的預期壽命。

他的系統也被執法單位用來辨識被賣掉的兒童，以及惡名昭彰的犯罪幫派份子，例如巴爾傑（Whitey Bulger）。他甚至研究過辨識變性者的臉孔，拿那些正在經歷荷爾蒙轉變的變性者影片來測試他的系統，但這次的運用其實極具爭議。里卡內克變得一心一意想要探究人類臉孔隱藏的謎團，不顧任何的傷害或惡果。

在美國，因為九一一事件，幾乎是在一夜之間，政府對臉部辨識等監視技術突然產生迫切的需求，瞬間擴大了對這些系統的投資和研發。這個議題不再只是學術問題，短短幾年內，美國政府已經建立了龐大的資料庫，蒐羅數百萬名來自世界各地的伊拉克人、阿富汗人和美國觀光客的臉部，以及其他的生物辨識資料。[1] 他們投入大量資金，想要讓生物辨識研究商業化，於是里卡內克獲得軍方的資金，得以改善臉部辨識演算法，研發中的系統將來能辨識模糊和蒙面的臉孔、年輕的臉孔，以及老化後的臉孔。美國國內的執法單位則採用臉部辨識等反恐技術，監控街頭犯罪、幫派暴力，甚至民權抗議活動。

里卡內克愈來愈難忽視現今 AI 臉部分析技術的開發目的。不過一開始那幾年，對於自己協助開發的強大技術帶來的社會衝擊，他不太接受批評。在大學裡，他幾乎沒有擔任過倫理委員會或標準委員會的委員，因為他覺得這些委員會太官僚、太浪費時間。他形容批評臉部辨識技術的人是「社會正義戰士」，認為對方並沒有親自建立這項技術的實務經驗。對他而言，他只是在開發能幫忙拯救兒童、找出恐怖份子的工具，其他一切都是噪音。

但事情沒有那麼簡單。無論規模大小，科技公司能夠存取更多的臉部資料，而且在推動臉部辨識方面也有商業上的急迫性。企業巨擘（例如 Meta 和中國的抖音）以及新創公司（例如紐約的 Clearview AI 和俄國的 NtechLab），他們擁有的臉部資料庫甚至比許多政府還要龐大，無疑也比里卡內克這樣的研究人員還要龐大。驅使他們這麼做的誘因都一樣，就是賺錢。這些私人公司的動作很快，從諸如里卡內克所待的學術機構等單位挖走相關系統，並開始販售不成熟的臉部辨識解決方案給世界各地的執法單位、情報機構、政府和私人實體。2020 年 1 月，《紐約時報》（*New York Times*）刊出一篇報導，介紹 Clearview AI 如何在網路上搜刮資料，從領英（LinkedIn）和 Instagram 等網站下載數十億張照片，建立強大的臉部辨識能力，目前世界各地已經有好幾個警察機構購買了這套系統。[2]

從阿根廷、艾爾郡到阿拉巴馬州，臉部辨識技術已經在各地啟用，像蒲公英種子一樣四處飛散，隨意落地生根。在烏干達、香港和印度，它被用來壓制政治反對運動和公民抗議；[3] 在美國，它被用來追蹤「黑人的命也是命」抗議，以及分析 2021 年 1 月國會山莊暴動裡的鬧事者；在倫敦，它被用來監控每年諾丁丘非裔加勒比人嘉年華會的狂歡者。[4]

臉部辨識不只是一種執法工具，能用來抓扒手和小偷，它也被部署在倫敦著名的戈登酒吧（Gordon's Wine Bar），用來搜尋著名的鬧事者，[5] 甚至還用來辨識在烏克蘭陣亡的俄國士兵。[6] 由於臉部辨識影響了世界各地數十億人的生活，它是否適合廣泛應用的這個問題，就變得很有急迫性。

臉部辨識的種族問題

里卡內克知道這項技術還不適合以這樣的方式廣泛推出。實際上，麻省理工學院和微軟的三名黑人女性研究員布蘭維尼（Joy Buolamwini）、葛布魯和拉吉（Deborah Raji）所屬的團隊，在 2018 年曾發表一篇論文，針對 IBM、微軟和 Face++（中國曠視科技公司的平臺）所打造的臉部辨識系統，比較準確度。[7] 他們發現，系統辨識淺膚色男性的錯誤率大多不到 1%，但膚色較深女性的錯誤率則高達 35%。

里卡內克還知道，紐澤西州的居民帕克斯（Nijer Parks）在 2019 年遭到指控，說他入店行竊和攻擊紐澤西州伍德布里治的警察，結果他不但入獄十天，還得花好幾千美元為自己辯護。[8] 這名三十三歲的黑人男子被伍德布里治警方使用的臉部辨識系統誤認。一年後，這個案子因為缺乏證據而遭到撤銷，帕克斯後來控告警方侵犯了他的公民權。2020 年，底特律居民暨兩個孩子的父親威廉斯（Robert Julian-Borchak Williams），當著家人的面在自家前院遭到逮捕，理由是他沒有犯下的入店行竊罪，這又是另一起臉部辨識比對錯誤所造成的冤案。[9]

臉部辨識技術也導致美國出生的瑪吉德（Amara Majeed）被誤認為恐怖份子，涉及 2019 年斯里蘭卡的復活節爆炸案。[10] 當時還在念大學的瑪吉德表示，這起誤認導致她和家人蒙受羞辱與痛苦，因為斯里蘭卡的親戚在看晚間新聞時，意外發現她的臉出現在一排遭指控的恐怖份子當中。

隨著里卡內克的世界開始產生衝突，他不得不重視 AI 監視所帶來的影響，並且質疑自己扮演的角色，承認 AI 監視可能會限縮個人和社群的自由，讓大家無法再過正常的生活。他告訴我：「我以前總是相信我負責研發技術，其他的聰明人則負責處理政策方面的問題。但現在我必須仔細琢磨，深入思考我正在做的事情。」

里卡內克以前認為誤認只是技術上的故障，就像演算法比較能正確辨識白種人和男性臉孔，卻不太能正確辨識膚色較深和女性的臉孔，但後來他發現問題不只是這樣。

「這種感覺很複雜。身為工程師和科學家，我想要開發能造福社會的技術，」他告訴我。「但身為人類和黑人男性，我知道人們會不當的使用這項技術。我知道自己研發的技術可能會被人以某種方式拿來對付我。」

在我報導科技產業的十年當中，里卡內克是少數曾向我大聲表達道德疑慮的資訊科學家之一。透過他，我得以一窺工程師和自己研發的產品之間有何糾葛，還有個人本能與職業本能發生衝突時，他們必須設法解決的道德兩難。

他也是少數能夠深刻理解臉部辨識隱含了哪些威脅的技術專家之一，尤其是在維持治安方面。

里卡內克堅稱：「我們面臨的問題不是演算法，而是人類。」他表示，當你聽說執法單位裡的臉部辨識犯了大錯時，其實錯都出在人身上，他指的是對非裔美籍男性和其他少數族群的過度監管，以及警察無緣無故對卡斯提爾（Philando Castile）、佛洛伊德（George Floyd）和泰勒（Breonna Taylor）等黑人使用暴力。

他知道臉部辨識技術充斥著誤判，且人類也有確認偏誤。因此如果警察相信某個人犯有罪行，而 AI 系統確認這一點，他們很可能把目標對準無辜的人。他說：「如果那個人是黑人，誰會在乎呢？」

他承認自己很憂心，不可避免的錯誤比對將導致不必要的槍枝暴力。他怕這些問題會引起種族歸納（racial profiling）或其他的做法，加深對社會的不滿。最終，人類和 AI 一起創造出來的監管系統，可能會比今日公民所面對的還要惡劣。

「那跟 1960 年代黑白種族隔離時期出現的問題一樣，人們應該是隔離狀態但地位平等，但情況從來不是這樣，就只有隔離而已……基本上，人們不會一視同仁對待每個人。制定法律的是人，使用演算法的也是人。說到底，電腦根本不在乎。」

街上的超級辨識者

臉部是內在自我和外在自我之間的門戶，也是身體上最能公開代表我們、最能彰顯個人特色的部分。我們誕生之初，在嬰兒時期就知道這件事情，因為我們照鏡子的時候能立刻認出自己的臉，而陌生人也是靠臉，迅速對我們產生一些假設。臉孔是我們個人特質的外在標記。

所以莫特和馬汀在網路上發現自己的暴力色情圖像與影片時，是她們的臉孔入侵了夢境，破壞了生活，讓她們陷入焦慮和恐懼。而紐波特的警察那晚在高級社區看到里卡內克的車決定攔下來，不是因為他的駕駛行為，是因為他的臉孔。

我之所以對臉孔及辨識特徵充滿好奇心，肇因要回溯到 2015 年，當時我正在報導一則新聞，談論倫敦警察廳裡的超級辨識者。超級辨識者是一批精心挑選出來的警察，具有準確辨識臉孔的非凡天賦。我採訪這些巡警和獄警，他們光是瞥一眼拘留中的某個人，能立刻認出以前在哪裡見過那個人、斷定那個人的身分，以及因為什麼罪名遭到通緝，哪怕觀看幾千個小時畫質粗糙的閉路電視影片，影片裡的群眾夾雜蒙面或戴頭巾的人，他們也能辦到。

在 2011 年的倫敦暴動之後，二十名倫敦警察廳的超級辨識者查遍大約五千張的嫌犯影像，認出超過六百人，其中 65% 最後上了法庭。[11] 當我在撰寫報導時，警方想要利用 AI 技術來培養和重現超級辨識者的辨識力，關鍵問題有兩個：是什麼因素，讓超級辨識者這麼擅長在大批群眾裡找到特定的臉孔？我們能不能掌握這種精髓，把它提煉成電腦可以讀取的程式碼？

事實證明我們辦到了，而且我們的臉孔（茫茫人海中的獨特識別碼）愈來愈常在我們不知情或未同意的情況下，被無所不在的鏡頭捕捉到。這些被拍到的臉孔會被用來訓練機器成為超級辨識者，如同我之前遇到的那些倫敦警察。

在倫敦，大約有九十萬支閉路電視攝影機在監視我們。[12] 倫敦安裝這麼多監視攝影機，其來有自：1990 年代初是為了應對愛爾蘭共和軍（IRA）發動的爆炸案，之後是因為 2001 年的美國九一一事件，以及 2005 年的倫敦地鐵恐怖攻擊，最後則是為了 2012 年的倫敦奧運。多年來，這些攝影機視而不見，只是一些數位窺視孔，對它們看到的人事物渾然不覺。但現在，很多攝影機都獲得升級，具備臉部辨識能力。具有 AI 能力的攝影機已經在倫敦的某些地方掃描大眾，尋找警方特別觀察名單裡的公民。

在一個寒冷的 2 月天，我脖子上緊緊圍著圍巾，走出斯特拉福地鐵站，看到一輛藍色大型廂型車停在街頭，車頂有兩個大型攝影機，是倫敦警察廳正在用臉部辨識軟體辨識經過的民眾。

大多數路人會短暫停留，看一下車身四周的公告。有些人會停下來和穿制服的警察交談，提出問題並表達贊成。其他人則難以置信的搖搖頭，並拿出手機拍攝告示，或是用圍巾蒙住臉以躲避辨識。一名抗議者站在一旁，牙齒打顫，手裡舉著標語牌，上面寫著「停止臉部辨識」。

我和一位旁觀者聊起天來，他的名字叫布萊姆（Blem），住在當地。他告訴我，他是迦納裔英籍的創業家，在轉角的聖約翰堂（St John's Church）裡經營唱片公司和音樂製作公司。布萊姆會開導當地幫派的年輕人，鼓勵他們創作音樂，只要他們遠離街頭就能免費使用錄音室。布萊姆自豪的告訴我，錄音室協助支持過許多音樂人，例如饒舌歌手胡斯（J Hus）；錄音室不僅是社區的中心，也是迷途孩子的庇護所。

這一天，布萊姆非常生氣，他說：「這太令人震驚了，嚴重侵犯隱私權。走在街上竟然有機器照著你的臉。如果我沒有犯罪，我的臉卻出現在警方的資料庫，這到底算什麼？」

我也碰到犯罪學家富西（Pete Fussey），他長期住在斯特拉福，過去二十年都在研究城市空間裡的犯罪與監視。過去幾十年，倫敦的這個區域大多處於荒廢狀態，四處都是戰爭中被炸毀的房屋、荒蕪的沼澤地和散發惡臭的水路。他告訴我，斯特拉福所在的紐漢區（Newham）一直是英格蘭最貧困的地區，犯罪率和失業率都很高；但這裡也是英國最多元化的地方，在三十多平方公里內，人們使用的語言就超過兩百五十種。

「我記得這個購物中心以前只是露天的垃圾山和冰箱山，」富西一邊說，一邊指著我們身旁閃閃發亮的消費聖地。

當倫敦決定 2012 年在斯特拉福的後院舉辦奧運，附近很快獲得大量的資金進行整建。西田集團（Westfield Group）的大型購物商場盛大開幕，裡面充斥著奢華品牌。街道對面還有一間斯特拉福購物中心，只不過位在大型購物商場的陰影下，顯得既低矮又髒亂，裡面只有當地小商家，例如瑪麗奶奶的加羅夫小屋（Grandma Mary's Jollof Hut）。斯特拉福購物中心為行人提供一條在夜間直通的道路，也為無家可歸的當地人提供一個遮風擋雨的睡覺場所。如今，它藏身在一個巨大的閃亮魚群雕塑後面，而富西回憶中的冰箱山則被哈蒂（Zaha Hadid）設計的倫敦水上運動中心給取代。

就是在這時候，車站旁和街道上開始不斷冒出黑壓壓的閉路電視攝影機。一座巨大的鋼鐵拱橋橫跨在鐵軌上，橋頭矗立著兩根旗桿，旗桿上方裝著攝影機，不斷監視、記錄和保存橋上人來人往的影像，這是一種讓民眾覺得很安全、受到保護的方式。

富西給我看一張照片，那是俯瞰著橋梁的一個小房間，裡面都是設備，門口寫著「閒人勿進」。在 2019 年有一段時期，他和倫敦警察廳的警察一起在這裡待了好幾個小時，當時他們正在對行人試用臉部辨識技術。

在試驗期間，警方允許富西自由出入，研究他們的臉部辨識方法。之後幾個星期，他和警察一起坐在這個臨時監視點好幾個小時，而警方則試圖從路人中辨識出罪犯。

富西的結論是，使用這套軟體弱化了警察個人的決定權，同時也削弱了警察的觀察力和直覺。他親眼看到，日本電氣公司（NEC）開發的軟體做出錯誤的臉孔比對後，這些警察跑去追捕許多不知情而且無辜的行人。在富西看來，與其說人類警察把這套機器當作輔助工具，不如說他們經常盲目的執行機器的命令。

臉部辨識等監視技術也加深斯特拉福居民與新遷入居民的隔閡。安裝攝影機讓新住民覺得比較安全，卻讓當地的年輕人覺得自己受到監視。就像音樂製作人布萊姆所說：「他們如何定義『罪犯』？這是觀點的問題。這種時候很令人擔憂。」

反抗攝影機的偽裝師

距離斯特拉福十幾公里，倫敦國王十字區（King's Cross）克里克研究所外的一小片針葉林中，有十幾個倫敦年輕人正準備上街，反抗這個城市的監視攝影機。那是個晴朗的9月天，他們不用標語抗議，用的是彼此的臉孔，他們的工具是一罐罐的臉部彩繪顏料和刷子。

成員羅德里克（Emily Roderick）已經動手，將一條黑色粗線畫過她的臉和部分嘴唇，一邊臉頰上有不對稱的三角形，線條的橘色剛好搭配她的髮色，一條斜線蓋住一邊的眉毛，下巴附近則有白色條紋。這個妝把她的臉變成一堆奇形怪狀的組合，裡面有隨機的形狀和不協調的輪廓。其他人也在臉上畫了參差不齊、相互交錯的多彩條紋、三角形和黑白的粗幅條。

完成之後，羅德里克和這些彩繪的夥伴聚集起來，跟在藝術家哈特（Anna Hart）後面。哈特是當天的領袖，帶著一行人走過聖潘克拉斯國際火車站，穿過貨物路，越過運河來到糧倉廣場，這個公共廣場最近重新設計過，有熱情洋溢的噴泉，以及一整排設有戶外座位的餐廳。他們一行人就站在那裡，看著學生進出中央聖馬丁藝術與設計學院，看著幾個家庭在彩虹水霧中嬉戲，看著情侶和朋友躺在運河旁的綠色臺階，最後，他們看著廣場四周架設的小型攝影機，看著，看著，一直看著。

我幾天前在《金融時報》的新聞報導裡揭露，這片土地的房地產開發商亞榮公司（Argent），在過去一年裡一直用臉部辨識攝影機偷偷監視路過的人。[13] 他們這麼做並沒有獲得當地人的允許，也沒讓當地人知情，而且合作者還包括倫敦警察廳。

羅德里克與三名在中央聖馬丁學院（位在糧倉廣場攝影機的旁邊）研究和工作的藝術家偶然看到我的報導，覺得受到侵犯，隔沒幾天就組成這個徒步團體，名為眩暈俱樂部（Dazzle Club）。

中央聖馬丁學院的學生和教職員之前經常跟亞榮公司發生衝突，因為這家公司對國王十字區公共空間的使用方式有許多限制。羅德里克認識的兩名學生就曾在廣場上，被亞榮公司雇用的安全警衛（俗稱紅帽子）攔下來，質問學生為什麼要把沙發推進工作室。

「這完全沒必要，」當我們一起坐在糧倉廣場的同一個地點時，羅德里克說。身為藝術家，他們想要表達抗議；身為對景觀和環境有興趣的「空間實踐者」（spatial practitioner），他們也想要思考公共監視如何改變城市空間和公民。

羅德里克和藝術家夥伴羅蘭茲（Georgina Rowlands）在構思出眩暈散步（Dazzle Walks）之前，一直在實驗電腦視覺眩暈（CV Dazzle），這種化妝術可用來躲避臉部辨識軟體。電腦視覺眩暈的研發者是柏林藝術家兼資訊科學家哈維（Adam Harvey），他以一戰時期海軍艦艇使用的「眩暈迷彩」（dazzle camouflage）技巧為基礎，只要使用特殊的方法彩繪臉孔，就有混淆和擾亂臉部辨識演算法的效果。

臉部辨識模型通常是利用眼睛、眼睛周圍的區域、眉毛、額頭和鼻子等臉部特徵，加上臉部對稱性來測繪與比對臉孔。只要用一支簡單的畫筆，在臉部畫上鋸齒狀的線條和雜亂的形狀，蓋住一邊的眉毛或是部分嘴唇，就能破壞臉部的對稱性，隱藏臉部特徵，讓許多商用的臉部辨識系統無法辨識。

「我來自利明頓溫泉，那裡有一群藝術家，名為偽裝師（Camofleur），在第二次世界大戰期間，他們會粉刷建築物，躲避戰機和潛水艇的攻擊，」羅德里克說。「一次又一次，都是藝術家在尋找另類的方法，讓大眾更容易接觸到這些對話。」

根據現今的法律，我們不是一直都能選擇是否要參與 AI 監視，哪怕你在私人公司也是如此。當攝影機掃描我們的臉，或我們的影像被拿去訓練 AI 監視軟體，我們明明身為一個公民，卻完全無法插手。在我披露有關國王十字區攝影機的報導後，英國的資料隱私監察機構展開調查，但截至撰寫本書時，問題依然沒有解決。

英國資訊委員辦公室（Information Commissioner's Office）所做的研究顯示，臉部辨識改變了人們在公共場合表達自己的方式，從他們的政治和宗教傾向，到穿著方式與行為舉止，展現的形式都受到影響。[14] 隨著臉部辨識技術的擴散，社會裡最脆弱的那群人（受到過度監管的團體、運動人士和記者）一旦離開自己家，就會完全暴露在外，這會讓想要匿名的人轉往地下、躲進暗處，或足不出戶。以最私密的層面來說，廣泛的臉部辨識將使每個人都更難保有祕密和私人生活。

在羅德里克看來，智慧型攝影機的出現瓦解了我們整個社會所依賴的集體信任，對於公共空間裡的女性來說更是如此。羅德里克說：「這就是眩暈俱樂部的宗旨，我們必須出現在公共場合，身體力行，彼此照顧。我們不應該在科技下躲躲藏藏，迴避被監視。」

第一次散步是從克里克研究所外的樹林出發，在糧倉廣場結束，之後總共舉行過二十四場，有數十名藝術家、運動人士和其他公民參與。眩暈散步從國王十字區延伸到倫敦其他地方，甚至進一步擴及到曼徹斯特、里茲、普利茅斯、布里斯托、伯明罕和馬蓋特。他們精心規劃散步路線，讓他們能穿梭在智慧型攝影機偵察中的住宅區和街道。散步過程中不允許講電話或說話，整整一小時都要用來反思被監視的經驗。

兩年後，眩暈俱樂部逐漸停擺，終止的原因是新冠肺炎的大流行，以及創始的藝術家都轉行去做其他工作。羅德里克和朋友還是會彩繪臉部，出沒在監視嚴密的活動，例如格拉斯頓柏立音樂節，但既然臉部辨識基本上依然不受管制，他們正在思考眩暈俱樂部應該發展成什麼樣子。

羅德里克帶領的最後一次散步，是在她居住的東倫敦斯特拉福——倫敦警察廳就是在這裡，率先試驗用來辨識行人的即時臉部辨識系統，隨後也加以部署。眩暈俱樂部的開始和結束都在同一個地方，位於西田豪華商場對街的破舊斯特拉福購物中心。羅德里克說：「感覺這裡不僅適合當作散步的終點，也適合討論當這些空間被臉部辨識攝影機監視時，特定類型的人會變得多麼顯眼。」

AI監視限縮公民自由

臉部辨識帶來的影響是從個體開始，可能改變某個人的人生軌跡，例如帕克斯、瑪吉德，或是世界各地許多被攝影機拍到的無名行人。但愈來愈清楚的是，這些系統產生的後果對所有的社區都帶來了漣漪效應，限縮世界各國城市居民的自由和能動性。

在奈洛比和康培拉，華為公司的球型攝影機就像發亮的黑色棒棒糖，掛在繁華街道兩旁的路燈上。在柏林的南十字車站和布宜諾斯艾利斯的雷蒂羅車站，這些機器眼睛正一眨也不眨的觀察著搭火車通勤的人。在德里和香港，攝影機監視著公立學校裡的孩童。在約翰尼斯堡，即使是南非前總統曼德拉（Nelson Mandela）和屠圖主教（Desmond Tutu）長大的維拉卡茲街上，也有攝影機在站崗。在中國，警方擁有全世界最大的國民資料庫，囊括超過十億人的臉孔，公民必須集體接受辨識。[15]

2021 年 1 月 26 日，當印度在慶祝第七十屆國慶日，一群愛國者乘著交通工具陸續出現，從新德里的邊緣湧進市中心。成千上萬的農民一邊開著拖拉機或騎著馬，從辛胡、蒂克里和加吉浦等小鎮或村莊過來，一邊揮舞著印度國旗。他們要抗議中央政府頒布的限制性新農業法，爭取自己的生計，乃至於家人的生存。

與此同時，數千名卓越有功的軍人騎著裝飾華麗的駱駝，在地上一整排的軍用坦克和天上呼嘯而過的噴射機伴隨下，沿著首都市中心的國王大道往前邁進。

農民衝破警方的路障，打破了平和。他們開著拖拉機衝撞旗桿，破壞公物。在他們這麼做的時候，數百支閉路電視攝影機正監視著他們，分析他們的臉孔。

警方氣勢凶狠的迅速趕到，釋放催淚瓦斯，拿起棍棒和警棍往前衝。在接下來的幾天，警方明確表示，這次的擾亂行為會有一些後果。當時的德里警察局長說：「我們正在使用臉部辨識系統，藉由閉路電視和資料影片的幫忙來找出涉案者。沒有任何肇事者能逃過制裁。」[16]

最後有將近兩百個人因為參與那天的抗議，遭到指認並被逮捕。[17]

中國政府是臉部辨識技術最重度的使用者，不只是當地政府、私人地主和業主，執法單位更是廣泛部署這項技術，用來辨識全國各地值得關注的人士。之前中國各地有反對封城的示威抗議，當權者就用臉部辨識軟體找出抗議者，到家中逮捕他們。[18] 這套臉部辨識軟體還被中國政府納入一套很全面的科技系統，用來限制新疆的維吾爾族穆斯林社區，完全描繪出一個省分如何受到科技極權主義的禁錮。中國學術界和軍方研究機構正採用跟西方國家一樣的方法，從網路上搜刮訓練資料，為區域監視系統的架構提供資訊。

中國政府也把這套監視基礎建設輸出到海外。烏干達在 2021 年 1 月舉行總統大選，幾個月前，長期在康培拉爭取公民權利和數位權利的運動人士穆卡薩（Dorothy Mukasa）發現，中國電信巨擘華為推出大規模的監控系統，使用臉部辨識和其他人工智慧軟體，聲稱這麼做是為了在她的國家打擊犯罪。

穆卡薩多年來不斷追蹤更大規模的公共場合監視系統，而烏干達政府斥資約一億兩千六百萬美元購入的這套 AI 軟體，是其中的一部分。[19] 臉部辨識技術的問題很特殊，由於它不受管制、不負責任，又不透明，種種一切都讓穆卡薩如坐針氈，而烏干達的長期領導人穆塞維尼（Yoweri Museveni）正準備競選自 1986 年以來的第六任總統。

在穆卡薩看來，臉部辨識技術是一個沒有相關技術或倫理標準的黑盒子，會帶來權利的濫用。她害怕政府會使用 AI 監視軟體壓制公民的言論自由，並限制在公共場合集會與結社的自由，尤其是公民表達反對意見的時候。她擔心這種公開的辨識行為會讓運動人士躲起來。

穆卡薩在工作中一直看到的是：監視的概念被當權者偽裝成國家安全。說到底，只有一般民眾的能動性遭到限縮、權利遭到踐踏。她告訴我：「考量到中國在監視方面的歷史，每個烏干達人都應該要擔心。畢竟，我們都知道中國政府如何在國內進行監視行動。我們不能信任中國政府，讓他們在烏干達提供監視服務。」她也擔心烏干達的黑人臉孔會被用來進一步改善中國的監視系統，就像是新版但扭曲的殖民資源開採一樣。

在選舉前幾個月，也就是 2020 年的 11 月，真名為森塔穆（Robert Kyagulanyi Ssentamu）的反對派領袖瓦恩（Bobi Wine），被當局以違反新冠肺炎規定為藉口而逮捕。這次的逮捕在全國各地引發一波暴動和抗議。在與警察衝突的過程當中，至少有四十五名年輕人死亡。[20] 警方發言人證實，他們使用華為提供的閉路電視技術，結合車牌讀取系統和臉部辨識技術來識別抗議者，追蹤數百名嫌犯，最終逮捕他們。

隔年 1 月，雖然瓦恩和團隊聲稱這次的選舉有舞弊，穆塞維尼仍再次當選。穆卡薩繼續提倡烏干達公民的隱私權，並對無責任的監視提出警告。

政府的誤用與濫用

目前還沒有明確的法律能拿來規範國家該如何使用臉部辨識技術，針對私人監視提供民眾保護的法律也很少。歐盟的人工智慧法草案是第一個想解決這個問題的法案，提議在公共場所禁用臉部辨識技術，雖然可能會納入例外情況，例如尋找失蹤兒童、危險罪犯和恐怖份子。[21] 美國一些城市也要求警方暫停使用臉部辨識技術。但目前還沒有明確的聯邦法律能限制使用臉部辨識技術。與此同時，世界各地的公民慢慢開始在法庭上質疑 AI 技術的用途，創造早期的判例。

2021 年 5 月，在印度第二波新冠疫情期間，就跟多數國人一樣，馬蘇德（S. Q. Masood）和家人一起在海德拉巴的家中進行隔離。一天下午，在非管制時間，他騎速克達載著岳父到附近的市場辦幾件事，當他們來到主要居民為穆斯林的社區沙赫蘭（Shahran），準備穿過窄巷回家時，馬蘇德看到二十幾名警察隨機攔下自行車和機車騎士，並用平板電腦拍攝他們的照片。

警察攔下馬蘇德，要求他摘下口罩。「所以我反問為什麼？我不想要摘下口罩。我說我不會摘下口罩，」他告訴我。警察討論了一下，然後往後退幾步，拍下馬蘇德還戴著口罩的照片，以及他的速克達車牌。

幾天之後，他看到消息，海德拉巴的警察利用平板電腦上的應用程式，透過臉部辨識技術監控公民。

這款名為 TS-Cop 的應用程式會把警察拍攝的影像登錄到資料庫，資料庫當中有前科犯、犯罪嫌疑人和其他微罪犯人等類別，登錄新影像可以進一步訓練臉部辨識系統。[22] 一旦馬蘇德的照片被加進這個資料庫，其他政府單位和執法機構也看得到。他說：「我意識到警方正在建立公民的全方位檔案。我非常擔憂，他們拍下我的照片，我想要知道他們會把照片存進哪個資料庫？他們會刪除照片嗎？他們會讓哪些人可以存取？我一無所知。」

海德拉巴的警察那天挑錯了拍照對象。2007 年，一個由手機引爆的管狀炸彈在附近的清真寺（馬蘇德的朋友和家人在此禮拜）爆炸，造成至少十幾人死亡，並引發鄰近區域的宗教暴動。後續幾個星期，當地警方開始非法拘留和逮捕穆斯林青年。[23] 警方對待穆斯林青年的行為，讓時年二十三歲的馬蘇德變成公民組織人士。

馬蘇德在爆炸事件發生後，提供許多訊息給自己的社群，強化他們的力量。在接下來的十五年裡，他跟數百名的穆斯林女性和青年合作，向他們介紹政府的權限、福利和權利，教他們如何主張和維護相關權益，最後像馬蘇德一樣，成為民權運動人士和政策倡議者，替少數族群發聲。

因此，馬蘇德被警方拍照後，就去請教一位民權運動夥伴，對方向他解釋了臉部辨識技術。他開始觀察周遭貧窮穆斯林社區裡的攝影機，想知道影像被用在什麼地方。同一年，一群包括國際特赦組織（Amnesty International）在內的運動團體招募當地志工，繪製了兩個社區的可見監視攝影機位置圖，馬蘇德和家人居住的卡拉帕塔（Kala Pathar）也在裡面。

他們發現，整個區域大約有 54% 都受到閉路電視攝影機的監視。[24] 這些攝影機與全市數十萬支攝影機相連，拍到的影像則會在高級社區班加拉山（Banjara Hills）的「指揮控制」中心進行處理，位置大概是馬蘇德家北方十公里處。當權者的想法是要把臉部辨識軟體應用在所有的影像上，藉此辨識出每一個人。

馬蘇德不再參加政治抗議和宗教集會，甚至不到住處附近的邁買清真寺（Mecca Masjid）禮拜。但是他想要反擊，所以他成為第一個控告印度政府的人，在這個案子裡，指的就是海德拉巴所在的泰倫迦納邦（Telangana），他指控政府建立公民臉部資料庫的行為，侵犯基本的隱私權。

為了準備訴訟，馬蘇德開始更廣泛的閱讀臉部辨識相關技術的資料。他發現一些報告，透露以色列軍方和政府在巴勒斯坦也使用同類型的監視技術。馬蘇德讀到他們如何把閉路電視跟臉部辨識演算法連結，以及警察如何在手機上就能存取這些資料。

馬蘇德深入挖掘後又發現一些報告，進而了解 AI 監視系統如何被誤用和濫用，在公共場合對美國黑人和中國維吾爾族穆斯林進行建檔、標定和辨識。馬蘇德覺得泰倫迦納邦也在仿效同樣的模式：少數族群（在這裡指的是宗教族群）在沒有合法的理由下，被當成罪犯一樣受到大規模辨識。哪怕是馬蘇德這類沒有犯罪的人，也覺得自己像罪犯。監視系統也剝奪了民眾在不受審視的狀況下自在漫步和成群集會的能力，迫使他們必須不斷證明自己出現在當地是正常的事。

馬蘇德問：「既然警方不會把汽車攔下來，要求車裡的人摘下口罩，那為什麼只攔騎速克達的窮人呢？」

馬蘇德的案子還在法庭審理當中，不過警方聲稱，為了防止可疑活動和維持法律秩序，他們有對公民使用臉部辨識技術的合法權利。

「警方不能在班加拉山或朱比利山（Jubilee Hills）採取這種做法，」他指的是海德拉巴的有錢人社區。「警方主要是在貧民區和海德拉巴南部做這件事，當地的居民通常是少數族群和達利特（Dalit，邊緣化的種姓），為什麼要針對我們？」

大眾很少付諸行動

世界上第一位在法律上挑戰警方使用臉部辨識技術的人，是英國威爾斯的運動人士布里奇斯（Ed Bridges），他在 2020 年獲得指標性的勝利。法官裁定，布里奇斯控告的南威爾斯警方，在有關警力部署的法律規定方面，存在著「根本性缺陷」，而且賦予警察過多的裁量權。[25]

儘管判決結果出爐，英國警方仍然持續在全國部署與擴大使用即時臉部辨識技術，聲稱他們有保護公民的責任，因此有法律豁免權。

里卡內克表示，更安全的做法是，警探在調查過程中，把臉部辨識工具運用在警方資料庫的嫌犯照片上，而不是當事人身上，畢竟面對面的時候，情緒容易激動，犯錯的機率也比較高。

一部分問題在於，我們缺乏有關臉部辨識的全球法律和標準。無論是企業遵循的技術標準，或是政府制定的倫理與社會規則，大眾雖然進行過大量的討論，卻很少付諸行動。

因為我們對 AI 演算法缺乏標準和稽核要求，一個國家（甚至全世界）的不同地方可能會有完全不同的 AI 軟體。倫敦的臉部辨識系統可能會設法降低種族偏誤，但曼徹斯特的系統卻可能對膚色較深的人有偏高的錯誤率；莫斯科的系統可能有性別偏差，香港的系統則可能難以辨識白人臉孔。受到這些系統監控的民眾沒有人知道適用的法規是什麼，也不清楚自己為什麼會遭到標定和辨識。我們別無選擇，只能屈服於恐怖怪誕的黑盒子。

當我試圖想像那會是什麼樣的世界，我發現印度小說家達斯庫普塔（Rana Dasgupta）以臉部辨識為主題的短篇小說，直接說中我的恐懼：我們可能會生活在一個私人行動甚至個人思想都不復存在的世界。

他寫道：「當每個真相都同時被各地的所有人完全知曉，謊言會從社會上消失，但後果就是，這個社會也消失了。」

4

展現曙光的AI醫療

無依無靠的偏鄉醫師

欽奇帕達（Chinchpada）是印度的內陸村莊，距離西海岸大約一百六十公里，12 月的一個下午，陽光明媚，當天村莊醫院裡唯一的醫師是辛格（Ashita Singh）。這天早上，十四歲的女孩帕瓦蒂（Parvati）被人用摩托車從三個小時車程外的村莊載來醫院，讓辛格醫師傷透腦筋。帕瓦蒂的體重相當於五歲小孩，胸膛有裂開的傷口，沒辦法在床上翻身，病症讓她變得很虛弱。辛格幫她拍攝胸部 X 光，想確認她是否患有此地盛行的結核病。但掃描未能顯示感染結核病時肺部明顯會有的渾濁跡象。不過，辛格還是懷疑這個奪走很多病人性命的惡劣細菌。這時候，辛格很希望這家小醫院裡能有值得信賴的第二意見，可惜經常辦不到。

在欽奇帕達基督教醫院外面，粉紅色的九重葛枝條垂掛在紅色磚牆上，將乾淨的院區裝飾得像幅畫。在醫院裡面，上漆的木板凳擠滿了病人，他們為了看醫生，有的走路，有的騎摩托車，有的坐牛車或公車，長途跋涉好幾個小時。除了辛格以外，這家醫院有七位初級醫生（junior doctor，相當於臺灣的住院醫師），沒有受過訓練的放射科醫師。

辛格和先生迪帕克（Deepak）是天主教慈善機構以馬內利信託（Emmanuel Trust）的成員，之前在印度各地農村工作了將近二十年，如今來到這家外牆漆上藍漆的小型教會醫院，成為院內僅有的外科醫師。這家醫院位於南杜巴區，南杜巴區在印度西部一個肥沃山谷裡，是好幾個偏遠部落形成的聚落。因為北邊有沙特普拉嶺（Satpura hills），南杜巴區的村落幾乎都沒有跟印度的鐵道網路相連，只有幾條連外道路和公路，導致居民無法獲得印度其他地區享有的專業醫療照顧。

包括帕瓦蒂在內，辛格的大多數病人都是原住民「阿迪瓦西人」（adivasi），屬於比爾（Bhil）部落，他們是南亞最古老的部落之一。比爾人大多務農，擅長種植玉米、小米、甘蔗、洋蔥、大蒜等作物。他們使用原生種子和自製農藥來培育菰米、扁豆和大麥。他們尊敬和崇拜水（jal）、土地（jameen）、森林（jangal），因為這些自然元素支持著他們。

大多數的南杜巴區居民是季節性工人，幫地主工作，生活貧困。在 4 月農忙之初，像帕瓦蒂這樣的遷徙家庭就會離開村落的家，在甘蔗田裡搭建臨時帳篷，或是修蓋沒有窗戶的單間泥屋，這樣他們就可以整天在那裡生活和工作。

為了提供醫療服務給近兩百萬人，截至 2014 年，南杜巴區有大約五十八個初級保健中心，這些初級保健中心是公共醫療體系的基本單位，本質上是只有一位醫師的診所，只能提供基本的醫療照顧。[1] 但很多初級保健中心沒有醫生，建築物和員工宿舍年久失修。當地人會拿竹子和床單做成臨時的擔架，用來取代救護車，所以稱為「竹護車」（bambulance）；最貧困的病人會由健康的親戚用竹護車扛著，來到破舊的初級保健中心小屋。

比爾人飽受特定的醫療問題所苦，還常常因為過度擁擠和貧窮，導致問題更加惡化，例如營養不良、酗酒和結核病；結核病的傳染力高，在空氣不流通和民眾吃不飽的地方特別盛行。

因為缺乏及時的醫療照護，結核病的細菌在南杜巴區居民的體內恣意作亂，在飽受這種致命感染所苦的印度，南杜巴區尤其是重災區。如果置之不理，這種病往往會擴散到肺部以外的地方，從脊椎到大腦，入侵受害者的每個器官。

儘管有迫切需求，但辛格發現多數的原住民社區不信任醫院的西醫治療方法。他們偏好當地的阿育吠陀（ayurveda）或原住民醫術，行醫者會進行草藥治療，收費較便宜，也比較容易接觸。辛格到了這裡以後，第一個重大挑戰就是要讓比爾人相信她的專業。辛格也知道，如果要建立真正的信賴夥伴關係，她必須向比爾人學習。

一開始，辛格都是在醫院見到病人，儘管他們是絕望之餘從數百公里外來到醫院，仍會穿上最好的衣服，擺出最好的表情。醫院通常是他們最後的手段。辛格會診斷出他們罹患的病症，例如晚期結核病，並開立藥物處方簽，然後讓他們回家。辛格知道有「就近醫療」的問題，但看到病人死於可治療的疾病仍讓她感到痛苦，畢竟這些疾病在初級保健中心及早發現的話就能得到治療。然而在一開始，辛格並沒有考慮到他們的晚餐要吃什麼，或是離家時要把孩子託付給誰。

辛格當然知道他們很窮，所以她和丈夫當初才選擇搬來這裡。這家私立醫院自豪的地方就是收費不貴：結核病抗生素和門診診療的費用大概是五十盧比（大約新臺幣二十元），後續的約診只要再多付二十盧比（約新臺幣八元）。住院的所有費用是三千到五千盧比（相當於新臺幣一千兩百到兩千元），囊括患者出院前所需的所有檢驗、藥物和治療。但即使如此，這對一些當地人來說還是太貴，畢竟市區的公立醫院是免費的。

就職幾個月後，辛格展開一項紓緩居家照護計畫。辛格帶著醫護人員一起前往學校、市場、鄉村托兒所，以及社區健康工作者的集會。她也受邀到民眾家裡，教民眾如何包紮傷口、為生病的親人抽血，這樣就不必親自跑一趟醫院。在這些拜訪過程中，辛格了解到：吃米飯對比爾人來說是奢侈的事、泥土蓋的房子不會有窗戶、男人會喝由長葉馬府油樹花朵製的私釀酒、孩童在農忙時期不會去上學。

辛格學會在患者來看病時，不只詢問他們的醫療需求，也會問他們的社會和心理需求。「你從哪裡來的？你什麼時候離開家的？來這裡要花多少錢？」這些資訊有助於辛格調整醫院對他們的照顧。大概有一半的病人得借錢才能來醫院，辛格不可以為了讓自己安心而要求額外的檢查，或是開立比預估稍微高價的替代藥物，因為很多病人只帶著剛剛好的錢。

以前，為剛診斷出有結核病的患者開立處方簽時，辛格會叫他們回家後要補充蛋白質，但辛格很快就知道他們買不起。所以辛格自掏腰包，每個月提供雞蛋，做為結核病患者在服藥之餘的營養補充。

除了臨床實務之外，辛格也開始研究生命倫理。她希望病人獲得的不只是藥物，還有尊嚴。身體自主權（對自己的身體做決定的能力）對每個人來說都很重要，她尊重這一點。我們的身體是聖域，很少交給其他人保管，對於要把自己的身體託付給誰，我們會加以選擇。就像深偽竄改或臉部辨識的例子一樣，在未經同意的情況下，我們的身體（即使是虛擬版本）被人觀看、變造或干擾，我們會覺得受到侵犯。比爾人也不例外。

醫師是讓我們願意交出自身能動性的少數幾類專家之一。我們期望醫師能做出有憑有據、合乎道德的決定，確保我們的安全和性命。班度拉曾經提到我們的「委託」代理人，醫師就是其中一例。[2] 辛格很嚴肅看待這項責任，她了解：如果病人不接受，診斷工具和技術對她來說就毫無用武之地。

能看病的應用程式

帕瓦蒂被送進來的那一天，病情危急，辛格必須跟時間賽跑。如果提早幾個月，她或許就能把痰樣本送到較大型的地區醫院進行化驗，幾天過後便有結果。但帕瓦蒂時日無多，奄奄一息，所以辛格決定嘗試一款她已經測試好幾個星期的應用程式。這支程式使用起來很容易，辛格覺得在這麼緊急的情況下，她沒有什麼好失去的。

這款 qTrack 應用程式的核心是一套機器學習演算法，以過去的 X 光片和痰化驗樣本進行訓練，可以執行辛格花費好幾年才精通的任務，也就是從 X 光片發現潛在的結核病，而且精準度跟放射科醫師差不多。它的好處是可以做為額外的篩檢工具，為辛格提供第二意見。在沒有辛格這類醫師駐紮的醫院裡，這款應用程式可以單獨做為診斷用的篩檢方式。

從訓練初期開始，辛格就發現自己特別注意那些把醫病關係列為教學方法核心的醫師。辛格帶著一貫的燦爛笑容告訴我：「沒錯，醫學是一門科學，但當醫生卻是一門藝術。行醫是非常人性化的事。需要很高的情緒智商，付出很多的心血，才能讓這門科學在應用上達到效果。」

根據辛格的說法，最厲害的醫師之所以成功，是因為他們會跟病人溝通，贏得病人的信任。有時候這代表「為了病人的福祉而犧牲你的學術知識」。辛格的目標是帶著直覺和同理心行醫，她說：「這需要完全不同的智慧。」

辛格指出，最厲害的醫師不會強行採取客觀的觀點；他們很清楚自己可能會犯錯，而且永遠無法百分之百確定。考量到醫師必須同時治療大量複雜且獨特的人體，正是上述的觀點讓醫師在這樣的限制下還能順利工作，甚至有所成長。

因此在 2019 年，醫學院同學提到孟買一家名為 Qure.ai 的公司，說這間公司設計的 AI 程式可以協助診斷結核病時，辛格抱持懷疑的態度。比爾人需要的是基本的東西，諸如更好的營養和住屋、更多的合格醫師和早期診斷，以及抗生素等常見救命藥。

辛格覺得數位醫療設備等技術常常無法幫到她的病人，因為相關系統不是為了欽奇帕達這種偏遠和資源不足的環境而設計。

但辛格的好奇心在那時被挑起，她開始閱讀有關Qure.ai系統（稱為 qXR）的資料，因此知道這套軟體在訓練之後，可以從 X 光片裡找出疑似結核病的視覺圖形，然後輸出病人罹患結核病的潛在風險。依照她的理解，這些所謂的診斷演算法並不是人類醫師的自動化版本，只是檢查工具。為了估算結核病的風險，背後的 AI 軟體是利用一套狹隘的資料集進行訓練，例如醫師的標記或 X 光等黃金標準檢驗。其他的試驗則顯示，這套軟體的表現跟厲害的放射科醫師旗鼓相當。

不過，疑似患有結核病的人還是需要醫療基礎設施，畢竟應用程式的判斷結果必須在實驗室裡重新培養痰樣本裡的細菌，透過微生物學診斷才能確認，也需要人類來做出診斷和指定治療方式。此外，辛格還不清楚這項技術是否真的有用。

但如果 AI 系統可以正確判讀 X 光片，辛格相信它們可以為鄉下人帶來改變。這項技術能以相對便宜的價格擴大使用，而且無需訓練有素的醫師就可以配置到醫療現場。這很關鍵，因為在偏遠的公立診所，甚至是駛進南杜巴區這類鄉村心臟地帶的行動 X 光車，通常都不會有合格的人類專家。而一款經過臨床驗證的 AI 應用程式可以做為一種篩檢方式，立即標示出必須做後續處置的最高風險病人。它可以縮短拍攝和分析 X 光片之間的延遲時間；以往整個過程通常要花幾天甚至數週，病人在這段期間不是消失、傳播感染，就是因病死亡。辛格告訴我：「有些人花費單趟五、六個小時來我們這裡，想直接做結核病的診斷，因為先前好幾個月，他們看過一個又一個庸醫，只得到靜脈注射和止咳糖漿。」光是在前一週，她每天就有五名病人因晚期結核病而住院，其中兩人已經病故。

時間就是關鍵。辛格說：「在這裡，我們關心的不是改善生活品質，而是預防死亡。想像一下，這支應用程式會帶來多大的恩賜。」

她急於想知道這個演算法實際運作的狀況，因此不介意當白老鼠。這中間沒有金錢的交換。她同意在正規的臨床方法之外嘗試這個演算法。辛格說：「如果它能為我們的社區帶來改變，我很樂意協助訓練 AI。如果不能，就只是得到反證而已。不會增加病人的負擔。」

在欽奇帕達基督教醫院進行實驗，對 Qure.ai 和醫院雙方都有好處。辛格一天至少使用一次 qTrack 應用程式，然後提供回饋給公司，不過她的病人資料並沒有用來訓練這套系統。她一開始使用這個行動應用程式時，發現步驟過多：資料必須上傳到雲端進行判讀，在病房裡很不實用。她聳肩道：「我們一直告訴他們，除非它便利又快速，否則我們不會使用。如果我已經看過 X 光片和病人，並且做出決定，五個小時內都不會回頭用這個應用程式。」公司則努力要讓應用程式更加無縫整合。現在，X 光片會即時上傳到應用程式裡接受分析。辛格說：「應用程式幾分鐘內就會在手機上做出決定。」

帕瓦蒂的叔叔送她到醫院這一天，她縮成一團，處於診斷灰色地帶的她是測試 qTrack 的理想人選。辛格知道抗菌藥物（例如治療結核病的藥物）對孩童來說可能有毒，如果診斷錯誤而使用抗菌藥，後果尤其嚴重。不過，當這款應用程式發出警告，帕瓦蒂（她也是第一型幼年糖尿病患）屬於推測（或說疑似）結核病例，辛格決定立即展開治療。沒有這款應用程式，辛格可能要等六十公里遠的地區醫院實驗室確認診斷結果。但既然時間很寶貴，這款應用程式又支持她的判斷，她選擇迅速治療帕瓦蒂。辛格告訴我：「它確實有助於確認你的想法，就像同事一樣讓人安心。」

沒幾天，帕瓦蒂的傷口癒合了，她開始增重、再次開口講話、露出笑容，並在病房裡畫畫。在護理師的溫柔照顧下，她的病情很快就好轉。護理師發現她可以讀和寫多種語言，包括英語。由於她識字，辛格能夠教她使用血糖機，記錄自己的血糖值好控制糖尿病，還給了一臺供她使用。三週後，她回家休養。今天，她已經非常健康，可以回到學校念書。

當這款應用程式顯示它「推測」帕瓦蒂有結核病風險，辛格感到難以置信，她說：「想像一下一個非人類做出如此詳細的結論，而且根據的不是只有數學或客觀的基礎。我會說，怎麼可能教機器做到這種程度？這是不可能辦到的事。但事實證明，辦得到。」

多一個診斷時的參考

2020 年年初，一種發源自中國武漢的新型致命病毒，一路傳播到了五千公里外的欽奇帕達，病例出現後，感染者不斷增加。在 Qure.ai 位於孟買的總部，資訊科學家利用數千名新冠肺炎患者的數百張肺部 X 光片來訓練新的演算法，這套內建到應用程式裡的演算法可以診斷出病人是否感染冠狀病毒。在聚合酶連鎖反應（PCR）檢測普及之前，孟買市政府派出第一線的醫護人員帶著這款應用程式，開車進入達拉維（Dharavi）貧民區等重度感染區，在現場進行抽驗和隔離家庭。

在疫情爆發初期，辛格也開始使用 qTrack 來協助診斷新型冠狀病毒，因為 Qure.ai 向她保證可行。然而在剛開始的時候，她發現 qTrack 會犯下嚴重的錯誤：它經常把結核病人和新冠肺炎病人的 X 光片搞混。

對傳染病專家來說，這種混淆情有可原，因為肺部感染結核病所受到的破壞，跟肺部遭冠狀病毒侵入所受到的破壞有驚人的相似之處，連很多醫師都不太能分辨這兩者。既然 AI 軟體是以人類醫師的診斷來進行訓練，也會碰到同樣的狀況。

但辛格對結核病再熟悉不過，畢竟她每天都會看到這種病菌以各種可怕的形式進入她的診間，所以她把這個問題通報給公司。後來應用程式裡增加了一個結核病過濾器，如果病人來到醫院時肺部空洞、混濁，應用程式會先篩選他們的結核病風險，之後才會尋找新冠肺炎的獨特跡象。應用程式透過統計學的方式學會區分這兩種疾病。

在這種情況下，AI 模型無法依照當初的設計目的，正常的協助辛格。所以她反過來協助改善這款軟體，促使這款軟體大量部署出去。

現在 Qure.ai 的程式可以協助診斷新冠肺炎、結核病、頭部外傷和肺癌等疾病。從菲律賓的貧民窟到馬拉威、祕魯和墨西哥的城市，它們在全球六十個國家六百多個地點運作。[3] 孟買的公立醫院因為這款 AI 篩檢器，結核病的診斷率增加了 35%。[4] 這家公司已經從績優矽谷創投公司紅杉資本（Sequoia Capital）和製藥大廠默克（Merck）等海外投資者那裡，募集到超過六千萬美元的資金。[5]

2021 年春天，欽奇帕達遭受到新冠肺炎變種病毒新一波的襲擊。印度的第二波疫情在短短幾週內就造成十萬人死亡，讓醫療體系瀕臨崩潰，民眾只能把屍體放在街頭。[6] 在相對無恙的逃過第一波疫情之後，我的祖國印度成為全球大流行的中心。

對辛格來說，生活很快就變得令人不知所措，在我們後續的訊息交換當中，我能感覺到這次的疫情對她造成多麼大的痛苦。「我們這間鄉下小醫院的病床數已經從五十床增加到八十四床了……但一直都是滿的，」她在 WhatsApp 上告訴我。「四十到五十個病人在接受氧氣治療，四個人裝上了呼吸器，每天有二到五人死亡。此外還有很多人死在村落的家裡，因為他們不想在醫院接受隔離。心臟病、蛇咬傷、結核病等其他疾病的患者得不到任何照顧。這個月到目前為止，我們只診斷出兩位結核病患者。政府免費檢測結核病的機制已經完全停擺。疫情揭露印度的醫療體系有多麼殘破不堪。我不知道這一切什麼時候才會結束。太痛苦了。」

辛格在 2021 年幾乎每天都很痛苦，賈納拜（Jainabai）被送進醫院的這天早上也不例外，賈納拜是比爾部落的農場工人，四十多歲，糖尿病重症患者，症狀是發高燒。她住在附近的村子，是醫院的常客。當她被人用牛車送進醫院，辛格立刻驚恐的注意到她的症狀。就辛格來看，賈納拜的 X 光片看起來不太像是新冠肺炎，但她的血氧飽和度達到危險的 92%，處於需要緊急介入的邊緣。

當時面對冠狀病毒，醫師為了拯救生命可以做一些關鍵決定，例如使用類固醇來治療，或幫病人裝呼吸器。如果賈納拜罹患的是新冠肺炎，就屬於那種可以從類固醇獲益的病患。但辛格很猶豫，因為依照賈納拜的情況來看，這種治療也可能讓她喪命。賈納拜最近幾週沒有服用糖尿病藥物，血糖原本就已經在威脅生命的程度，驟然服用類固醇可能導致血糖飆升。所以辛格拿出她視為客觀過濾器的 qTrack 應用程式。

軟體警示賈納拜有感染新冠肺炎的高風險，幫助辛格下定決心。「我知道如果太晚使用類固醇，她的病情可能會迅速惡化。所以我們用大量胰島素，積極控制她的血糖，然後依照應用程式的建議讓她服用類固醇。謝天謝地，這麼做的療效很好，她已經康復了。」

這就樣，在經歷一波波的疫情肆虐之後，這項技術已經常駐於欽奇帕達。它會隨著每個輸入的病例而逐漸改善，在眾多不確定因素當中提供穩定的風險指示。在當時，就連醫師也要不斷重新評估他們之前學到的知識。辛格告訴我：「這款應用程式變成我們可以求助的東西，讓我們在臨床上有疑慮時可以多個參考，真是一大福音。」

辛格認為，現在是最佳時機，可以把 X 光篩檢演算法推廣到整個社區，例如比爾部落。在疫情肆虐期間，結核病之類的疾病會遭到忽視，進而演變成重大問題，這套演算法可以協助發現這些疾病，讓原住民社區享有生活品質，並且獲得他們需要且應得的健康照護。

對病人負責的仍然是醫師

2005 年，辛格剛拿到醫師資格，第一份工作是在提斯浦（Tezpur）郊區的一家醫院。提斯浦是印度東北部阿薩姆邦的一個小城，以蒼翠的茶園和喜馬拉雅山的絕佳山景而聞名。部落裡的人大多住在山上，山下的提斯浦是他們走路能到的第一個城市聚落，他們經常來此尋求緊急醫療救助。

醫院除了只有辛格一位醫師，還缺乏很多現代醫師倚重的基本設備，例如 X 光機、血液氣體分析儀、電腦斷層掃描儀和呼吸器。附近既沒有可以確認診斷結果的實驗室，也沒有正常運作的公共醫療基礎設施能夠安置病人。辛格意識到，按照醫學院教科書的方式來行醫是不可能的事，她必須接受自己做為一名醫師有其局限。

2006 年，也就是辛格和丈夫抵達此地的第二年，在氣候潮濕、蚊蟲肆虐的夏天，瘧疾疫情橫掃了提斯浦。這家小醫院在幾週內就有近三百人死亡。[7] 辛格當時懷了第一胎，幾乎會出現在所有病人的床邊。她說：「我真的很痛苦，晚上都睡不著覺。看著孩子們進來、氣喘吁吁，奄奄一息，對我來說真的太難受，但我們束手無策。」

辛格對每個病人的死亡感到悲痛，深夜躺在床上時總是睡不著，不斷重溫自己的決定。她是否忽略某個解決方案？太晚做出診斷？有沒有辦法可以拯救眼前的病患？她花了好幾個月才平靜下來，接受自己所受的菁英醫療訓練不足以拯救此地的生命，她必須學會隨機應變並相信自己的直覺。

用最少資源度過危機的行醫方式塑造了辛格，她多年來被迫以最基本的科技輔助看病，從未允許任何科技剝奪她身為醫師的能動性，人工智慧也不例外。人工智慧在設計上是要提供非黑即白的答案，缺乏細微的差異。如果人工智慧的輸出結果跟她的經驗不一致，她知道不能盲目相信。

辛格說：「人工智慧不是什麼神奇的工具，我不能讓它主宰我的決定，讓它支配我。」辛格知道人工智慧的限制，清楚它像人類醫師一樣會犯錯。「醫師也會不確定，但我們還是要對病人負責。身為醫師，我會做出精細周密的決定、符合道德的選擇。AI無法做到這一點。」

隨著AI的應用變得廣泛，使用者必須小心提防自動化偏誤（automation bias）。自動化偏誤意指人們開始過度依賴自動化來完成工作，從自動駕駛車到監視攝影機，每個領域都有這種現象，也獲得廣泛的研究。我想知道，辛格會不會擔心，醫師對於AI預測診斷的假設同樣變得沒那麼警覺，並且過於滿意？這種情形會不會在最終削弱醫師的技能與能動性？

辛格想過這件事，她說使用Qure.ai的應用程式並沒有改變她做決定的方式，但那是因為她極度警覺應用程式的存在，而且把應用程式視為實驗性的方法，但這種情況可能不會持續太久。她說：「新一代的醫學系學生追求快速解決問題和早期滿足，很難讓他們了解跟病人深入互動、掌握病史，以及做好身體檢查的價值。我認為，只有在不具備良好的醫學基礎時，它才有成為主宰的風險。」

自動化偏誤如果在醫師之中普及開來會有嚴重的後果，但對辛格而言，她相信醫療AI帶給病人的好處遠遠超過這種風險。

辛格說：「在投入結核病預防、治療和照護的所有資源當中，這種方法值得投資，因為它是一種負擔得起的選擇。」但辛格知道，唯有政府提供補助，跳脫現有醫療基礎設施的需求，窮苦的患者才負擔得起。她表示，如果醫療 AI 依然是一項昂貴的福利，將永遠無法普及到那些有需求的人。辛格說：「我跟 Qure.ai 坦白，如果你告訴我病人要多花錢，我就退出。你一那樣做，我就退出。我寧願買雞蛋給他們。」

提供客觀且一致的答案

在一萬多公里外的矽谷中心，奧柏麥爾（Ziad Obermeyer）是哈佛訓練出來的急診室醫師，也是加州大學柏克萊分校的人工智慧研究員，他正想要以自己的方式改善醫學界的不平等。

2012 年，奧柏麥爾在波士頓最負盛名的醫院擔任住院醫師，資源對他來說不是問題。在麻省總醫院暨布萊根婦女醫院（Mass General Brigham）的急診室裡，奧柏麥爾形容自己是「有點笨手笨腳」的住院醫師，他發現即使是世界上資源最豐富的醫師，也經常會犯下致命的錯誤。他對於醫療專業人員每天失敗的次數和嚴重程度感到沮喪。

他告訴我：「尤其在急診室，醫師就是會犯一堆錯，而且這些錯誤很讓人痛苦。醫師一次要工作大約十到十二個小時。在那段時間，要看二十、三十，有時甚至是四十個病人，而且要不斷做決定。例如，這個人是不是有心臟病？我是不是應該做檢驗？如果我讓這個病人回家會發生什麼事？」

所有人都必須很努力才能應付多變數問題。在急診室裡，醫師的大腦必須利用通常不完整、混亂而且難以取得的資料，把大量的可能性組合起來。[8] 然後，他們必須對一個人的存活做出極為精準的風險評估。評估的品質依個別醫師而定，會受到醫師的背景和經驗，甚至是情緒所影響。這個過程既不精確也不客觀。

奧柏麥爾花費十年推敲他的專業同儕犯下的錯誤，接著發表了一篇論文，探索醫師如何做出決定，尤其是診斷心臟病的時候。[9] 他使用自己就職醫院的資料，從2010到2015年間24萬6265次的急診紀錄，追蹤檢查、治療和健康結果，研究顯示醫師會對低心臟病風險的民眾進行過度檢查，這些民眾並沒有從中獲益；但醫師對高風險的病人卻常常檢查不足，這些病人後來就出現心臟病甚至死亡等不良後果，比例高到令人無法接受。研究結果指出，醫師存在「判斷的系統性錯誤」，部分原因在於他們對風險的心智模式過於簡單。

奧柏麥爾也見識到，醫院在缺乏訓練有素專家的情況下是如何運作。結束在波士頓的住院醫師實習之後，一位朋友問他是否願意到崔胡佐醫療中心（Tséhootsooí Medical Center）的急診室短期工作。這家醫院地處亞利桑那州的迪法恩斯堡，坐落在新墨西哥州和亞利桑那州的邊界，位於納瓦荷保留地（Navajo Nation）的廣大平原上，急診室的服務對象很特別，是原住民納瓦荷族的社區。奧柏麥爾做為唯一的急診室醫師，在崔胡佐醫療中心工作了一年。

北美沙漠散落著深邃峽谷和岩石孤峰，卻因為嚴重的社會壓力使得美景蒙塵：這個地區在犯罪、酗酒、交通事故、憂鬱症和自殺方面的比例極高，尤其是年輕族群。[10] 奧柏麥爾覺得，來到崔胡佐醫療中心就像被放逐到美麗而荒涼的島嶼。他說：「在這裡，必須做一些在波士頓不會做的決定，因為這裡太偏僻，地形又惡劣，只能做出痛苦的決定。」

這裡就像欽奇帕達，迫切需要基本醫療服務，例如更多訓練有素的醫生、救生設備和社會照護。舉例來說，崔胡佐醫療中心只有一間小型加護病房，但沒有治療心臟病所需的專門外科醫師或心導管室。所以如果病人的症狀顯示是心臟病，醫師就必須請救護直升機待命，準備飛往三小時航程外的阿布奎基或夫拉格斯塔弗。奧柏麥爾解釋，但如果病人大概會沒事，你不會想要讓他們在沒有家人的陪伴下飛到好幾個小時外的地方，之後還沒有辦法回家。

每個決定都可能攸關生死。奧柏麥爾常常覺得，在做這些決定的時候，與其倚賴個別的醫師，應該有更加客觀和一致的方法。他認為答案可能是人工智慧。

演算法的基本設計會造成偏誤

在崔胡佐和波士頓急診室工作期間，奧柏麥爾覺得西醫辜負了那些身處醫療體系的邊緣人，包括有色人種，所有的自認為女性，或者是貧窮、失業、未受教育的人。他親眼目睹納瓦荷社區因為缺乏完善的健康照護而遭受痛苦。

他告訴我，這不只是社會議題。不平等在醫療科技的設計中也很普遍。以無所不在的脈衝血氧計（pulse oximeter）為例，這種裝置能夾在手指的末端，測量血液中的氧含量，無論是當地家庭醫師診間，或是病人和長者家中都很常見，可以快速有效的監測人體化學的潛在致命變化。它的運作方式是偵測皮膚吸收光線量的變化，藉此衡量血液中的氧百分比。

奧柏麥爾告訴我，這個裝置並沒有把皮膚裡的黑色素含量差異考慮進去，研究顯示脈衝血氧計應用在深色皮膚患者的準確率比較低，因為他們的皮膚會比淺色病人吸收更多的光線。[11] 這款裝置在設計之初就有偏誤。2020年，密西根大學的研究人員發現，在血氧含量過低、達到危險程度的黑人患者當中，這個裝置讓其中12%的患者相信他們的血氧含量很安全。[12] 脈衝血氧計仍然以目前的形式在世界各地廣泛使用，但這個裝置證明了技術設計如何帶有歧視並導致原可避免的死亡，對有色人種的影響尤其嚴重。

就是這種醫學界廣泛存在的不平等，讓奧柏麥爾開始研究AI能否做為一種解決方案，他很想知道機器學習模型這類以資料驅動的工具如何協助醫師改善決策，為所有的病人提供更好的服務。他了解得愈多，就愈有信心，這些模式偵測系統可以為急診室帶來人類醫師缺乏的技能，像是更加了解少數族群的健康、修正認知偏誤的能力，以及對生死做出更有憑有據的預測。他相信 AI 不只能提供更好的醫療照護，還可以遏止差距擴大，消弭既有的不平等。

但奧柏麥爾也知道，AI 系統並非萬無一失。畢竟 AI 模型是人類設計的，它們接收的資料反映了產生這些資料的社會。我們會選擇要列入考慮的是哪些資料，好比在放射科醫生的診斷中，AI 的黃金標準「目標」是什麼——我們會影響各種變數的權衡方式，例如暗示醫師的見解比患者的經驗更有價值。

根深柢固的偏見（諸如醫療機構對待少數種族和女性的方式）會深深根植於這些選擇當中。我已經知道，AI 在本質上不能提供人類無法供給的客觀或技能，相信 AI 辦得到的人純粹是在幻想。既然偏見會影響我們的決定，如果我們不能清楚的展現偏見，且設計 AI 系統時沒有避開各式陷阱，這些偏見就會讓演算法的決策充滿漏洞。

2019 年，奧柏麥爾決定檢查醫療機構早已使用的醫療演算法，評估準確度。他接觸的第一個程式是美國大型醫療服務供應商「臥騰」（Optum）設計的 AI 系統，這家公司的演算法被用來為患者推薦額外的醫療支援，在美國的服務對象每年高達約七百萬人。[13] 醫療體系依賴這套演算法，把那些有複雜健康問題的初級保健患者轉診，讓他們能獲得額外的照護，例如請專職的護理師，或跟另外的全科醫師（GP）約診。目標是預防他們的病情惡化，比如最後必須住院。模型會提出每位病人的風險分數，全國的醫療服務提供者就利用這些分數決定哪些病人應該轉診，進行所謂的「高風險管理」。

在整理演算法針對個別病人提出的風險分數時，奧柏麥爾注意到資料裡有個奇怪的地方：考量到黑人患者後來的病重程度，演算法給的分數似乎比預期的還要低。深入挖掘之後，他找到原因。演算法的設計者做了一個表面看似無害的決定：他們訓練系統根據一個人的年度總醫療費用，去估算健康狀況。換句話說，這個模型以醫療「費用」來代表醫療「需求」。[14]

乍看之下，這好像很合理，因為人們病得愈重，在醫療體系上花的錢就愈多。但這個假設有問題，因為不是每個人都會以同樣的方式產生費用，而這個問題更反映在模型的基本設計中。少數族群和其他缺乏就醫管道的醫療弱勢族群，或許不太能請假去看醫生，他們也可能在醫療體系內碰到歧視，讓他們打了退堂鼓，導致接受到的治療或檢查比較少，使得他們被歸類為醫療費用較少的族群。但平均而言，他們的醫療需求會比付出同樣醫療費用的白人患者來得高。

這個特定的設計錯誤導致 AI 系統普遍存在種族偏誤，模型會有系統的優先考慮比較健康的白人患者，而不是病情較嚴重、需要額外關心與照顧的黑人患者。研究人員計算過，這個演算法的偏誤讓應該轉診接受特殊照護的黑人患者減少了一半以上。奧柏麥爾說：「即使黑人患者有一樣的需求，也會被歸為較低費用的族群。這就是我們發現的偏誤根源。」他表示願意協助臥騰公司，利用更能反映患者實際健康狀況的資料重新設計 AI，臥騰公司確實這樣做了，新的設計大幅減少種族偏誤。

這個 AI 引發的錯誤對黑人患者產生非同小可的影響，與個別醫師的偏見或錯誤造成的結果截然不同。其他好幾個類似的 AI 系統也拿醫療費用做為醫療需求的代理變數，奧柏麥爾估計，這個決定影響了大約兩億美國人的生命。而且它的影響範圍擴及到美國之外。

奧柏麥爾說：「我們在預測誰的健康狀況會惡化時，犯了一個系統上的錯誤，這個錯誤蔓延到整個醫學界、美國政府的醫療保險，乃至於歐洲各國政府的醫療體系。我們所有人都犯下同樣的錯誤。」

用新資料增進醫師的知識

儘管醫療領域普遍存在 AI 錯誤，奧柏麥爾對於演算法如何協助我們更妥善的照顧所有病人，依然抱持著樂觀的態度。他認為演算法在以下兩點特別有用：改善醫師常會出錯的診斷、在醫療資料中發現新的模式進而改善目前的醫學知識。大多數的現代醫療 AI 都是以醫師的診斷來進行訓練，奧柏麥爾覺得這樣還不夠。他說：「如果我們希望 AI 演算法能夠教我們新的東西，這意謂著不能訓練它們只跟醫師學習，因為這麼做的成果上限非常低，雖然有可能更便宜也更有效率，但它們只會教我們早就知道的東西。」奧柏麥爾不想用 AI 來代替人類醫師，畢竟這裡的醫師不像印度鄉村那麼缺乏，他想做的是，利用這項技術強化厲害醫師的能耐。

奧柏麥爾決定挑戰一個困擾醫師數十年的醫學謎團：為什麼非裔美國人比起同年齡、同狀況但不同血統的人，會體驗到更多的疼痛。他想解決這個問題的理由不只是為了病人的利益，也是想要回答自己一個更哲學的問題：AI 模型能否超越人類的限制，增進現有的醫療知識？

醫學界長期以來一直觀察到，即使是醫師認為非常類似的創傷，非裔美籍患者報告的疼痛程度就是比其他人高。如果找來兩名不同血統的關節炎患者，並控制年齡等生物因素，且訓練有素的放射科醫師覺得膝部 X 光片看起來都一樣時，平均而言，非裔美籍患者會說膝部有更強烈的疼痛感。[15] 研究人員曾試圖用壓力和貧窮等各種假設來解釋這個現象，然而這些解釋都有一個共同點：問題不在於他們的身體。奧柏麥爾的假設是，醫師忽略掉一些生物學上的差異，有可能不同種族的患者對疼痛的感受方式不一樣。

我們都感受過疼痛，諸如隱隱作痛、抽痛、灼痛、內臟痛、劇痛、難以形容的痛。疼痛是人類不可避免的狀態，也是演化上的防護機制。評估他人的疼痛是一件主觀的事情，會受到文化、性別、語言，乃至於個人神經生理學（大腦接收到的化學訊號）等所有因素的影響。所以，要把疼痛量化是一項充滿個人偏見的任務，但數十年來科學家一直不斷嘗試，以流行病學家勞倫斯（John Lawrence）為例，他在1952年決定把利鎮（Leigh）當成實驗室，對疼痛進行分類。

利鎮屬於曼徹斯特，位在英格蘭礦區的中心，低矮橋梁和運煤鐵路縱橫交錯，1950年代時，這些鐵路把數百萬公噸的煤炭運往全國各地的工廠。勞倫斯花費兩年研究當地煤礦工人的骨關節炎，拿他們的骨骼結構與血液成分跟鎮上的辦公室職員進行比較和對比。勞倫斯蒐集X光片並費心手工注解，形成一套通用系統的基礎，今日的放射科醫師就是用這套系統來評估骨關節炎的嚴重程度，它的名稱是「卡葛倫與勞倫斯分級系統」（Kellgren-Lawrence Grading System）。

勞倫斯的資料集有一個重要的特徵被掩蓋了：在1950年代的利鎮，礦工和辦公室職員大多是具有歐洲血統的男性，就像勞倫斯本人一樣。奧柏麥爾告訴我：「今天我們在醫療執業過程中使用到的，所有關於關節炎的分級系統和知識，都來自這個特定時空與人口的研究。」這意謂著，對於勞倫斯沒有納入研究的那些人，這個分類系統並無法反映他們生理上的現實感受，大部分的女性和其他血統的民眾都受到影響。這個狹隘的資料集被用來進行廣泛的醫療診斷，讓奧柏麥爾不禁懷疑，人類的疼痛比我們想的還要複雜。

為了解開謎團，奧柏麥爾必須回到基本原理。他想要開發一款軟體，根據患者的X光掃描就能預測他們的疼痛程度。但在機器學習演算法的訓練方面，他沒有讓演算法向帶有自身偏見和盲點的醫師學習，而是以患者的自我報告進行訓練。於是他從美國國家衛生研究院取得一套訓練資料集，這組膝部 X 光片除了放射科醫師的分類之外，還注記患者自己對疼痛程度的描述。奧柏麥爾建立的關節炎疼痛模型，發現 X 光影像和疼痛描述之間的相關性，然後他利用這個模型，根據新患者的 X 光片預測膝部疼痛的嚴重程度。他的目標不是開發商業應用程式，而是進行一場科學實驗。

結果，以患者自我疼痛報告訓練出來的演算法，在預測哪些膝部比較痛方面，表現得遠比人類放射科醫師還要好。

最驚人的結果是，在預測非裔美籍患者的疼痛方面，奧柏麥爾的模型表現得比人類放射科醫師還要優秀。他說：「演算法在膝部 X 光片裡看到放射科醫師忽略的訊號，這些訊號幾乎都出現在黑人患者身上，白人患者則沒有這些訊號。」這項研究發表於 2021 年，結論是：「因為演算法的嚴重度測定比較能掌握醫療服務不足患者的疼痛，而嚴重度測定會影響治療決策，所以演算法預測或許能改正患者在關節造形術（arthroplasty）等治療管道的差距。」[16]

與此同時，奧柏麥爾打算挖掘得更加深入，解開這些訊號的真相。他正在利用機器學習技術，透過磁振造影（MRI）和實驗室裡的軟骨或骨頭樣本，調查過度疼痛的成因。如果他找到解釋，AI 或許能協助我們，在人類生理學和神經科學方面發現一些原本被忽略的新東西。

奧柏麥爾說：「在醫療發現方面，AI 方法為許多有趣的可能性打開了大門，這才是真正令人興奮的地方。」

新型態的殖民主義

奧柏麥爾和辛格這兩年來與我的對話，總讓我感到樂觀。在我報導 AI 對人類影響的過程中，感覺這項技術真正具有改變生命潛力的領域是醫療。經過臨床測試的 AI 軟體現在可以像人類放射科醫師一樣判讀掃描結果，協助及早診斷出致命疾病，並且找出新的治療方法。在奧柏麥爾和辛格的想像中，這些工具可以彌補既有的社會不平等，協助目前體系照顧不到的病人——演算法成為確信和希望的象徵。

阿內賈（Urvashi Aneja）是一位政治學家，住在離欽奇帕達只有幾小時車程的地方，過去六年，她一直研究 AI 在印度醫療領域的應用，試圖衡量 AI 對最弱勢群體的利益與風險。她就不像我這麼樂觀。

阿內賈調查全國各地試行中的各種 AI 原型和計畫，發現到處都是她所謂的「試作品墳場」。Qure.ai 公司在五十張病床規模的欽奇帕達基督教醫院做過小規模的前導測試，儘管前景看好，但到目前為止，還沒有在這個地區進行有意義的擴大使用。阿內賈已經看過其他幾十個類似的試用計畫，全都停留在實驗成功的階段。為了照顧被忽視的偏鄉患者，這項技術必須整合進公共醫療體系，而不只是停留在私立醫院。但阿內賈覺得沒有長期維持的做法，除非政府投入更多資金。

2020 年 9 月一個悶熱的下午，她到德里一家大型私立醫院探望家人，深刻體會到這當中的矛盾。接待處旁邊有個大看板詢問訪客：「想讓 AI 診斷你是否有結核病嗎？貴賓服務請往這邊走。」

阿內賈說：「醫院提供的 AI 診斷是一種頂級服務，需要付費才能選購。這就是今天的市場。企業沒有道理在最貧窮和最偏遠的地區進行投資，因為那裡的人口負擔不起以 AI 為基礎的醫療服務，就像他們負擔不起非 AI 醫療一樣。這種基本的緊張關係依然存在。」

AI 診斷的發展之所以能突飛猛進，主要是因為谷歌和亞馬遜等西方私人企業的投資，功勞不在政府。據估計，投資金額到 2028 年會達到四十億至七十億美元。[17]

透過當地合作夥伴蒐集資料是 AI 技術發展的關鍵，因為敏感的醫療資料受到嚴格管制，很難取得。沒有那些資料，就不可能有 AI。

例如，谷歌就跟印度最知名的低成本連鎖醫院阿拉文眼科醫院（Aravind Eye Hospital）合作，測試一款可以診斷糖尿病視網膜病變的 AI 軟體——這種病如果不治療，嚴重的話可能會導致失明。[18] 谷歌利用阿拉文眼科醫院捐贈的匿名醫療資料集訓練 AI 模型。如今，這家矽谷巨擘已經擴充這套工具，並且在泰國和美國等國家推出。

與此同時，Qure.ai 公司已經打進有利可圖的西方市場，包括英國的國家健保局，以及美國和歐盟的醫院。阿內賈擔心，這些公司從印度貧困鄉村蒐集到的資料會催生出昂貴的技術，把協助技術開發的邊緣患者排除在外，只讓那些付得起錢的客戶和政府受益。

阿內賈最迫切的擔憂是，資料所有權將引發權力的動態轉移。她告訴我：「我們看到印度和更大範圍的未開發國家正在上演某種形式的數位殖民主義，科技公司從公民身上蒐集到大量的資料，從中榨取極大的利益，卻沒有為當地的民眾帶來什麼附加價值。」

讓AI協助最需要幫助的人

在印度各地，像欽奇帕達這樣的落後鄉村，醫療資源的分配是以最人性化的方式進行：由第一線工作人員「認證社區健康工作者」（Accredited Social Health Activist, ASHA）挨家挨戶進行；Asha 一詞在印度代表希望。這些工作者主要是當地婦女，由村裡的潘查亞特（panchayat，「五人長老會」之意）或村委會授權在社區裡工作，成為串連家庭與政府醫療體系的信任管道。她們被招募來推動預防接種、提供產前與產後護理、促進醫院分娩、給予營養指導，以及監控當地兒童的健康狀況。

在實務上，認證社區健康工作者會照顧嬰兒與母親，非正式的提供醫療建議和藥物，擔任疫情爆發的早期預警系統，並在這個幅員遼闊、人口密集、醫療基礎設施卻很破舊的國家，充當內部在地聲音的重要傾聽者。如果說像辛格這樣的醫師是農村社區所能獲得的頂級醫療照護，那麼認證社區健康工作者就是印度公共衛生網路的中流砥柱。

但隨著人工智慧公司進入醫療保健市場，認證社區健康工作者也變成資料的蒐集者，她們愈來愈常把數位化的醫療資訊登錄到政府提供的 iPad 裡，內容從家庭疫苗接種、婦女健康、兒童營養，乃至於性傳染病等，無所不包。這些婦女會由國家支付小額費用，但民間組織更常加以收編並給薪，因為這些組織需要大量公正可靠的資料來建立 AI 系統。認證社區健康工作者受到當地家庭的信賴，所以這些家庭願意分享資訊，讓她們成為珍貴的資料虹吸管。

Wadhwani AI 是印度的非營利組織，由谷歌等公司提供兩百萬美元的資金，[19] 與四個邦、五十個地點的認證社區健康工作者合作，建立了一個新生兒影片的資料集。[20] 如今，這個資料集被形容為該公司研究人體測量學的「基礎」，用以開發一款能檢測鄉村嬰兒體重的 AI 工具。

阿內賈想勾勒出這些在地的資料蒐集者如何協助跨國公司改善 AI 演算法，就訪問數十名認證社區健康工作者和鄉村醫師。她發現，建立模型的印度新創公司常常是西方公司的區域人才基地，這些西方公司透過合夥關係，利用印度新創公司的資料和專業知識，為其他市場開發專門的演算法。例如，Qure.ai 公司就跟英國國家健保局和阿斯特捷利康公司（AstraZeneca）合作，在世界各地提供肺癌篩檢演算法。

如果社區本身清楚了解分享資料的效用，這或許可視為一種正向發展，因為不僅能促進科學理解，還能為所有人提供更好的醫療服務。然而，阿內賈訪問過的那些人都覺得，他們協助建立了這些新技術，但自己卻被排除在新技術帶來的好處之外。

在一份有關認證社區健康工作者角色的民族誌研究中，一名住在德里南方貧民窟的工作者米娜（Meena）問：「這些資料去了哪裡？」似乎沒有人能給她明確的答案。這些婦女有很多人在抱怨，她們很少能看到根據自己提供的資料而開發出來的產品。情況通常是，她們再也沒有聽到這些公司的消息。

「這不只是資料的問題，還涉及國家對大型科技公司的依賴，」阿內賈說。她覺得政府太過依賴美國公司。「政府大多數的醫療系統都是在亞馬遜的雲端運算服務上運作。形塑政府 AI 思維的許多基礎設施和專業知識也都來自大型科技公司。這些大型科技公司在填補國家能力的缺口。」

辛格對於前景也是保持謹慎的態度。她喜歡 Qure.ai 的產品，相信它有巨大的潛力，但要在真實世界普及這項技術，就必須從私立醫院，轉移到免費的公立保健中心和行動診療車。在辛格服務的醫院裡，這項產品能稱職的快速提供第二意見，但它是個「有也很好」的東西，並不是必需品。辛格是個有經驗的合格醫師，無論有沒有這款應用程式都能做出這些診斷。她說：「我們告訴公司，你們的工具出現在我們醫院並不會造成生死攸關的差別。」

2022 年，辛格把 Qure.ai 團隊介紹給政府的地區結核病辦公室，還有世界衛生組織在南杜巴區的代表。辛格告訴他們，如果想把 qTrack 應用程式配置到全國的醫療弱勢角落，初期必須投入大量的時間和金錢。Qure.ai 團隊在各地區的總部展示技術，讓政府和世界衛生組織的代表印象深刻。儘管原則上已經同意要配置這項技術，但正如辛格所擔心的，因為官僚主義的緣故，事情陷入了停滯。促使政府大規模推出 qTrack 一直是曲折的過程；Qure.ai 公司和地區當局的對話還在持續進行。

辛格的夢想是在全國各地實施結核病的 AI 篩檢，但她很清楚知道這個夢想與在地現實之間的差距。問題的根源在於，以利潤為導向的公司和邊緣化的社區（例如她的患者所在的社區），經常會互相誤解。

這種緊張的關係正是里考特（Paola Ricaurte）致力了解的，她是墨西哥的學者，也是民權運動人士。她的研究有助於釐清阿內買所謂的「資料殖民主義」——利用邊緣化群體與弱勢族群的資料建立 AI 系統，藉此牟取暴利的壓榨行為。

里考特告訴我：「大型科技公司匯集了資金，匯集了透過資料蒐集產生的利益，但他們也匯集了知識，對我來說，這才是最重要的。」里考特舉例，在 2020 年新冠疫情期間，墨西哥政府顯然就需要谷歌的協助來制定國內的健康政策。

這份知識來自於資料，里考特認為資料就是社會的一面鏡子，反映了我們的經驗、行為，以及存在的核心。「因為我們無法接觸他們從我們這裡蒐集的知識，我們落後了。所以這是一種不平等的關係，也是權力的不對等。」

辛格非常了解社會不對等，以她的工作和生活來說，每天都陷在這些不對等之中。但也因為如此，她知道比爾部落這樣的社區永遠不會有足夠的醫師或資源。我也相信，如果設計與部署得當，AI 可以協助那些最需要幫助的人，拯救他們的生命。如果 AI 能夠到達該去的地方，我樂觀的認為，這項技術的進步會改善我們所有人的生活，並強化醫師的工作。

辛格說：「當……人類缺席時……我想科技可以迅速替補，這會徹底改變我們所能提供的醫療照護。」

5

演算法給的犯罪預言

2015年一個工作日的早上七點，一陣拳頭敲門的聲音把薩喬（Diana Sardjoe）吵醒；薩喬住在阿姆斯特丹東邊的艾瑟爾堡（IJburg），全家人最近才搬來這裡。七歲的女兒在臥室睡覺，兩個十多歲的兒子則待在他們的房間。薩喬望向窗外，看到庭院裡滿滿都是警察，一打開大門，警察就衝進來逐一搜查每個房間，直到發現搜尋目標：十四歲的達米安（Damien）。他們聲稱達米安用刀威脅一名同年齡的男孩，因此逮捕達米安。

警察帶走達米安的時候，薩喬整個人都崩潰了。

你有成為罪犯的風險

接下來一整年，薩喬竭盡全力想讓達米安的生活回到正軌。她接受達米安做了壞事的事實，但她相信任何孩子都可救贖。薩喬成功遊說當局讓達米安居家監禁（house arrest）而不必入獄，因為她擔心入獄會改變達米安，把達米安推往犯罪深淵。她扮演全天候警衛的角色，防止達米安惹麻煩。達米安在幾年後的一次訪問中回憶道：「我以為媽媽會棄我不顧，因為我覺得自己像是個壞孩子。我的所作所為太糟糕了，不能被原諒。但她卻選擇站在我這邊。」他說：「我的媽媽，是個戰士。」

儘管薩喬努力想讓達米安過原本的生活，警察卻經常拿其他罪行來盤查達米安，問他是否竊取iPad或參與市區另一頭的搶案，而母子二人都聲稱那與達米安無關。這種情形持續數週後，達米安對於自己一直受到監視大發雷霆，當居家監禁結束，他在緩刑期間又犯下另一起街頭犯罪，讓他的監視時間變得更長，因此他開始跟最初讓他惹上麻煩的那些孩子一起廝混。

然後警察開始日夜不停來敲他們家的門，有時會帶走達米安和哥哥納法約（Nafayo）到警察局接受詢問。其他時候，達米安只是走在街上或是跟朋友聚在一起，警察也會攔下他，查驗他的身分。結果就變成持續監視和青少年叛逆的惡性循環。每起事件都會以「警方接觸」登記在男孩的紀錄裡，這些資料在幾年後會成為他們的個人檔案內容。薩喬努力想讓所有人振作，靠著毅力和祈禱維持住這個家。

幾個月之後，在 2016 年的夏天，薩喬收到市長辦公室寄來的通知，達米安已經被列入暴力犯罪青少年名單「Top600」之中。當時十六歲的納法約也被登記在「Top400」裡，這是第二份名單，成員都是年齡十二到十八歲的青少年，其中有好幾位是那六百名「罪犯」的兄弟，據說他們在未來都有成為罪犯的高風險，就像狄克（Philip K. Dick）所著小說《關鍵報告》（*Minority Report*）裡的那些人。根據媽媽們的說法，許多在 Top400 名單上的男孩在當時根本沒有犯罪紀錄。

阿姆斯特丹現任市長哈爾塞瑪（Femke Halsema）在一封用荷蘭語寫的信裡頭表示，這些預測分數的「目標是阻止犯罪，改善這些人的機會和生活品質，以及防止這些人對未成年兄弟姊妹……和子女的負面影響。」

這些家庭既無法選擇從名單上除名，也不能拒絕當局提供的社會協助。

沒有人來諮詢過薩喬。她自己一個人要對孩子們負責，但沒有人告訴她，為什麼她的孩子會被挑出來，或孩子該如何（甚至可不可以）移除背上的標靶。接下來三年，薩喬一家就被困在由二十幾個政府機構交織而成的迷宮裡，包括警察、社工、公共衛生局、司法機關和市政府官員，每個單位有各自的目標和議程，而且經常彼此矛盾。

Top600 這份名單裡的男孩都有犯罪紀錄，而且至少曾因為一次嚴重犯罪被判刑。至於 Top400 這份名單的彙整則是有機器學習系統 ProKid+ 的協助，這套系統由學者和荷蘭警方一起設計，用來預測年輕人「有高風險犯下暴力犯罪和／或財產犯罪」的可能性，使用的資料包括年輕人先前與警方的接觸史、他們的地址和人際關係，以及身分是目擊者或受害者等。[1]

薩喬告訴我：「我聽過這些演算法，以及裡面使用的資料，而且我知道有些事情不太對勁。」系統使用的方法照理來說應該要不分種族才對，但多數被挑出來的男孩都是黑人或摩洛哥人。這封信並沒有讓這些家庭理出更多頭緒，信裡只說阿姆斯特丹嶄新的數位福利制度即將提供協助。

薩喬說：「他們應該在信裡面寫的是，我們會幫助你們進入地獄。」

被過度關注的白老鼠

看到薩喬和其他在阿姆斯特丹演算法名單上的家庭，讓人想到姆邊貝（Achille Mbembe）的研究，他是喀麥隆的歷史學家和哲學家，專門研究殖民主義的後續效應。姆邊貝發明了「死亡政治學」（necropolitics）一詞，用來形容政治機構具有權力，指定哪些公民在社會中是最不穩定的人。根據姆邊貝的說法，這些脆弱的公民生活在「死亡世界」裡——在這個被包圍起來的地方，他們對自己的生活不再能行使控制權或保留自主權。

根據薩喬和其他有孩子在名單上的家長表示，從收到那封信開始，每一次和政府的互動都會成為對家庭不利的資料。[2] 母親打給社會服務處的電話會被記錄下來。目睹家庭暴力或犯罪行為的孩童會成為政府資料集的一部分。經常曠課和參加特殊青少年團體也是相關的資料。每次的求救都等於承認教養方式不良，讓系統在小孩的名字旁邊插上一根紅旗，或別上一個紅字。這些不利的資料不僅會分享給警察、青少年社工和學校等有關當局，還會保留好幾年。演算法裡的汙點感覺根本沒辦法擦掉，像薩喬這樣的母親因此失去生命中曾擁有的一切。

薩喬在 2016 年收到市長的信，過沒幾天就發現政府的工作人員開始無預警的出現在她家。心理學家、青少年社工和律師會來研究她的「多重問題家庭」，好像他們一家人是白老鼠一樣。薩喬形容自己的生活遭到「挾持」，那些人毫不關心她的工作、責任，或是其他的孩子。她沒有失業，也沒有吸毒或酗酒的問題，所以她覺得自己的家庭會成為目標非常不公平。

社工會進到家裡，叫她整理環境、振作起來，以及洗碗。社工對她說話的樣子就好像她是小孩子，或甚至更糟，像是人渣。

社工想讓達米安住到收容所，薩喬斷然拒絕。達米安受夠了社工就這樣侵入他們的家和生活。「這個家是他的庇護所，突然間所有人就這樣侵門踏戶。他才十五歲，卻應該要時時刻刻保持完美，完全沒有獲得原諒的空間。」因為這些入侵、騷亂，以及保護家人的需要，薩喬失去了銀行的工作。

這些造訪產生的連鎖反應正在傷害其他的孩子，例如納法約就不了解為什麼他也遭到汙名化。他沒有犯任何罪，但現在卻烏雲罩頂。兄弟倆開始吵架，責怪彼此。納法約看不到出路，索性屈服演算法，做出系統預測的事，開始偷起速克達。納法約縮進自己的世界。薩喬告訴我：「這把他的生活搞得天翻地覆，真是個瘋狂的系統。」

薩喬一向會去爭取自己想要的東西。她出生於蘇利南，父親是印度人，母親是黑人。「我媽一路奮鬥來到荷蘭。她對我的身教是永不放棄，為自己的信念而戰，如果不喜歡某件事，就去改變它。」所以當達米安的出庭日期對薩喬不方便，而市政府拒絕重新安排時間，她就帶著七歲的女兒一起過去，但她必須站在外面的走廊看整個訴訟過程。「我懷念體制裡的同理心，體制裡現在沒有人性，我懷念人性。」

儘管薩喬反抗，壓力還是影響到薩喬一家人。最後，薩喬的父母搬進來協助照料。薩喬的月經停了，更因為心悸入院。「如果我不照他們說的做，他們就利用我最小的孩子做為威脅手段，說要把她帶走。」她說女兒是「家裡的開心果、陽光」。

「她不再有笑容了。事情的結果就是這樣。入院時，我在那時候死去，然後像鳳凰一樣再次重生。我找到以前的我，找到我的火焰。我開始反擊。」

除了歧視，更帶來恐懼和不信任

有關當局的理論是，相較於犯罪發生後再處理後果，預測治安演算法在分配有限的資源方面更低廉也更有效。

為了檢驗這套理論，各地都有 AI 系統的實驗，英國用來預測幫派暴力，[3] 德國用來找出恐怖份子，[4] 美國則是用來預測家庭暴力。他們也測試機器學習演算法做為工具的效果，例如預測已判刑罪犯的再犯率、引導判刑決定，以及協助監護官決定誰應該保釋。但這些演算法的效果如何，目前還沒有定論。

與此同時，有證據顯示，這些演算法可能有意或無意的呈現出種族主義。即使演算法的決策過程不會把種族列入考量，但先前的逮捕紀錄、目擊暴力、住在特定街區，或者只是單純貧窮等代理變數，也會被輸入 AI 和其他統計系統，進而傳播制度性種族主義。非營利新聞公司「波帕布利卡」（ProPublica，「為了公民」

之意）的一份調查報告就強調這一點，他們調查的預測工具名叫 COMPAS，在美國被廣泛用來預測被告再犯的可能性，評估被告是否應該獲得保釋。波帕布利卡公司分析 COMPAS 對佛羅里達州超過七千名被捕者的預測，斷定 COMPAS 帶有種族主義。他們的研究結果顯示，「黑人被標示為高風險但實際上沒有再犯的機率，幾乎是白人的兩倍」。相對的，他們在報告中指出，白人「比起黑人更可能被標示為低風險，卻繼續犯下其他罪行」。[5]

荷蘭那些名單裡的男孩主要也是有色人種，批評者指出，有一部分原因是他們比白人同儕受到過多的監管。

在荷蘭，這類風險評估技術隸屬更廣泛的國家安全政策，因而在 2011 年和 2016 年分別催生出 Top600 和 Top400 名單，荷蘭萊頓大學的人類學家德寇寧（Anouk de Koning）把這種國家安全政策稱為「擴散式治安」（diffuse policing）。[6] 除了 ProKid+ 演算法以外，還有犯罪預測系統（Crime Anticipation System, CAS），這套 AI 軟體可以預測犯罪會在何時何地發生，起初是在阿姆斯特丹研發，目前已經推廣到全國各地。

擴散式治安策略的目標是預測和防止麻煩，有一部分使用統計模型（包括 AI 方法）協助針對特定人口，例如都市裡貧窮的非白人青少年。這些政策一起構成了「關懷與強制」，並體現為警方用於 Top600 的標語：「謹慎處理」。[7]

德寇寧耗時十八個月，在阿姆斯特丹市中心南邊的迪亞曼布特區（Diamantbuurt）訪問年輕人和他們的家人，還有社工與警方，結果她發現，這裡的摩洛哥裔荷蘭籍年輕人構成 Top600 名單裡最大的一個群體。儘管市府官員聲稱，政府的電腦系統沒有考量種族、族群或國籍，但情況就是如此。她更揭露一個無遠弗屆的監視與懲罰網路，其中不僅有執法人員，還有政府的社工、教育和青少年工作者。德寇寧的結論是，演算法預測和資料驅動的治安策略不只帶有歧視，更在移民家庭中創造一種恐懼的文化，破壞他們對公立機關的信任。

就像倫敦斯特拉福近年來的情況，迪亞曼布特區的閉路電視攝影機突然快速增多。名單裡有個化名為莫（MO）的男孩告訴德寇寧，這些攝影機讓他覺得警察一直在「背後監視」，而且他和朋友會因為根本無害的行為受到監視與罰款，無論聚會、嬉鬧，或在當地社區中心旁邊閒晃。警察知道這些男孩的身分，甚至利用這點來威脅他們。「當警察開車經過，然後叫你的名字，真的會很尷尬。當他們說：『嘿，莫！』我就說：『嘿，混球。』」

這些年輕人所要面對的，不只是詳細列出個人資訊的名單。阿姆斯特丹西區有個警察局，距離迪亞曼布特區約五公里，警方篩選出 Top600 裡的當地成員，印了八十張大頭照，像貼馬賽克一樣貼在牆上，每天提醒警察該關注哪些目標。

讓想像的犯罪永遠不會發生

推行 Top600 的人是阿姆斯特丹的前市長范德蘭（Eberhard van

der Laan），范德蘭以前是刑事律師，這麼做的目的是想防止青少年犯罪。雖然名單上的青少年都至少曾因為一次「嚴重」犯罪被判刑，但他們要從名單上除名的條件卻沒有定義清楚。[8] 政府會指派一位主要的協調人（薩喬家則至少有兩位），協助這六百名青少年走在正道上。

為了推動這項努力，范德蘭當時參考溫特潔絲（Jacqueline Wientjes）的研究結果，這位為中央政府提供諮詢的行為科學家聲稱，多數的成年罪犯在十二歲之前就開始出現不法行為的徵兆，例如縱火、吸毒、抽菸、逃學、打架。隨後，溫特潔絲和同事獲得批准，開始研發機器學習演算法 ProKid+，目標是預測零到二十三歲的人是否會犯罪。范德蘭希望能利用這些預測來提早干預，如此一來這些想像的犯罪就永遠不會發生。

2016 年 7 月，阿姆斯特丹有超過一百個未滿十八歲的孩童收到名列 Top400 的通知，挑選的依據是 ProKid+ 模型的預測。媒體把這份名單形容為「獨特的實驗」，因為它先預測孩子們未來的整個軌跡，再加以改變。市長辦公室告訴大眾，孩子會上榜不只是根據被逮捕的紀錄，還有一些風險相關的資料，「例如逃學紀錄，或是家暴的受害者、目擊者或嫌犯」，[9] 雖然名稱有 400 的字樣，但市政府從來沒有列出那麼多人。事實上，研究人員透過資訊自由法案（Freedom of Information Act）取得了市長辦公室的內部電子郵件，裡面提到這個數字似乎還不夠。[10] 一名官員寫道：「Top400 列了兩百人，但資金足以處理四百人。標準可以放寬嗎？」

為了找出人口統計資料與行為之間的模式，ProKid+ 模型以 2011 到 2015 年的逮捕紀錄資料集進行訓練。然後這個模型就可以預測一個人在將來是否會被逮捕。關鍵是，模型無法預測這些人是否真的犯下罪行，因為訓練資料集的內容只有逮捕紀錄，沒有判決結果。當我深入探究，裡面有些東西讓我想起銜尾蛇這個古代的符號，一條蛇咬著自己的尾巴，象徵著循環。預測模型的運作方式如下：警方把資源用在干預移民社區，裡面大多是有色人種年輕人；後續的互動和干預（有時會導致逮捕）被記錄下來當成電腦程式的資料，而電腦程式在設計上是要預測這些人在將來與同一批警方的互動。實際上的罪行和誰是罪犯的問題好像不是這個模型的重點。

在計算個人的風險分數方面，演算法的設計者納入了一些變數，例如孩童的性別、年齡、與警方的互動紀錄，包括成為犯罪的目擊者或受害者。他們發現後來被逮捕的人通常與這些變數有關。根據市長辦公室的說法，Top400 上的人必然至少被逮捕過一次，但不一定有被判刑。

ProKid+ 也納入一些資料，例如一個人的家庭成員和同儕如何與警察互動，把他們跟那些經常互動或有血緣關係的人串連起來。這些資料是科學家認為很重要的犯罪預測因素，因為孩童很容易受到社會環境的影響。[11]

在薩喬和數十位家長收到自己的孩子被納入 Top400 名單的

信件後，阿姆斯特丹市議會的行政官員寫了一封信給市長，研究人員透過資訊自由法案取得這封電子郵件。[12] 市議會的人員在信裡面指出，他們幾乎不知道為什麼演算法系統只選擇特定的家庭——畢竟機器學習軟體是所謂的黑盒子，是個連設計者都無法完全解釋內部運作方式的不透明系統。

文件來源：給市長的電子郵件

2016 年 8 月 3 日，星期三

主旨：給家長的 Prokid+ 資訊

如今，信件已經寄給 ProKid+ 榜上有名的青少年和他們的家長，一如預期，憂心忡忡的家長開始不斷打電話過來。當然，我們還無法回答家長最重要的問題。「名單上列的為什麼是我或我的孩子？」當然，我們想要讓家長盡可能參與。所以目前，我們會想辦法解決。我們不會提到 ProKid+ 這個字，也會設法避免用「預測」這個詞。

成為犯罪集團招募的對象

演算法產生的這些名單不只是預測，它們更是詛咒。許多年輕人就因為被列入名單，人生軌跡產生永遠的改變，讓他們質疑起自己是誰。光是被列進名單就讓他們背上汙名，無論走到哪裡，批判都隨之而來。哪怕及時除名，他們也會擔心自己上大學、找工作或買房子的機會將永久破滅。無論是目睹暴力事件或出生在破碎的家庭，ProKid+ 軟體把年輕人幾乎沒有控制權的事件扭曲成可能讓他們終生失敗的事情。

同樣的，登上 Top600 名單不僅讓這些擔憂衝擊到年輕人的生活，它還成為自我實現的預言，因為名單上的人變成販毒幫派積極招募的目標。薩喬告訴我，許多年輕人就這樣被幫派成員盯上，視他們為容易下手的目標，叫他們協助做事，如果不服從就威脅他們。

一位母親表示，她試圖找警方和社工解釋，名列 Top600 的兒子被對方威脅，除非協助犯罪，否則免不了暴力手段。她告訴我：「但是誰會聽我的說法呢？沒有人。沒有人。我沒有意識到兒子已經被貼上標籤。我把所有的資料都交給 Top600。現在他們是主宰了。」[13]

呼倫道爾（Eline Groenendaal）是迪亞曼布特區好幾位年輕人的代表律師，其中多數是摩洛哥裔荷蘭人。她知道這些男孩各有不同遭遇，像是被雇主開除、被禁止進入游泳池等公共場所、遭到跟蹤和騷擾，甚至沒有罪名就被逮捕，只因為他們在 Top600 名單上。雖然這些名單並沒有公開發表，但警察和其他的公務機關已經共享這些名單，而且經常當著名單上年輕人的面，提起這件事。

哪怕沒有任何根據，每次的逮捕都會被輸入演算法，當成進一步的資料，演算法再把這些逮捕紀錄當成依據，將他們重新列入名單。這也意謂著，這些人很難從名單上除名。對於名列 Top400 的人來說，他們普遍都有一種無助感，因為自己被無法控制的事貼上標籤。薩喬相信，納法約之前從來沒有「惹過麻煩」，現在卻開始偷速克達，就是因為他覺得自己沒有價值。

難以擺脫的負面印象

在 2022 年年底發行的短片《母親》（*Mothers*）中，電影工作者佩萊德（Nirit Peled）側寫了一群荷蘭母親，她們的兒子名列 Top600 或 Top400，影片描述這件事對她們家庭的影響。佩萊德在阿姆斯特丹住處附近的咖啡館外面，無意間聽到幾位母親在聊這些名單，於是萌生拍攝這部短片的想法。她和薩喬見過面，也參加過好幾場這些年輕人的母親會去的社區集會和公共活動，到最後她們花費好幾個小時在談論預測軟體對社會的影響。佩萊德挑選其中四位匿名母親做為影片主角。為了保護她們的身分，她請女演員來飾演，並且根據實際的採訪編寫對白。

在佩萊德的影片中，這些母親提到自己遭到騷擾，在社工的內部報告中被形容為「有點弱智」或「情緒化」，報告內容還不許她們質疑或改變。然而，她們卻被要求對大批陌生人開放自己的家，並且永遠不許質問原因。

對社工承認自己的脆弱會留下不利的注記，就好像她們做錯什麼事一樣。被標記為「問題父母」之後，讓官員有權以輕蔑和冷酷的態度對待她們。好像只要走錯一步，她們的孩子就會被帶走。其中一位母親說，如果反擊，「妳就會變成『難搞的母親』，既然被蓋上了那樣的印記，我可能已經名列難搞的母親前六百強。」[14]

在《母親》影片中，一名十四歲的黑人先前在店裡偷竊一罐汽水而被逮捕，後來就再也不讓他回到學校。當局反倒要求他參加一場圓桌會議，安排警察、校方、輔導員和他母親出席。但他的母親表示，感覺這些人都不是站在兒子這邊。警察感覺不像支持者，更像是敵人，整個過程都籠罩在一種受審的感覺裡。

2021 年，歐洲非營利的刑事司法監督機構「公平審判」（Fair Trials）安排了一場活動，邀請記者、政策分析師和立法者一同討論 Top600 和 ProKid+ 程式。他們邀請薩喬講述家中的故事。薩喬告訴觀眾：「如果妳是單親媽媽，妳就必須符合某種……框架。如果妳跳出框架，他們會把妳塞回去。我失去經濟來源，因為兒子在 Top600 名單上，我被迫丟掉工作。所以我開始適應這個框架，我甚至還沒有意識到，就被推進去了。」

薩喬掌握話語權後，才擺脫這個循環。她在荷蘭報紙《誓言報》（*Het Parool*）上公開了自己的故事，並且直接寫信給市長，要求更換新的協調人。「我寫信給市長，演算法在報告上看起來很不錯，但實際上行不通。」新聞報導引發的關注，以及薩喬寫的那封信，終於讓當局指派新的輔導員到他們家，對方協助薩喬扭轉了局面。

新的輔導員把注意力放在薩喬本人，重建她的信心和自我價值，這樣她就可以再次照顧孩子。薩喬花費三個月重新站起來，她意識到：解決孩子行為問題的關鍵是讓母親參與照顧。她開始承認，如果是跟家庭攜手合作，政府的幫助或許也能帶來正面的影響。

一天晚上，在與薩喬談過之後，我拿起《紅字》（*The Scarlet Letter*）這本舊書。《紅字》是 1850 年出版的美國小說，書中有一位年輕女性名叫白蘭（Hester Prynne），因外遇懷孕而遭到周圍的清教徒社會排擠與疏遠。白蘭的汙名以實體的紅色「A」字別在她的胸前，象徵通姦。沒有辦法逃脫，沒有救贖之路，也沒有寬恕。然後我腦中不斷迴盪著薩喬在「公平審判」活動中講的話：「家庭被毀，孩子被人從母親身邊帶走。對我們來說，這是真實的人生。」

政治和倫理問題取決於人

對公務機關來說，最重要的問題在於，這些風險分數和後續的社會干預是否真的發揮犯罪嚇阻的效果。對家庭和人權組織來說，更迫切的擔憂是，為了達到目的是否可以不擇手段，畢竟它會使年輕人的生活變得動盪、讓家庭產生苦惱，或隱約對移民家庭形成歧視。

首先，我找出這些系統成功的證據。為了做到透明公開，荷蘭政府針對 Top400 的效能發表報告。就報告中的資料顯示，在 2017 年年底，Top400 名單上總共有 231 位青少年，年齡介於十四和二十四歲之間，儘管 ProKid+ 這套 AI 軟體是針對十八歲以下的人，但被加進這份名單的年輕人比預期多。整體而言，自從這群人在 2015 年被放進這個由演算法促成的計畫，整個群體的總逮捕數下降了 33% ——加入計畫前總共有 123 人被捕，兩年半之後有 82 人被捕。但舉例來說，我們並不清楚被逮捕的人在整個群體裡的分布比例，也不曉得行為改善是否主要發生在少數年輕人身上，其他人仍持續以同樣或甚至更高的頻率被捕。

這份報告同時顯示，其中有 13% 的年輕人升級到更嚴重的 Top600 名單，換句話說，他們被逮捕的次數比以前多，罪行也更嚴重，甚至因此被判刑。在這個群體裡面，總逮捕數在三年內只下降了 9%。同樣的，我們依然不清楚這個軟體是否準確預測出這種行為、不曉得干預的做法是否失敗，或者被列入名單這件事是否會讓這些年輕人更容易接觸和陷入犯罪生活。

整體而言，效果不算大，尤其是考量到預測治安軟體對那些被迫參與實驗的個人和家庭造成的影響。荷蘭人類學家穆薩爾斯（Paul Mutsaers）花費好幾年的時間，研究全國各地使用中的幾個預測治安軟體（包括 AI 工具），探討這些軟體帶來的影響。穆薩爾斯在研究期間，曾跟著警察到阿姆斯特丹西區這類的貧民區巡邏。某次訪問警察局長時，對方承認該區名列 Top600 的青少年都屬於少數民族。警察局長告訴穆薩爾斯：「他們被抓的風險當然高很多，因為我們一直盯著他們。」[15]

穆薩爾斯還聽到警察拿種族在開玩笑，而且特別針對摩洛哥人，他們稱對方為北非仔（naffer）。穆薩爾斯告訴我：「我會跟著警察一起進入小公寓，裡面根本沒有像樣的家具，那裡的人窮得跟鬼一樣，但警察根本不關心他們的情況。這麼做只是因為那裡的人剛好符合種族特徵。」

這些家庭之所以成為目標，是因為孩子被列入 Top600 名單，「面對演算法壓倒性的力量，讓他們覺得很無力」。穆薩爾斯補充道，情況「已經從關懷轉成了強制」。

穆薩爾斯提醒我，預測演算法和大數據方法一開始都只是要做為更生方案。穆薩爾斯說：「如果目標是要把修復式正義（restorative justice）帶到這些苦苦掙扎的家庭，那麼演算法沒有成功。他們利用家人來壓制對方，把人都給嚇跑了。如果你沒有再犯也要承受社交方面的痛苦，你覺得這樣看起來像成功嗎？如果是，我只能說這對社會來說是很悲傷的故事。」

除了 ProKid+ 這類 AI 系統帶來意想不到的後果之外，人們也對另一件事展開更廣泛的討論，那就是 AI 做的決定是否比人類做的決定更公平，例如預測一個人的犯罪機率或再犯風險。《華盛頓郵報》（*Washington Post*）分析了 COMPAS 系統，發現波帕布利卡公司之所以會做出這份軟體帶有種族主義的結論，一部分是因為 COMPAS 幕後的諾斯博恩特公司（Northpointe）對公平有不一樣的期望。[16] 諾斯博恩特公司的定義是，不管被告的種族為何，他們的分數基本上都代表同樣的再犯風險。但因為黑人被告的整體再犯率比較高，就意謂著會有比較多的黑人被告被列為高風險。與此同時，波帕布利卡公司認為，比起白人被告，沒有再犯的黑人被告卻因此受到法律體系更嚴厲的對待，這樣很不公平。換句話說，要創造出一個統計系統並符合所有人對公平的定義，根本是不可能的任務。《華盛頓郵報》建議，或許這個問題需要採取更極端的做法——例如用「電子監控」取代金錢保釋，這樣就不會有人莫名入獄。

最終，這一切還是要回歸到程序的核心，也就是人類，畢竟 AI 無法取而代之，我們還是得讓人類有能動性，可以選擇最公平的結果。對此，我採訪了美國犯罪學家暨統計學家柏克（Richard Berk），他為美國刑事司法體系設計過好幾個 AI 工具。他說：「這些是政治和倫理問題，我沒有這方面的專業。」因此柏克和決策者坐下來談，其中包括假釋部門的人、律師、法官和警察，然後讓他們取捨。柏克向他們示範演算法對不同的族群會有什麼效果，然後讓他們選擇要把哪些事情最大化，以及哪些結果最重要。柏克說：「這些取捨純粹是人類的判斷。」

AI工具沒有同情心

進入阿姆斯特丹 Top600 三年後，達米安終於從這份名單上除名。在一次電視訪問中，記者問他，因為犯罪而入榜是否罪有應得。達米安回答：「我因為自己所做的事情而被判刑，我想我早就付出代價了。我遭到居家監禁，遵守宵禁，甚至還被罰款。我知道自己已經從中獲得教訓。」

達米安關於付出代價的談話讓我想到了寬容。什麼時候社會才會原諒一個人？受罰一次是否公平，還是他們應該繼續受到懷疑與監視，以防在未來有不當行為？國家干預這種生硬的手段原本是要提供幫助，但實際上會不會成為一種懲罰？

寬恕的概念是行為心理學的核心，尤其是談到兒童發展時。我們告訴孩子，不管怎樣都會原諒他們，即使生氣也會一直愛他們，在我們的眼中，他們永遠值得救贖。研究顯示，寬恕孩子可以培養他們的自我價值感、自我接納感，以及面對失敗的健康態度，幫助他們成長為適應良好、富有同情心的大人。[17]

預測個人生命軌跡的 AI 工具和其他的統計軟體只具備懲罰性，而沒有同情心。預測治安並沒有採取關懷與寬恕的做法，它只是在計算你搞砸的風險。你做的每一個行為、說的每一項評論，方方面面都變得跟犯罪有關，因為這些工具就是透過這樣的鏡頭在分析你的人生。父母犯的錯、皮膚的顏色、講的語言、聽的音樂、更殘酷的社會與制度的偏見，都變成演算法裡的代理變數，針對你為社會帶來的風險打分數。警察成為日常存在的一部分，不斷鞏固「你毫無價值」的想法。

當我在思考同情心的價值時，偶然看到一篇研究論文，主旨是在政府以 AI 為媒介製作的「剖繪」(profiling) 當中，寬恕的概念扮演了何種角色。論文的作者是學者拉佛絲 (Karolina La Fors)，她專門研究荷蘭政府對弱勢族群的剖繪，認為孩童光是憑藉自身的清白，就應該豁免於國家和犯罪剖繪系統，例如 Top600、Top400，以及 ProKid+。這個想法有一部分反映了歐洲的資料保護法規，例如被遺忘權 (Right To Be Forgotten)，被遺忘權讓你能要求一家公司刪去你的個人資料，或有權對自動化決策提出異議，要求人工干預。同樣的，拉佛絲表示，這些孩子應該有權利不被演算法量化，這些孩子的資料應該被遺忘。[18]

同理心讓我們領悟到，每個人都有缺陷，但仍然值得憐憫。然而風險分數傳達出來的資訊卻剛好相反：這是你既定的數位現實，你內心的犯罪欲望正等著爆發。你身處的環境意謂著你不值得寬恕。就像達米安告訴荷蘭電視節目主持人的話，他在名列 Top600 的期間，「就是看不到出路」。

我詢問拉佛絲，是否能對青少年犯罪和違法行為的處理方式想出更好的解決方案，她滿懷希望的告訴我：「我很想知道孩子們的觀點。」目前拉佛絲正在探索能否跟孩子和家長聯手，一起創造出解決方案，避免他們被演算法得出的分數汙名化。拉佛絲的另一個建議是，把所有關於改善青少年生活的變數都納入預測演算法，包括參加青少年關懷服務、正在接受治療，以及可以平衡掉犯罪檔案負面性質的各種正面結果。拉佛絲說：「我回到寬恕原則。這些名單應該為孩子提供出路，除了黑名單之外，為什麼不也製作一份『白名單』呢？」

當我們在交談時，我逐漸意識到官員在討論的過程中，不知為何都忽略掉重要的事情，那就是 AI「倫理」；關於自動化系統如何運作、應該採用哪些標準和資料，以及設計上的透明度等，全都被忽略。這個懲罰系統的中心是一個犯了錯的兒童或青少年，如果有一項技術正在傷害原本應該要幫助的青少年和家庭，這項技術還有什麼意義呢？

後來，阿姆斯特丹市政府仍持續進行預測治安計畫，他們認為這對降低犯罪率有正面的影響。然而，他們聲稱已經停止使用機器學習方法進行預測。在佩萊德的短片《母親》發行後，阿姆斯特丹市長辦公室對於大眾和市議員的批評做出回應，市長哈爾塞瑪證實，這兩份名單還在運作。

不過她表示，使用 AI 技術的 ProKid+ 工具已經不再拿來找出屬於 Top400 的孩童。市政府改用簡單的統計方法，根據的是固定標準，例如曠課、遭到逮捕或涉嫌犯罪，以及偽藥交易。「雖然 ProKid+ 已通過科學驗證，但各種風險因素的複雜加權卻非常考驗技術，對相關人員來說很難掌握，」她寫道。「我們很嚴肅看待年輕人和家長發出的這個訊號，所以我們停止使用 ProKid+。」

哈爾塞瑪對於偏見和歧視的指控提出反擊，堅稱納入名單的標準是透明的，「絕不會以任何方式，利用有關種族、族群、國籍、宗教、政治偏好、性別或性傾向的個人資料，將某個人列入

Top400 名單」。

她也接受佩萊德紀錄片中那些母親、以及像薩喬那樣的母親等人的批評，並表示這個經驗「讓我們知道必須要做得更多，讓家長能夠參與和了解情況」，並補充說明，現在孩子一旦被加進這兩份名單，他們的父母就會立刻受邀參加特別會議。

這封信的最後還隱約承認一件事：研究人員正在開發新版的 ProKid+，目標是要找出二十三歲以下，「可能會進一步陷入犯罪」的年輕人。市長辦公室聲稱這項計畫還沒實行，但很顯然 AI 導向的治安系統還沒有徹底關閉。

學者透過資訊自由法案取得市府員工在 2016 年寫給市長的便箋，他們在信裡提出意見，擔心這麼做會傷害原本想要幫助的孩子。儘管那已經是數年前的事，但同樣的問題今天依然存在。

> 市長：
>
> 截至 7 月 1 日為止，已經有 125 人進入以 ProKid+ 為基礎的 Top400 名單。我們注意到這個做法持續引發過多的問題。ProKid+ 的根據不是刑事司法因素，而是風險因素。所以這並不代表當事人必然已經做了什麼事。也可能是其他人的行為導致……某個人進入系統裡。此外，名單上有些人因為 ProKid+ 而被注記，但根本沒有犯罪紀錄。我們是不是正在把原本想要幫助的高風險青少年當成了罪犯？

我們需要寬恕彼此

我回到倫敦後又跟薩喬繼續對話，薩喬興高采烈的提到她的未來。這段時間以來，她第一次對即將發生的事感到興奮。她的聖戰不再是對抗政府，而是爭取提高演算法的透明度，以及增加對後果的控制權。她說：「演算法是關注數字的人創造出來的，他們看不到人，只看到數字，演算法的本質就是如此。」

在接受《誓言報》採訪並跟阿姆斯特丹市長通信後，薩喬的公開活動促使她成立基金會，把孩子還在 Top400 或 Top600 名單上的母親串連起來。到目前為止，她已經在阿姆斯特丹建立起網路，成員有百來位母親，更開始擴展到海牙等其他城市。她希望自己租來的實體空間可以成為這些媽媽發洩情緒、分享故事和恐懼，以及交換訊息的地方，薩喬把它命名為「母親是關鍵」（De Moeder Is De Sleutel）。

薩喬說：「仁慈不代表我們軟弱。說我們太情緒化、愛哭等，所有我們被指責的事情，都是孩子們需要的。我們需要以不同的方式撫養孩子，但我們也需要……寬恕彼此。」

6

資料化的社會安全網

社區面臨重大的挑戰

古蒂拉（Norma Gutiarraz）有四個成年的子女，孩子們說善良是她最大的長處。她年逾六十，頭髮染成金色，穿著天藍色長褲，戴著大珍珠耳環，有著慈母般的溫暖個性。她那雙水汪汪的淡褐色眼睛充滿同理心，會直視你的靈魂，邀請你分享最深沉的祕密。

古蒂拉住在薩爾塔（Salta）邊陲。薩爾塔地處阿根廷的西北方，屬於大北區（Norte Grande），是安地斯山脈山腳下的小城鎮。古蒂拉大半輩子都住在低收入住宅區，剛搬到薩爾塔時，這裡什麼都沒有，只有充滿荊棘的森林和泥土路。她協助規劃房屋要蓋在哪裡，當地保健中心要設在哪裡，以及哪些家庭要搬進來和搬到哪裡。現在古蒂拉是當地向地方政府傳達社區需求的公民聯絡人，稱為「領頭」（puntera）。她也在地方診所擔任醫療助理，根據她的兒子馬提亞斯（Matias）表示，她把大北區的居民當作家人一樣照顧。馬提亞斯告訴我：「她一輩子都在為社區民眾服務，提供床鋪、安排葬禮、購買棺材，滿足一切所需。」

我開車前往古蒂拉的社區，經過把薩爾塔一分為二的阿雷納萊斯河（Rio Arenales）之後，薩爾塔市中心那種新殖民主義的宏偉逐漸褪色。寬闊的廣場慢慢被雜亂無章的肉販以及販賣家禽、香菸和汽水的小攤販取代。

當地的房屋都很低矮，建材不是水泥就是裸露的磚塊，屋頂則是波浪狀的鐵皮，房屋四周則披掛著帆布或塑膠片。在社區的中心，房屋緊緊捱在一起，只靠汙水管分隔。

瑪姬（Magui）是古蒂拉的鄰居，年僅十五歲，她正坐在門外的陰涼處搧扇子。她被派到外面來，叫賣摺疊桌上的二手嬰兒服。她坐在椅子上，空出來的那隻手放在懷孕的肚子上以示保護，眼睛瞪著經過的行人。偶爾還可以聽到她的三歲小孩在屋裡發出聲音。

古蒂拉的工作之一是定期向政府人員報告社區的問題。古蒂拉表示，這份工作至少持續了三十年，不管住在哪裡，政府人員都會上門拜訪，通常是來蒐集資訊，即使他們可能已經掌握住所有的資訊。古蒂拉其實不太能分辨他們的身分是環境清潔工、健康照護工，或是社工。「他們會記錄一些資料，像是你跟誰住，家裡有多少人，你在哪裡上學，是否曾經懷孕等。他們會來詢問我們的需求、貧窮的狀況，以及哪些人處於危險的情況。他們會詢問年輕女孩的懷孕情況和家庭計畫。」

年輕媽媽的問題一直是這個社區面臨的重大挑戰。古蒂拉說：「她們一旦當了媽媽就無法好好工作，在這裡，每個人都需要工作才能生存。」

古蒂拉自己也是十多歲時就懷孕。「我當時甚至還不到十七歲，」她瞇著眼睛說，試圖回憶過往。她在四十二年的婚姻裡過得並不幸福，認為那麼早懷孕是個錯誤，很希望自己的孩子不要重蹈覆轍。古蒂拉對孩子的管教很嚴，讓孩子去念市中心的學校，自己或丈夫每天下午都會在門口等孩子回家。他們要求孩子待在家裡做功課。如今，最小的女兒已經二十五歲，在海軍服役，沒有結婚，也沒有孩子。

馬提亞斯告訴我：「古蒂拉真的很以她為榮，她是個很棒的女兒。」

古蒂拉說：「外面的那個女孩叫瑪姬，她在十二歲的時候第一次懷孕，現在她十五歲，又懷孕了。」

馬提亞斯說：「她看不見自己的未來。」

幾年前，古蒂拉聽當地保健中心的主任說，有一套新的電腦系統正要引進社區。據說那是一套程式，可以追蹤懷孕的女孩和婦女，並提供特殊照護。古蒂拉覺得這個主意很好，感到相當樂觀，至少有人打算彙整多年來蒐集到的所有資料，運用電腦程式做一些事。

引進這套電腦程式的人是薩爾塔省的部長卡洛斯．阿貝萊拉（Carlos Abeleira），大家都叫他查理（Charlie）。古蒂拉曾經見過查理，認為查理是個正派的人。古蒂拉點著頭說：「我覺得這可以為社區帶來正面的影響，果真沒錯。」

企圖用資料進行治理

那是個悶熱的 10 月天，我坐在薩爾塔市中心的飯店外等待帕布洛．阿貝萊拉（Pablo Abeleira）。南半球的氣候從冬天突然跳過春天，直接解凍進入夏天。在這個季節，城市屏息等待天空的解放，格子狀的石材露臺把鑽石狀的陰影投射到陽光普照的庭院，而我正坐在其中一個院子。人們稱此地為「美麗的薩爾塔」（Salta La Linda）。

帕布洛是軟體工程師，忠誠的信奉資料，待在矽谷或斯德哥爾摩就跟待在薩爾塔一樣自在。他是當地政治人物查理的弟弟。「我是科技人，」他告訴我，臉上露出燦爛的笑容，方方正正的牙齒閃閃發亮，像他的皮卡車一樣。「我會思考如何利用資料、儀表板和 AI 來把事情做得更好。我不是那種到現場，親自接觸那些家庭的人。」

帕布洛在畢業之後住過阿根廷、哥斯大黎加、墨西哥和多明尼加共和國，他在跨國軟體公司思愛普（SAP）上班，為可口可樂、百威啤酒和戴姆勒克萊斯勒等公司提供諮詢服務，分析資料並協助他們在業務和獲利方面有所成長。自從 2013 年，當地電視臺記者拉納塔（Jorge Lanata）針對薩爾塔周邊的北部省分做了一系列的政治揭露報導，帕布洛開始注意到家鄉的赤貧狀況。這些地方的家庭，尤其是原住民部落後代的家庭，缺乏基本的衛生設備和飲用水。報導中有一個剛學會走路的小孩，說出「我很渴」三個字，這個畫面深深烙印在全國各地觀眾的腦海裡，久久不能忘懷。

新聞揭露的真相讓帕布洛和阿根廷民眾感到震驚，儘管面臨經濟挑戰，阿根廷依然是拉丁美洲最富有的國家之一。帕布洛覺得很沮喪，因為他認為政府沒有足夠的資料能了解正在發生的事情，也沒有把掌握的資料拿來造福人民。資料集不是支離破碎，就是格式不正確，所以無法進行有用的分析。帕布洛相信，政府並不像大多數他合作過的成功企業；無論是人民的需求或自身的行動，政府都不知道如何排定優先順序，結果注定失敗。

恰好帕布洛在這段時期開始覺得生命失去方向。雖然他不太清楚自己在尋找什麼，但內心就是不滿意。他說：「我可以繼續在思愛普工作，賺很多錢，畢竟那裡的薪資優渥。只是我想要做更有意義的事情，我的腦海裡一直存在『我們為何來到世上』這個問題。我一直相信，我們來到世上是有理由的，我們有注定要做的事。」

在薩爾塔長大的帕布洛，毅然決然舉家搬回故鄉。

與此同時，拉納塔的揭露報導促使薩爾塔省長烏爾圖貝（Juan Manuel Urtubey）做出保證，將進行徹底的改革。烏爾圖貝有意角逐阿根廷總統，選擇跟關注營養不良與反對墮胎的天主教慈善機構「康寧」（Conin）聯手，承諾降低薩爾塔的兒童貧窮狀況。為了實現這些諾言，他指派帕布洛的哥哥查理擔任薩爾塔的幼兒部部長（minister of early childhood），帶領幼兒部解決家庭的貧窮根源。

十多年來，查理已經在當地政府擔任過好幾個部的部長，在薩爾塔貧民區跟古蒂拉這樣的家庭合作時，他近距離看過貧窮的面貌，包括年輕人失業、未成年懷孕、輟學等，而且這種循環有時會一代又一代重演。

他知道問題是什麼，但他不是資料科學家或工程師。他需要有技術能力的人，幫忙建立可迅速擴大規模的解決方案，這個人必須足以信任，像是他的弟弟，帕布洛。

城市與鄉村間的巨大不平等

帕布洛和查理成長於關係緊密的中產階級家庭，一家人住在薩爾塔這個前殖民城市的中心，到處都是古典的建築和蒼翠的廣場。阿貝萊拉一家屬於薩爾塔社會的特定階層，社群雖不大，但大多是歐洲後裔的地主，全都信奉天主教，受過良好教育，個性保守，子女如今都擔任要職，例如政府官員、律師、商人、教師和軍事將領。社群裡的男性會在男性專屬的社交俱樂部進行社交活動——在阿根廷境內，仍有少數的地方專屬男性，像是薩爾塔城市外圍山丘上的私人鄉村俱樂部；只有在正式聚會的時候，女性才能參加，至於年度的「初露面」舞會，則是向社群介紹女兒的時機。

我造訪過薩爾塔邊緣的貧民窟和鄉間小路，給我的印象與上面的敘述相距甚遠，那裡住著克里奧人（criollo），他們是歐洲人和原住民混血兒的後代，大多從事藍領工作。

薩爾塔是通往沙爾特尼亞高原（Puna Salteña）的門戶，沙爾特尼亞高原位在安地斯山脈群峰之間，沙漠一望無際，擁有火山、鹽灘和色彩繽紛的潟湖等異世界地形。這片高原與玻利維亞和智利接壤，是阿根廷一些原住民的家鄉，例如威奇族（Wichi）和科拉族（Kolla）。他們因為歐洲殖民者而流離失所，明明在自己的國家，卻經常過著貧窮的難民生活。薩爾塔城市與鄉村人口之間的巨大不平等，恰好反映出種族上的鴻溝。這是薩爾塔貧窮與破滅的一面，也是阿根廷人覺得羞恥的一部分國家和歷史。

包括薩爾塔在內，北部的省分大概有 40% 的人口生活在貧窮線以下。[1] 在北部，四個嬰兒裡面就有一個是十到十九歲的女孩所生的，比例是 25%，相較之下，全國是 14%。[2] 古蒂拉和馬提亞斯向我概略說明的問題就是這個。未成年懷孕在阿根廷北部的發生率相對比較高，部分原因在於社會經濟因素，例如貧窮、失業、缺乏教育，以及普遍受限的生活機會。對這些環境的年輕女性（例如古蒂拉的鄰居瑪姬）來說，生育或許是唯一能達到目的和改變社會地位的現實途徑。

但問題不止於此。長達數十年的種族主義殖民，讓很多婦女和女孩（尤其是這個地區的未成年女性）成為集體強暴（el chineo）的受害者，原住民女孩和年輕女性會被輪姦，犯人通常是白人男性。男性很少承認這些因侵犯而出生的孩子，更別提撫養。就在我抵達薩爾塔後幾個星期，一名十二歲的威奇族女孩遭到強暴，被棄置在出城的公路上等死。過去幾年，女權運動人士已經團結起來抗議，發起「終結集體強暴」（Basta de chineo）運動。女權團體遊說阿根廷政府禁止集體強暴，將這種行為定義為針對各種年齡女性的仇恨犯罪，要求對犯罪者處以最高刑期，並且不得尋求保釋。

「解決」未成年懷孕問題

帕布洛小時候從來沒有注意到家鄉的不平等，而離開薩爾塔的這段時間，讓他觀察到不平等的嚴重程度。城市非正規住宅區的貧窮狀況尤其令人苦惱。以原住民人口來說，薩爾塔的人數是全國平均的三倍，況且這些家庭幾乎都住在薩爾塔的貧民區。[3]帕布洛說：「我和當醫師的朋友聊過，他們告訴我，城市裡有很多女性墮胎。幾乎可以說每個女性都墮過胎。但是在原住民社區，她們不會去墮胎，所以最後就生下了……比如說，十二個孩子。人口變得過度擁擠。」

帕布洛原則上不反對墮胎，但他認為年輕人應該要有能力規劃自己的未來，而不是被迫去做改變人生的決定。「我會想像，如果我的孩子也在其中呢？我會希望每個人都擁有平等的機會。有了孩子，看事情的角度就會開始變得不一樣。」

所以帕布洛回國後，決定幫哥哥開發新的社會工作模型，他比照擔任思愛普諮詢顧問時的做法，利用資料來分析社區，改善政府訂定決策和配置資源的方式。

為此，帕布洛找來科技巨擘微軟幫忙，微軟先前已經捐錢給薩爾塔關注營養不良的天主教慈善團體「康寧」。微軟派出三名資料分析師參與這個專案，而且不收費。在召集了公務員、非政府組織代表，以及社工人員等當地專家之後，團隊決定把試驗型專案的重點放在兩個議題上：未成年懷孕和逃學。

微軟的開發人員向阿貝萊拉兄弟推銷 AI 的力量，聲稱他們可以使用微軟的 Azure 軟體來打造演算法，預測哪些女孩可能在青少年時期懷孕。這樣一來，當地政府就可以把公共資源導向這些家庭，協助他們預防未成年懷孕。

聽到要利用人工智慧來解決未成年懷孕等棘手的人為問題，帕布洛覺得很高興。他說：「我們有成百，甚至上千個變數，所以很難去分析每個人。這是人工智慧幫得上忙的原因；我們可以利用科技業的智慧演算法，設計出一對一的公共政策，針對各個家庭提供單一介入措施。」

團隊一開始先把重點放在薩爾塔最窮困貧民區的未成年懷孕問題上。這個計畫就像阿姆斯特丹用來預測未來逮捕機率的 ProKid+ 和 Top400 模型，目的是評估家中女孩在十多歲懷孕的機率，將風險高於 60% 的家庭列成一份名單。

可是這個 AI 模型對未成年懷孕的評估有問題，其中有好幾個原因。在阿根廷，合法性行為的最低年齡是十三歲，但為了防範兒童及少年性剝削，刑法對十三到十六歲的孩童提供加強保護。然而 AI 模型假設，計畫裡的女孩都超過十六歲，但其實有的人可能未滿十六歲，況且對於那些超過十六歲的女孩，AI 模型也沒有考慮到懷孕可能是遭人強暴的結果。

薩爾塔當時的省長烏爾圖貝把這個計畫視為行銷自己的機會，想藉機把自己塑造成具有前瞻思維的科技愛好者。他批准這個 AI 系統在薩爾塔首府的南部和東南部進行實驗，並簽署薩爾塔政府與微軟之間的協議，微軟同意繼續免費進行這個針對家庭的專案，代價就是他們可以利用公民資料來開發 AI 技術。微軟的目標是要簽下政府客戶，好測試不斷成長的雲端技術，這項技術如今已是數十億美元的生意，成為微軟的核心業務。此外，政府每年大約會支付五萬美元使用微軟的雲端平臺 Azure，讓開發人員在上面打造 AI 工具。

薩爾塔政府並不打算公布這些家庭的名單，但是會主動關心他們。這些家庭就像阿姆斯特丹的薩喬一家，也會獲得當地政府機關的公共救助，包括住宅、教育、就業和健康照護等。

只是在懲罰窮人

2019 年，聯合國特別報告員（Special Rapporteur）針對「極度貧窮與人權問題」發表報告，譴責政府將功能資料化，導致所謂數位福利國家的興起。報告的內容相當直接，說明 AI 在內的數位技術會決定誰應該得到社會保護與協助，但這些技術只是在「預測、指認、監視、發現、針對和懲罰」窮人而已。[4]

這份報告也提出警告，西方企業對世界各國政府的影響力正與日俱增，完全是典型的資料殖民主義。現代政府與私人企業的關係已經密不可分，因為這些企業通常會設計和運作弱勢公民所依賴的數位福利系統（好比醫療系統），印度的政治學家阿內賈在談到印度的 AI 技術時，就指出這個現象。

這份聯合國報告特別針對「科技巨擘」提出警告：微軟等美國科技公司為政府系統提供大部分的基礎架構，藉此搜刮公民的敏感資料，而且「運作時幾乎不講究人權」。

我問帕布洛，微軟這家北美科技公司怎麼會參與阿根廷省級的公共政策設計，尤其是涉及如此敏感的議題？他回答，對微軟來說，重點不在於金錢。微軟這麼做是為了獲得處理公民層級資料的經驗，即使這些資料經過匿名，但通常只有政府才能取得，而這些經驗可以讓微軟簽下想使用雲端技術的客戶，並開發可用於公共政策工作的 AI 套件。

微軟付出的時間不會直接得到報酬，但他們可以利用 AI 打造社會福利計畫，然後把經驗賣給另一個政府客戶。此外，微軟看起來像是好人，會協助女性擺脫貧窮。帕布洛表示，這對彼此來說是雙贏。

訪者與受訪者都有難言之隱

為了讓計畫順利運作，帕布洛的團隊需要拿大規模資料集做為燃料，藉此驅動 AI 引擎，所以他們需要不穩定與弱勢年輕女性的健康細節，可是那些私密的資料事關重大，影響深遠。

帕布洛知道他永遠不可能派人去敲鄰居和朋友家的門，他也永遠不敢進入市中心的私立天主教學校，四處蒐集年輕女孩的資料。哪怕是向帕布洛抱怨墮胎浮濫的醫師朋友，也絕不會讓研究人員進到自己的家，向女兒詢問意外懷孕的事。

但在貧民住宅區，像古蒂拉這樣的家庭已經習慣政府和慈善團體的工作人員來訪，敲他們家的門，手裡拿著夾紙筆記板，詢問他們關於身體、家庭和生活的資訊。而且根據帕布洛的說法，他們會打開家門，揮手攔下調查員，邀請對方進到自己的家裡。他們非常希望有人能聽他們說話並提供協助。

無論健康照護、教育、工作，以及住宅、飲用水和電力等民生必需品，貧民窟與原住民社區都必然更仰賴政府才能取得資源——荷蘭那些被過度監管的移民家庭也是如此。相較於阿貝萊拉這類的富裕家庭，貧民窟與原住民社區的家庭頻繁與政府接觸，使得自己更常出現在政府的資料庫裡。所以，關於要對哪些社區進行分類以及要納入哪些資料點，都是純粹政治層面的偏頗決定。

在專案開發的初期階段，帕布洛造訪過一些家庭，但他記不起來是哪裡了。他當然沒有親自挨家挨戶去蒐集資料。他是那種只會坐在電腦前面的人，一邊處理數字，一邊打造能列出名單的模型。

蒐集資料的人必須是熟面孔，例如在印度村莊蒐集健康和懷孕資料的人是認證社區健康工作者，在薩爾塔則是想要成為社會學家或護理師的大學生、「康寧」的非政府組織工作人員，以及早已認識這些家庭的地方政府代表。

調查員會詢問社區裡的每個女孩，記錄她的社會經濟地位、教育程度和生育史；獲取肢體方面和精神方面是否有障礙的相關資訊；記載家庭狀況，確認母親、姊妹、堂姊妹或表姊妹的懷孕和孩子狀況（無論死活），以及家人從事哪種類型的工作來維持她的生存；打聽生活情況的細節，包括哪邊骯髒、哪裡腐爛、每天有什麼煩惱、用哪一種廁所、屋頂是不是鐵皮製、家裡會不會漏水。

為了預測某個女孩會不會在十二、十五或十八歲懷孕，專案團隊建立一個模型，納入這些女孩的社會經濟地位和家庭史等細節，只因專案團隊覺得這些因素足以解釋懷孕的理由，而且這些因素會傳給未來的世代。沒有人會問這些女孩，她們在自己的社區裡是否覺得安全、能不能發揮自主性和能動性、對未來有何希望、是否想要小孩，或擔心自己是否沒有選擇。也沒有人會問她們，當中牽涉到哪些男性。整個資料蒐集過程把年輕女性視為被動的個體。

哪怕是在自願參加者的社區，幼兒部的政府團隊也無法很明確的把動機說出來。這些家庭中有很多人都是虔誠的天主教徒。雖然家長都很務實，也了解青春期的孩子可能想要有性行為，但誰想被人告知自己十多歲的女兒很快就會懷孕？那是不可改變的命運，一個由機率數值決定，無法逃避的未來。就像被告知，程式已經預測你的孩子會犯下重罪一樣。那是紅字。

帕布洛說，反正演算法解釋起來太複雜，所以團隊告訴民眾，調查是為了蒐集問題的相關資訊，這樣政府才能設法為他們提供解決方案。團隊提到，政府可以幫忙修繕房屋、安裝新屋頂和像樣的地板、提供衛生設備和健康照護、訓練他們從事木工或配管等工作、提供他們達到財務獨立的工具。

「我們可以說，很好，你在這裡，我們很關心你，我們可以做一些事來改善你的生活或是幫助你，」帕布洛說，「有了這個專案，至少我們可以把以前沒看到的東西攤在陽光下……」

AI的消失之謎

帕布洛覺得 AI 計畫能讓人們注意到社區的需求和挑戰，古蒂拉也同意這種做慈善服務的觀點，但 AI 軟體是否真的能實現這點其實很難確認。很少人知道背後有一款機器學習軟體在挑選家庭，連古蒂拉也一樣，她聽過針對青少年母親的輔助計畫，但不知道它的基礎是一套電腦預測系統。2018 年，也就是這套系統開發好幾年後，有人把它的存在公諸於世——這也是唯一的一次，當時的省長烏爾圖貝宣稱：「藉由科技……你可以預測五、六年後，哪個女孩，或者說未來的青少年，有 86% 的機率注定會未成年懷孕。」[5]

這項公開揭露引起當地女權運動人士的強烈抗議。時間是關鍵，因為烏爾圖貝 2018 年做上述的宣稱時，剛好是阿根廷舉國爭取墮胎合法化的期間。科技與人權運動人士佩納（Paz Pena）說：「根據政府的說法，如果他們從貧困家庭那裡獲得足夠多的資訊，就可以部署保守的公共政策來預測和避免貧窮女性墮胎。除此之外，有些人相信：『如果是演算法的建議，那就是數學，所以一定會成立且無可辯駁。』」[6]

批評者認為這個演算法是過度設計的工具，並不完美，它試圖以某種方式「修復」這些女孩，而不是處理造成困境的社會缺口。況且政府在蒐集資料時排除掉男性。「把焦點單獨放在特定的性別，強化了父權的性別角色，最終把意外懷孕怪罪給女性青少年，就好像沒有精子也能懷孕一樣，」佩納寫道。「資料庫納入了十歲以上的女孩，只要想一下就知道，她們懷孕只會是性暴力的結果……電腦怎麼能對一個女孩說，她很可能是性侵的受害者呢？說出這樣的事情是多麼的殘忍！」

卡塔內歐（Paula Cattaneo）是薩爾塔地區的青少年社工，當烏爾圖貝在電視上侃侃而談時，她第一次聽說這個 AI 系統。「我看著電視，然後心裡想，什麼意思？我問了周遭的人，我的同事說：『那就是我們一直在做的事，我們會根據自己的想法篩選家庭，但政府卻誇大其詞，把它稱為演算法。』」

卡塔內歐已經在薩爾塔擔任二十二年的社工，同意要帶我了解當地錯綜複雜的官僚體系。卡塔內歐直言不諱、風趣幽默、個性善良，待在她身邊會立刻有一種自在的感覺。即使她數年前不再是虔誠的天主教徒，也很少會去評判別人，除非遇到康寧這類的天主教慈善機構，對她負責的家庭宣揚反墮胎，這時她就會叫對方別多管閒事。「那是我的工作，不是你的，」她揚起眉毛說。青少年可能非常喜歡她。

卡塔內歐的父母是鄉村醫師，哥哥被人領養，所以她從小在社會照護人員的身邊長大。她的專長是公共衛生，常接觸失業者、窮人和青少年媽媽等高風險病人，工作內容是協助病人規劃未來。她不只會拜訪病人的家，還會去年輕人聚集的地方，例如運動中心、青年俱樂部、廣場，在安全的地方和年輕人聊天。卡塔內歐也掌管她任職醫院的墮胎服務，負責接待附近十幾個城鎮的婦女和女性，至今少說有十年。在阿根廷，墮胎直到 2020 年 12 月才合法，因此這項工作需要很大的勇氣。

我們一起走過城鎮，她對我說：「雖然工作很吃力，但我工作時抱持著強烈的信念。對我而言，這是公共衛生和個人自主的議題。」

卡塔內歐和我都想解開 AI 軟體的消失之謎，我們從帕布洛那裡得知，資料的蒐集和演算法的設計是在 2016 到 2017 年間進行。然後在 2019 年，政府更替，新的政黨掌權，省長烏爾圖貝下臺，廢除幼兒部，從「部」級降為較不重要的「司」級（Secretariat；譯注：原指祕書處，這裡參考臺灣部會等級）。阿貝萊拉兄弟和團隊遭到開除，演算法系統也被廢棄。

我們一直想要知道那些資料和軟體的下場。事情有沒有什麼不一樣？卡塔內歐詢問同事，包括早在 2018 年就跟阿貝萊拉當局合作的社工、護理師、醫師和地方政府聯絡人，似乎沒有任何人觀察到演算法的實際效果。不管是參與實驗的家庭、社區工作者，甚至是帕布洛本人，大家都不知道這些資料和軟體在 2019 年後的下落。

我們希望在政府裡取代查理的新任司長伊拉迪（Carina Iradi）能掌握一些線索，知道軟體在據稱運作幾年後的結果。

資料無法預知一個人的故事

當我們走過薩爾塔用鵝卵石鋪成的蜿蜒街道，卡塔內歐若有所思的提到，預測未來簡直愚蠢至極。她不全然反對讓演算法挑出有緊急危難的家庭，但她不清楚演算法的意圖。卡塔內歐說：「這有點詭異，要怎麼做？去敲門然後告知對方，你的女兒有可能懷孕，所以我們要幫你找個浴室？我根本無法想像！」

卡塔內歐一向認為，統計和資料可以捕捉有關人類特性的趨勢，但永遠無法預知一個人的故事。她說，身為社工，還是要單獨評估每個家庭，不能對人貼標籤，或汙名化他們。「不只干涉過頭，還把女孩當成客體，不能主宰自己的生命。就好像在質疑，她有辦法改變自己的人生嗎？」

卡塔內歐表示，或許阿貝萊拉的部門已經跟這些家庭共同合作，確認了協助的領域，但如此一來，預測的意義何在？為什麼不讓經驗豐富的社工在當地工作？

我們抵達新政府的「幼兒、兒童與家庭司」（Secretariat for Early Childhood, Children and Families），希望能得到一些答案。亮橘色的建築物有著高聳的木門，年輕的媽媽或推著搭嬰兒車的小嬰兒，或帶著十多歲的女孩，不斷進進出出。建築物本身很狹窄，長長的走廊通往許多小房間。我們被帶進伊拉迪司長的辦公室，她坐在角落的辦公桌前，身後是現任薩爾塔省長的裱框照片，以及由暗紅色和黑色構成的省旗。伊拉迪說她的部門還留有 2016 年阿貝萊拉時期蒐集的資料，這些資料雖然為新的政策和干預措施提供了資訊，但沒有用來做任何關於懷孕的行為預測。

伊拉迪和卡塔內歐一樣，對整件事感到有點不屑。「我們的軟體不會去預測，因為我們認為技術有其局限，」她說。「人類經驗和人工智慧之間有著一道鴻溝。如果不了解一個地方的社會現實，無論是想要預測或規劃都一定會失敗。我們知道 AI 可以是正面的力量，但不能用來做這類的決策。」

伊拉迪堅稱，如果要了解這些家庭，必須到社區拜訪他們，看看他們缺什麼，跟他們一起找出解決方案——就像卡塔內歐在做的工作。伊拉迪提到，阿貝萊拉政府實際上早已啟動一系列不同的專案，而且比機器學習軟體更加具體。她的團隊一直努力擴大這些專案。伊拉迪說：「請跟當地議員一起去看看我們做了什麼，她可以帶你們四處參觀。」

人為的解決方案

卡塔內歐和我來到一個灑滿陽光的院子，在一棟白色建築物前面下車，這棟建築物位在好幾個人口稠密社區的交會處，外牆有色彩繽紛的壁畫，還有一個色彩明亮的招牌，上頭寫著以附近住宅區命名的「自由幼兒園」(Centro de Primera Infancia Libertad, CPI Libertad)。伊拉迪司長借給我們廂型車，還附帶她的一位副手隨行，對方同時也是兒童營養學家。這裡距離古蒂拉位於大北區的家不到兩公里。

現在是午餐時間，換句話說，可以聽到嘈雜喧鬧、杯盤碰撞，以及很多人在舔手指的聲音。今天的甜點是薩爾塔地區的傳統布丁「安奇」(anchi)，做法是把玉米粉泡成糊狀，再加上糖和大量檸檬汁調味，這樣就成為美味的點心。當托育員工把淺碗放到孩子們的面前，孩子們全都大喊：「安奇」。這些孩子穿著整齊，女孩的黑髮不是綁在腦後，就是編成俐落的辮子。最小的幾個孩子，年齡介於九個月到一歲半之間，坐在幼兒用餐的高腳椅上，快樂的吸著布丁，而年紀較大的孩子，最大的到五歲，穿著色彩繽紛的罩衫，坐在長桌旁，彷彿在參加比賽一樣，爭相用湯匙把甜點送進嘴裡。

外頭的春日陽光透過薄紗窗簾，以柔和的光線灑滿開闊的教室。書架、木製玩具、彩色黏土沿著牆邊整齊排列。牆上掛的火柴人圖畫和原色剪紙圖案讓人覺得熟悉又安心，無論恐龍、獨眼怪、花朵或蝴蝶，全都是孩子想像裡一定會出現的東西。

自由幼兒園是一所免費的幼稚園，位於城市東南方。整個薩爾塔地區總共設立大約六十個幼兒中心（自由幼兒園是其中之一），原本是由查理的幼兒部資助，但在 2019 年之後，這些幼兒中心的發展改由伊拉迪的部門負責。幼兒中心裡的孩子有一個共同點：爸媽是青少年的比例超過 70%。自由幼兒園的負責人茱莉亞（Julia）帶我四處參觀，並堅持要我嚐嚐甜點。當我大快朵頤時，她告訴我這裡的孩子大多來自單親家庭，有些甚至是這個城市裡的最貧戶，孩子通常交由祖母照顧，因為他們的媽媽在很多方面都仍然像個孩子。茱莉亞還說，幾乎都看不見父親的蹤影。男人不盡然會把這些孩子看成自己的責任，因此撫養孩子的工作主要留給了婦女和女孩。

對於處境脆弱的學齡前兒童來說，這些地方是唯一可以去的免費空間。其他幼兒中心的家庭也差不多，有很高的比例是青少年或年輕媽媽。大多數的家長從事非正式的工作，諸如家務清潔、小吃攤販和建築工人，有機會的話則從事農務。他們去工作時，這些幼兒中心就協助照顧他們的孩子，並充當社區樞紐，讓共同撫養孩子的家庭成員，例如祖父母、伯叔姨嬸和親表兄弟姊妹，有個可以去的地方。茱莉亞和同事都想要盡量強化這些媽媽的自主權，茱莉亞說這不僅是要反抗她們的伴侶，也得勇敢面對她們的母親，提醒孩子的祖母，她們才是孩子的家長。

當裝甜點的空碗都收拾乾淨時，父母開始聚集在外面，來接早班的孩子。二十多歲的卡拉（Carla）一邊搖著懷中三星期大的寶琳娜（Paulina），一邊在走廊等著接四歲大的女兒。卡拉一向很喜歡來自由幼兒園，光是看孩童玩耍和無憂無慮的樣子就很開心。由於小嬰兒已經睡著，她正享受難得的寧靜時刻，微笑的看著四周用紙花做的花綵和描繪兒童人權的圖畫，主題是卡通風格的「安全」、「健康」和「教育」。

卡拉沒有結婚，跟父母與哥哥住在一起。她表示，日托中心對她的幫助很大。她直到不久前都還是家務清潔工，免費的托兒服務能讓她在沒有壓力和罪惡感的情況下賺到像樣的錢。有時她必須工作到比較晚，她的哥哥或孩子的爸爸就會來幼稚園接小孩，因為就在當地，交通便利。這為他們的家庭帶來穩定，也讓她的孩子能在一個快樂、安全的地方度過一天。

微軟和薩爾塔政府合作的預測系統擁有類似的目標，力圖為卡拉這樣的年輕女性提供工具，讓她們對為母之道做出明智的決定，並打破貧窮的重複循環。我問卡拉，有沒有覺得政府還可以做些什麼事，好更加支持年輕的女性，尤其是社區裡的新手媽媽。卡拉輕笑一聲說：「工作。如果他們能提供這方面的幫助就好了，那正是我所需要的。」

我們在交談時，我聽到有人大喊：「媽媽！」一個綁著辮子的小孩全力衝向卡拉，喋喋不休的說著早上發生的事。卡拉滿臉喜悅，她們的歡笑聲不斷在室內迴盪。

早夭的計畫

回到帕布洛位於薩爾塔市中心的辦公室，他打開客製化資料探勘軟體，為我示範軟體如何依據個人層級的人口統計資料展現統計能力，更解釋政府如何利用這些數字為特定人口制定決策。他說：「他們需要一口井還是一所學校？在哪裡？多少人是失能者？多少人有小孩？統計數字都能呈現出來。」

顯然，AI 的試行計畫遭到廢棄幾乎沒有讓帕布洛慢下來。事實上，這個計畫讓他以自雇者的身分擔任政府的科技顧問，就此開啟嶄新的職業生涯。帕布洛和查理失去政府的工作後，似乎設立了一個非營利組織，名叫荷魯斯基金會（Horus Foundation），服務的客戶包括好幾個大型的公私立部門。AI 計畫成為一張名片，遇見需要數位服務的政府時便會遞出來，最近碰上跟非洲與拉丁美洲政府合作的那些企業也會遞出來。

2019 年後，帕布洛一直在巴西和阿根廷進行國家級專案，詳列這些國家非正規住宅區的資訊，協助政府為裡面的社區提供更好的公共服務。他也在喀麥隆進行公私協力的專案，客戶是一家迫使當地社區搬走的法國礦業公司。帕布洛蒐集個人層級的人口統計和健康資料來建立模型，為受到採礦影響的村莊推薦公共健康和環境衛生服務。

這些新的資料專案似乎都很有前景，帕布洛也想要談論未來，但我問他，薩爾塔的演算法是否曾用來干預高風險家庭。如果是這樣，它是否達成了減少未成年懷孕的預期效果？

答案讓人非常沮喪——對我和帕布洛來說都是如此。雖然這個模型已經被用來製作名單，找出至少兩百五十個家庭，但一些學者懷疑這個試行計畫的效用。既然測試區域裡有將近四分之三的家庭被標記為家中可能有人未成年懷孕，個人層級的預測系統就變得多餘。當務之急很明顯是對整個社區進行全面的干預，而這是政府部門負責的領域，不是軟體工程師或微軟員工該處理的事。

同時，這個系統的技術也不見得可靠。其一，布宜諾斯艾利斯大學的 AI 研究人員發現，這個演算法的程式碼被人上傳到微軟的開放原始碼平臺 GitHub，並且在程式碼裡面找到好幾個設計上的瑕疵。[7] 因為在調查的社區裡，未成年懷孕的數量太少，只有數百人之譜，為了訓練演算法，這些資料必須以人工方式灌水。雖然這是可接受的技術方法，但似乎執行的過程不太恰當。因此，不管是訓練模型或是之後的測試模型都用到了同樣、或非常類似的資料點。換句話說，AI 模型看似準確預測新家庭的懷孕風險，但它其實只是在已經看過的答案上進行測試。

提出批評的人並無法取得全部的資料集，但如果這是事實，將會使軟體聲稱的 86% 準確度失效。發表批評的科學家告訴我，這是大學生可能會犯的一類錯誤。

另一個問題更不易察覺，是關於實情的確認事宜。由於資料的敏感特性，我們沒有辦法確認女孩和家庭是否誠實說明過去或現在的懷孕情況，尤其是他們在考慮墮胎時。實際上，他們很可能撒了謊，因為墮胎在當時的阿根廷還不合法。換句話說，訓練用的資料集已經有偏誤，而且沒辦法修正。那麼它的預測怎麼能相信呢？

我請帕布洛想想這些擔心是否合理。他說試行計畫才剛啟動就被關閉，根本來不及改進、測試或完善。但我繼續追問，他們是否看到懷孕率有任何的下降態勢？

帕布洛明顯變得洩氣。「我們對那些家庭進行干預，是的，我們把軟體發現的風險告訴他們，並開始強化他們在不同領域的技能。有時候必須教育家長，甚至協助單親媽媽或其他家庭成員找到工作，」他說。「某戶人家的地板原本是泥土，我們幫忙鋪上磁磚。至於其他家庭，我們提供配管或木工等技能訓練，給予工具，協助他們找到工作。他們很高興能獲得政府的協助。」

但這個專案太早關閉，距離干預措施開始才幾個月，除了那些立即的安排以外沒有其他措拖，很難評估演算法對相關區域的未成年懷孕是否產生任何影響。2019 年，新的領導階層上臺，他們有自己的優先事項，那些先前受政治掮客青睞的計畫就被清除了。

獲益者不是需要的人

對於無法看到 AI 計畫繼續進行，帕布洛無論從專業角度或個人角度都難掩失望，但他還是一個相信 AI 技術力量的技術專家。他認為系統並非設計不良或沒有效果，反倒比較像是從來沒有得到公平機會的半成品。他也認為前任省長把演算法的目標解釋得很糟糕，使敵對的政治派系阻礙了演算法的成功。

另一方面，微軟獲得一些在地經驗，也讓它的 Azure 機器學習系統在公部門有測試平臺，同時賺到連續三年、每年五萬美元的雲端授權費。但微軟獲得的不只是商業敏銳度。近十年來，這家美國科技大廠一直想把影響力擴展到企業界之外，設法將自己定位成國際政治和外交的參與者，擁有對國家和法律的影響力。首先，微軟重新定義自己在網路安全領域的角色，在 2017 年提出企業和國家的《數位日內瓦公約》（Digital Geneva Convention），並且跟法國政府共同簽署了協議。[8]

之後，微軟就一直想要在人工智慧領域重施故技，確保自己像在國際網路政策上一樣，也在全球 AI 政策的談判桌上擁有一席之地。[9] 微軟在薩爾塔未成年懷孕預測系統裡扮演的角色雖然看似無足輕重，卻符合增加政治影響力的廣泛戰略。就像幾個世紀前的殖民主義超大型企業，例如英國東印度公司（East India Company）或是英伊石油公司（Anglo-Iranian Oil Company），今天的科技公司也開始發揮壟斷性準政府的作用。

另一方面，阿根廷歷經開發懷孕預測軟體並束之高閣幾年後，墮胎在 2020 年年底合法化。儘管在女權運動人士的努力下，所有婦女和女孩面臨的政治情境已經改變，但社會氛圍依然如故。墮胎仍舊不受認可，她們的生殖健康、家族遺傳、工作等私密細節和家庭資料，依然保存在中央的資料庫裡，從上個政權傳到下個政權。萬一落入壞人手裡豈不危險？

假如政府真的利用這些敏感的資料來傷害自己的人民，那也不會是第一次。畢竟從 1976 年開始，阿根廷歷經七年的軍事獨裁統治，政府透過調查和投票蒐集大量的民眾資料，再用這些資料做政治宣傳，影響公民。[10]

同一時期，資料也被兀鷹行動（Operation Condor）拿來當作基礎。惡名昭彰的兀鷹行動是美國支持的恐怖與鎮壓行動，由智利、阿根廷、巴西和玻利維亞等南美洲國家裡的幾個獨裁政權聯合執行。這些國家找出疑似對獨裁政府構成威脅的特定公民，包括左傾的政治人物和思想家、工會成員和神職人員，再把相關資料儲存在共享的電腦系統裡。兀鷹行動裡的成員國就利用那些資訊來規劃綁架、「失蹤」、刑求，甚至暗殺。[11] 人民的資料變成對付人民的武器。

在薩爾塔的最後一晚，我從飯店漫步到城市南邊的聖馬丁公園（San Martín park），去參觀當地地標「記憶的門戶」（Portal De La Memoria），這個紀念拱門是用來緬懷阿根廷獨裁統治期間逝去的生命。在塗漆拱門的一側牆面，以黑色字體印上智利運動人士暨詩人聶魯達（Pablo Neruda）的詩。我查了一下，才知道這首詩的標題是〈敵人〉（Los Enemigos），內容是以強烈的號召，紀念那些遭到拉丁美洲獨裁者屠殺的公民。這首詩的節奏感來自聶魯達不斷重複的那句「我要求懲罰」（pido castigo），他不只要求懲罰那些下令處決的人，也要求懲罰那些支持罪行和協助辯護的人。在薩爾塔的這座公園裡，聶魯達希望他們都受到審判。

我問帕布洛，歷史是否會重演，他點了點頭。他心裡明白。但他說，這些資料已經存在於政府部門，只要政府想要扭曲資料或把資料武器化，不管有沒有 AI 技術的協助，都可以利用現有的資源往下做。「我們跟政府合作，是因為我們相信政府想要做好事。」

我相信帕布洛的意圖和 AI 技術的目標是以善意為出發點：找出那些需要額外協助的家庭，並且在他們陷入困境（例如處理意外懷孕）之前幫忙找到協助方案。

然而，我發現沒有人會為這個系統的結果負責任。畢竟 AI 試行計畫沒有幕後老闆或是控制者。一旦團隊解散，微軟的員工離開，程式碼就遁入了靈界，儘管資料有如先前演算法的幽靈，依然埋藏在政府的試算表裡，但模型本身已經消失了。

從好的方面來說，這個專案只是浪費公帑和資源，從壞的方面來說，則是濫用多數克里奧人和原住民家庭的信任。他們分享了自己的資料，只希望能有一個可以解決財務問題的方案。

唯一獲益的是設計這項技術和短暫控制過技術的兩方人士：其一是微軟，他們可能已經和一些政府取得聯繫；其二則是阿貝萊拉兄弟，他們利用這次經驗帶來的知識和人脈，強化自己的名聲和就業能力。

對於政府先前宣稱的受益者，也就是薩爾塔貧民區的婦女和女孩來說，情況幾乎沒有改變。她們像以前一樣過生活，大部分還是在處理她們的母親曾面臨過的需求和挑戰。對她們來說，AI系統對日常生活完全沒有造成任何影響。

人們需要屬於自己的地方

大北區午後的炎熱教人不敢小覷，讓所有人幾乎都失去生氣，連頑強的流浪狗都蹣著腳步、伸出舌頭在尋找陰涼處。古蒂拉朝著對面兩名要過馬路的女性大喊，她們是當地議員瓊科薩（Maripi Juncosa）和助理麥拉（Myla），麥拉是護理學生，負責記筆記。穿得一身火紅的瓊科薩朝我們大喊：「妳們準備好要出發了嗎？」

瓊科薩和古蒂拉商量了一下，然後一起走上發燙的道路。麥拉跟在後面。古蒂拉講話急促，聲音低沉。她伸出手，指著說：「有坑洞。必須在下雨前修好，妳看，情況只會愈來愈糟。」麥拉立刻行動，用老舊的諾基亞（Nokia）手機拍下照片。

古蒂拉用食指指出更多需要修補的地方，例如未鋪設的道路、一堆堆的瓦礫、破損的屋頂，以及未加蓋的汙水管。麥拉的手機也隨之拍個不停。「我們不去那裡，」古蒂拉用手指指著裡面有兩三間房子的死巷，「危險。」

我們不斷在窄巷裡穿梭，避開睡覺的狗兒以及遭人廢棄的福特菲仕塔和標緻 504 ——山上飄下來的灰塵已經在車身上結成硬塊。屋子裡傳出來昆比亞舞曲（cumbia）拖曳的節奏。古蒂拉再度邁開步伐，走上乾涸田野旁一條沒有陰影的道路。枯草和鐵絲網與湛藍的天空形成強烈對比。一塊招牌寫著：「不要丟垃圾。」一棵綠色的小樹苗從廢棄的輪胎裡冒出來。

古蒂拉慢下腳步，對著荒涼的土地搖搖頭說：「那裡應該要有個廣場，還要一個適合所有孩童的遊樂場。我們需要廣場，如果有一個廣場該有多好。」

最後，她在一棟看起來已經廢棄的磚造建築物前停下來。建築物的門是綠色，還有鐵窗，看起來有點像監獄。古蒂拉滿意的說：「這裡是新的社區中心，甚至有網路。」但這樣還不夠。她希望能為年輕人提供一個社區空間，就像老年人有社區中心一樣。一個讓青少年媽媽可以感覺到安全，年輕人可以一起運動的地方；一個讓他們可以當小孩子、暫時遺忘重責大任的地方，哪怕只有一下子也好。沒有這些空間，他們就會一直躲在家裡，被人遺忘和忽視。

古蒂拉說：「他們需要一個地方，一個屬於他們的地方。」

7

老闆不是人

不露臉的老闆

2020年8月12日早上，在決定對抗優食（UberEats；優步公司的餐飲外送服務）演算法的這一天，沙米（Armin Samii）比平常還要早起，因為他在半夜突然冒出這想法，幫自己設了鬧鐘。

他穿好衣服，泡好咖啡，然後坐到電腦前面，接下來十六個小時一直在編寫網頁應用程式，甚至拍攝影片將操作方法教給優食的外送員。他把應用程式取名為「優弊」（UberCheats），並在半夜發布程式。

優弊程式是用來稽核優步公司演算法的工具。沙米那時候是優食的外送員，對這個幾乎等同他老闆的AI系統失去了信任。他花費好幾週的時間請優步公司員工解釋，工資為什麼會有不符合的地方，但以失敗告終，沙米覺得自己別無選擇，必須採取一些行動，於是開發了這個應用程式。

工資不符其實很難舉證。因為優步公司是以動態的方式幫每份工作訂定價格，導致外送員沒有固定的費率，費率可能每小時變動，還會因地區和個人的不同而有所差異。從需求到天氣，能產生影響的因素可能很多。況且優步公司在外送員跑完單後，通常會隱藏實際的運送地址（表面上的理由是為了顧客的安全），導致外送員很難確認自己到底跑了多遠。所以當外送員拿到收據時，只會看到一個從甲地到乙地的匿名路線，以及行程距離和實際工資。但這也代表外送員無法複查不符合的項目。沙米的優弊程式可以從收據裡抓出 GPS 坐標，然後計算外送員實際跑了多遠，再跟優步公司聲稱的行程距離做比對。他開放讓大家免費使用。

為演算法服務的人類勞動力規模正在不斷擴大，就像希巴和寇利這些資料標記工人一樣，沙米也是其中一員。全球像沙米這樣的工作者超過十億人，他們做的不是訓練和標記 AI 系統，而是運送人、食物、雜貨與藥品、家具和書籍等實體物品。他們會駕駛汽車或卡車，騎摩托車或自行車，穿梭在世界各地的大城和小鎮，例如奈洛比、雅加達、首爾、匹茲堡和倫敦。他們的行動都聽命於應用程式。

這些應用程式用的 AI 系統彷彿一位不露臉的老闆，只透過手機交付命令：機器學習軟體會分派工作給司機、驗證工作者的身分、決定每項任務的浮動工資、發放獎金、偵測詐欺，甚至做出有關雇用與開除的決定。工人賴以生存的規則並非固定不變，而會根據不斷加入的新資料重新改寫。在雇主與員工之間的高風險權力賽局中，飄忽不定的演算法掌控了局面。

沙米的父母都是土木工程師，在 1960 年代從伊朗移民到加州，他是家中最小的兒子。他的母親在當地政府工作，負責評估道路施工對交通流量的影響；父親則協助他們目前落腳的聖地牙哥市建造橋梁和鐵道。沙米清楚記得父親會仔細研究建築平面圖，以直觀的方式解決工程問題，一旦遇到非常焦慮的時候，就拿出老舊的微積分課本開始解題，直到腦袋變得清晰。沙米繼承了這項特性，只不過沙米受的是資訊科學家的訓練，所以消除壓力的方法是幫電腦程式碼除錯。

二十八歲的沙米有一頭濃密的黑色捲髮，不羈的散落在稜角分明的臉上。沙米喜歡穿霓虹色系的衣服，最大的愛好是騎自行車，家裡就有五輛自行車，如果可能的話，他的理想工作是整天騎在其中一輛自行車上。他搬到匹茲堡後還開始參加社區會議，跟當地的民意代表開會，想讓這個城市變成對自行車騎士來說更安全的地方。現在他經營一家新創公司，叫做「自行車版行車紀錄器」(Dashcam For Your Bike)，專門為大都會的自行車騎士開發應用程式，讓他們可以錄製即時影片並保存關鍵時刻，確保權益與安全。

成為演算法的棋子

沙米實際上是天生的社會運動人士，他信奉的原則是，只要人們夠關心、願意採取一些作為，任何系統都可以改變。他拍攝過政治集會活動，也為加州各地的候選人拉票。他還成立一個網站，以視覺化的方式解釋另一種投票系統，稱為排序選擇投票制(rank-choice voting)，他相信這是更為民主的投票方式。但他並非只為了大事而努力。他欣然同意自己是「微社會正義戰士」。

有一次，他在達吉特(Target)超市的純素區買了微波咖哩，卻發現裡面含有乳製品酥油。他想跟店經理討論食品標示錯誤的危險，卻沒有進展。所以他向郡政府的衛生部門提出正式的投訴。經過四個星期和十幾封的電子郵件往返之後，郡政府派遣檢查員到這家店，店經理不得不把這一區重新命名為蛋奶素區。

幾個月前，另一家超市提供一品脫（約五百毫升）的牛奶當免費的促銷贈品，他想領取，但自動化系統無法處理他拍下來的收據。於是店家不讓他領贈品。接下來幾個星期，他不斷寫信給超市的老闆，直到獲得四美元的補償金。

沙米的上一份工作是程式設計師，他注意到執行長一再使用一個未經證實的統計數字來激勵員工。起初，他私下糾正對方，不奏效之後，他就在團隊會議上公開指出這點。執行長之後再也沒有使用這個數字，但沙米最終被趕出公司。

所以當沙米決定在夏天試著去跑優食的外送時，他並不知道自己平常的原則將不再成立。他後來發現，這個世界由演算法統治，人類只是棋子。演算法的規則看不到又反覆無常、老闆不近人情、沙米的聲音顯得軟弱無力，完全是一個超現實的回路。

2019 年，沙米從柏克萊搬到丘陵起伏的匹茲堡，在福特和福斯資助成立的新創公司 Argo.ai 任職。這是一家自動駕駛車公司，沙米帶領的團隊負責設計使用者介面，做為人類乘客和自動駕駛車之間的媒介。他會花好幾個小時和司機一起坐在車內，觀察司機的行為、抱怨和決策，利用這些心理特點來設計 AI 系統的反應。他是人機之間的翻譯者。

沙米為自動駕駛車開發軟體的途中，他意識到自己正在研發一臺兩公噸重的移動死亡機器，這臺機器會在真實的道路上進行測試，只要有一行程式碼出錯，就可能真的會害死某個人。2018 年，優步的自動駕駛原型車在亞利桑那州發生失誤，撞死了一名行人，當時坐在副駕駛座的備援司機分心，說不定正在用手機看《美國好聲音》（*The Voice*）。[1] 程式碼可能會有偏差，不可以視為剛正不阿的橋梁桁架。像沙米這樣的科技界員工已經意識到，在遠端編寫程式碼，不代表不用面對產品在現實世界造成的後果。沙米跟他的同行開始懷疑自己開發的產品是否符合道德、是否能促成共同的利益。2020 年夏天，他辭掉 Argo.ai 的工作，因為他發現：自動駕駛車雖然會讓駕駛行為更安全，卻不一定能讓城市變得更適合居住——但這才是他真正關心的事情。

雖然沙米花費一些時間思考接下來要做什麼，但他也考量過手邊的選項。他想騎自行車探索匹茲堡。這時他想到可以當優食的自行車外送員。整天騎著他的自行車，探索這座他還不熟悉的城市，甚至能在過程中賺到一些錢，這是消磨夏日最好的方式。完美的臨時方案。

未納入程式考量的參數和錯誤

沙米喜歡說故事，把微小的細節編成重要的劇情轉折點。他覺得奉黑盒子為老闆的感受是：剝奪人性、消磨精神、令人沮喪。這是一份讓人誤以為有自主權的工作。

「以我第一次的經驗為例，」他說。2020 年 7 月，沙米想在優食註冊，應用程式要求他執行演算法身分驗證。他必須拍一張自拍照，讓應用程式內的臉部辨識系統進行驗證。只不過這方式行不通。他又拍了好幾張照片，但應用程式還是拒絕，說系統無法驗證他的身分。他說：「我知道臉部辨識對有色人種來說是個大問題。我不知道是因為我的髮量比較多，還是因為我留了大鬍子，反正我碰到某種演算法錯誤。總共發生過三次。」

第四次，他洗了頭髮，把頭髮壓扁，然後張開嘴巴，好讓微軟開發的演算法能在一片黑鬍子當中找到嘴巴。最終演算法認出他了，他獲准開始工作，但心裡頭已經出現以前曾有的煩躁感，覺得有些事情似乎不公平。

隔天，他第一次跑單，惱怒開始迅速累積。他一直接到訂單，內容是去一家幾個月前就已經關閉的麥當勞取漢堡和快樂兒童餐。顧客並不知道優步公司忘記把這家店從資料庫裡刪除。「我猜其他的外送員都知道要拒絕這家麥當勞的訂單，但我耗費四十五分鐘說服優步公司把這家店從系統裡移除。他們說：『我們不能更改系統裡的資料，但既然你已經抵達那裡，我們可以給你兩美元。』我花了二十分鐘騎車過去，然後花了四十五分鐘跟他們講電話，他們因此給我兩美元。」

沙米很難接受自己竟然無法跟任何有權做出基本改變的人說到話。他的挫折感源自資訊科學家的經驗，他知道修正這個錯誤有多麼容易。但其他人全都不以為意，因為他們認為優步公司的應用程式不會獎勵誠實或負責任的行為，反而看重速度和把時間運用到極限。所以沙米只能仿效其他外送員早就知道的做法，一直取消那家麥當勞的訂單，好繞過分派工作的演算法。

為不合邏輯的系統工作、沒有什麼糾正的途徑，還不能向老闆抱怨，這有違沙米的個性。才送完三週共二十一天，他就決定辭職。沙米在科技業工作了六年，並不缺錢，何況這次的工作經驗並不愉快。他不依賴優食應用程式提供的收入，所以他很清楚自己的特殊地位。他說：「如果是為了收入做這份工作，一旦知道要講一個小時的電話，才能搞清楚某件事情，就會毫無動機去反抗。」

沙米也發現，被迫把自主性獻給演算法的人，大多是生活最不穩定的零工，例如沒有語言技能或官方文件的移民、女性，或是靠這份收入支撐全家的家庭支柱。沙米說：「有些人像我一樣感到非常挫折，最後就放棄不做，只撐了大概六個星期吧。很有經驗的人會比我冷靜許多。他們是那種不太計較的人。他們會覺得，你們的系統很爛，但我們在系統裡面，所以我們必須跟系統和平相處，接受想拿到錢就必須會遇到的打擊。我又不是參加禪學營。」

被低估的里程數

沙米送最後一次餐的那天是個炎熱的夏日。下午兩點左右，他騎著車要回家，途中應用程式冒出通知，說是有一份外送工作要給他，只是他必須繞路，多出六分鐘的路程。他知道騎自行車的時間其實比較接近十五分鐘（即使應用程式知道他騎自行車，卻還是按照汽車里程計算時間），不過他還是接下訂單，去一家中東餐廳取餐。

在等餐時，沙米又收到通知，原來另一個人在同一家餐廳訂餐，應用程式也把外送任務給了沙米。因為優步公司的演算法不讓外送員在取餐之前看到目的地，所以沙米手上沒有太多資料可以做出明智的決定；加上應用程式不會在地圖上顯示海拔高度，沙米也不知道這趟行程會有多陡峭。儘管如此，他還是接下第二趟外送。

既然優步公司不會為自行車騎士調整預估的行程時間或顯示出高度，自然也不會為他們過濾工作。沙米的第一個外送地點在豬丘（Pig Hill）山頂，是匹茲堡最陡峭的山坡。當他拚了老命往上爬時，汽車駕駛還會搖下車窗對他說：「好樣的。」五十分鐘後，他找到第一位顧客，對方不敢相信優步公司叫沙米騎自行車上來這裡。在滿身大汗，又渴又累的情況下，沙米又花費四十分鐘才完成第二份工作。這位顧客的等餐時間長達一個半小時。他就不像第一位那麼有同情心。沙米說：「我試圖解釋，但他只是對我抱怨幾句之後就拿走食物。他大概給了我五十美分或一美元的小費。」

演算法說整件工作會花六分鐘，卻耗掉沙米九十分鐘。

一開始，他以為這只是程式估計錯誤，或是以開車送餐的外送員為對象。但他後來知道，即使開車也無法如軟體的預測，在六分鐘內完成這兩趟訂單。他算出自己在那天騎了 3.4 公里，但根據收據，他只拿到 1.8 公里的工資。他說：「這不是騎自行車和開車之間的差異，而是更嚴重的錯誤。」

想要稽核零工工資的困難處在於，多數的外送應用程式不提供標準工資，甚至沒有計算工資的公式。雖然外送員或司機在決定接單前會看到他們理應拿到的費用，但數字並無法預測。演算法利用一套祕密公式幫每份工作訂定價格，其中的變數五花八門，像是顧客評價、外送員的拒接率、出車的供需，以及外送員工作的城市。

因為這些應用程式會登記員工的上下班資訊，記錄每一筆能取得的數位資訊，從員工的偏好路線、開啟外送服務的頻率、持續登出應用程式的時間、工作的頻率，到接受和退掉哪些工作，種種變數都會納入工資計算當中。外送員只能猜測。他們唯一能確定的是自己獲得多少里程的工資。

在接下來幾週，沙米傳了十幾封訊息給優步公司，表示他收到的款項與工作的距離不相符，但一直收到自動化回應，內容無奇不有，包括請登出應用程式、重新啟動應用程式、重新開機、重新下載應用程式、更新應用程式、重置網路設定、如果等待時間超過十分鐘請取消訂單。

顯然，沒有一個回應可以解決付款錯誤的問題。沙米每一次聯絡優步客服都會用試算表詳細記錄下來，根據紀錄，他總共寫了十四封電子郵件，講了一百二十六分鐘的電話。

「最後，我終於用手機跟某人講到話，一個活生生的人，她有能力叫出谷歌地圖，然後說：『這是個錯誤。』並且另外付給我 4.25 美元。所以我收到 16.43 美元，其中有 4 美元是小費，然後他們修正總金額，額外再給我 4 美元多一些。」

在那之後，沙米就再也不能做任何事，什麼事都做不了。但是到了半夜，他腦中突然靈光一閃。問題出在他拿到的工資過低。這種事情曾發經生過多少次呢？還有誰也拿到過低的工資？缺了多少錢？

沙米告訴我：「這問題很棘手，因為我認為拿到多少工資和工作的距離關係不大，反而跟機器學習演算法比較有關係，演算法決定了他們可以付給某個人的最低工資。」

因為優步公司的系統不會在事後向外送員透露實際的運送地點，因此他們無法自行計算距離。這讓外送員很難自己去稽核這些演算法，只能依賴應用程式所屬公司自行校正錯誤。沙米說：「我想知道能不能從收據查出地點，然後自己輸入谷歌，檢查距離是否正確。」

是誰在玩花招？

沙米分析自己的收據後，發現好幾個不符合的地方：其中一趟行程在谷歌地圖上是 12.2 公里，因為封路而增加到 14.8 公里，但根據優步公司的付款演算法，這趟行程變成 9.7 公里。其他收據也顯示，原本 3.1 公里的行程，優步公司支付 2.4 公里的工資，而 12.1 公里的行程則支付 9.7 公里的費用，諸如此類。

沙米在谷歌的 Chrome 線上應用程式商店發布優弊程式供其他人使用，幾乎立刻就收到世界各地數十名優食員工的回應，地點橫跨美國、日本、巴西、澳洲、印度和臺灣。優弊程式總共記錄了大約六千筆的行程，其中 17% 的工資過低。不管在哪個城市，以使用優弊程式的外送員來看，優步公司平均而言每趟行程會少付 2.17 公里。[2]

沙米收到的某封電子郵件裡寫道：「我剛才使用你提供的擴充功能，發現我的外送行程有 8.31% 出現問題⋯⋯每天至少有一筆。如果你蒐集到足夠多的資料想發起集體訴訟，我很樂意參與。謝謝你在這方面的努力。」

傳送訊息給他的工作者很多是少數民族、生活狀況不穩定的移民，或是養家餬口的唯一收入來源。

沙米說：「當你觀察誰受到最大的傷害時，會發現有些人早已受到既有制度的傷害，但不合理的演算法會讓這樣的差距更加惡化。」

優弊程式讓人一窺零工演算法的內在，否則接單工作者永遠不得其門而入。優步公司的應用程式明顯算錯距離，顯示了接單工作者一直在懷疑的事情：演算法對於意外延遲或路線延長等人為因素有盲點，無論肇因是嚴重塞車、天氣事件、道路施工，或餐廳擁擠導致外送員等待。

這些延遲對其他人沒有什麼實質作用，卻會影響外送員的評價和速度，最終決定外送員接單和賺錢的能力。但沙米一直搞不懂這個錯誤背後的邏輯。他說：「關於這件事的發生原因，我所有的理論都被推翻了，所以我開始覺得是隨機且不公平的。」在人類工作者的眼裡，全以 AI 為基礎的系統就是這個樣貌：武斷、獨裁和不負責任。

2021 年 2 月，沙米的應用程式上線幾個月後，優步公司的律師提出抗議，要求谷歌在 Chrome 瀏覽器上封鎖優弊程式，聲稱人們可能會把它跟真正的優步產品搞混。[3] 可以控制哪些應用程式在瀏覽器上架的谷歌照辦了，於是沙米寄送好幾封電子郵件，向這家搜尋巨擘提出申訴，對方才解除禁令。但在 2022 年 2 月，沙米自行下架優弊程式。

對於下載這個應用程式，用來檢查自己是否拿到過低工資的數百名優食外送員來說，它具有明顯的效用，但當時正在進行其他專案的沙米發現，維護這個應用程式的技術工作變成沉重的負擔。每次優步公司決定更改程式碼，他就得花費好幾個小時找出因應之道，問題是優步公司經常這樣做，而且沒有任何解釋。有些外送員告訴沙米，他們已經向優步公司反映問題並獲得財務上的好處，但沙米沒有財力、也沒有興趣把優步公司告上法庭。對他來說，這個工具的真正意義是呈現演算法的不可預測性，並揭露優步公司對自身的行為缺乏責任感。沙米的故事受到《連線》、《沙龍》（*Salon*）和《每日郵報》（*Daily Mail*）等媒體的廣泛報導，讓大眾更容易了解以 AI 為基礎的工作平臺到底有多麼不透明。

「在我工作過的每家公司，我都能找到方法讓別人聽見我的聲音。表達的方式或許並不漂亮，但我總是可以修正問題。但對於優步公司，我感到很無助，因為我做不到這件事，」他說。「當他們有這些黑暗模式，當他們每一趟少付你二十五美分，我沒有辦法找出原因。我沒有可以抱怨的對象，除了媒體，對吧？發布優弊程式是一種採取行動的手段。沒有它，這整件事只是讓人感到洩氣而已。」

沙米的故事讓我們了解，人類一旦處在自動化就業系統當中，會產生沮喪和偏執、缺乏同事情誼和失去社群連結等感受，而且沒有補救之道。一個完全依賴人類勞動力的組織卻把工作者當成機器人來對待，簡直矛盾。

沙米並非個案。沙米在優步公司工作的那段時間，屬於全球蒲公英族的一員，這個新興階級的成員沒有穩定的收入，無法保障他們的生計，雇主甚至可以在工作之外接觸他們的生活並加以控制。[4] 奈洛比和保加利亞的特約資料處理員同樣屬於蒲公英族，他們為了基本生活工資而訓練 AI 系統，幫設計這些系統的公司帶來數十億美元的收益；印度那些為西方企業蒐集健康資料的認證社區健康工作者也是蒲公英族。

卡夫卡式的迷宮

在卡夫卡（Franz Kafka）著名的小說《審判》（*The Trial*）中，一位名叫 K（Joseph K）的男子遭到神祕探員的指控和逮捕，但對方並沒有透露罪名。K 沒有被關起來，判決反而要他繼續過平凡的日常生活，不過他對別人套在自己身上的罪行感到困惑，偏執的想找出真相。他試圖找出自己究竟做了什麼事，但經歷一連串噩夢般的事件後，他放棄了。結果某天早上，他在自家外面被同樣的神祕探員處決。

《審判》是一部反烏托邦的黑色喜劇，巧妙的諷刺了官僚體系的無意義本質。但它也可以用來指涉演算法時代的現代工人，也就是在 AI 系統的意志下隨時會被停職的人。

伊夫提米耶（Alexandru Iftimie）是住在倫敦西南郊區的羅馬尼亞移民。他當了很長一段時間的優步司機，從來沒聽過卡夫卡，但是當我告訴他故事情節，他立刻對 K 有了認同感。他覺得最能掌握接單工作的詞彙是「分而治之」（divide et impera），這是帝國君主和殖民主義者使用的控制策略，十九世紀統治印度的大英帝國正是其中一個例子。他表示，優步這些公司為了確保不用面對上萬名司機聯合起來在辦公室外面抗議，就採取這種做法。

伊夫提米耶起初並不憤世嫉俗。他先前在一家快遞公司擔任夜間快遞員，一週工作六天，只要哪天請假，就得面臨失去送貨路線的威脅，所以他後來辭掉工作，開始當起優步的司機。這家共乘服務公司承諾，他可以拿回工作時間的彈性和控制權，聽起來很誘人。一開始，他真的有重獲自由的感覺。他幫優步公司跑了近七千趟，賺到些像樣的錢，而且保持五顆星評價；對於這項成就，他認為要歸功於在布加勒斯特當零售業務員的多年經驗。當他聽到其他司機抱怨優步公司不公平的對待（例如無緣無故被開除或執照被取消），他都覺得那不是全部的真相。他覺得抱怨者肯定犯了什麼錯。

但幾年過去之後，伊夫提米耶開始注意到演算法對待每個司機的方式不一樣。他的好朋友跟他在同一個區域為優步開車，有時候恰好都在附近，他們會買杯咖啡，一起坐在陽光明媚的戶外聊天。通常，伊夫提米耶的朋友會一連收到好幾個出車的請求，但他卻一個也沒有。有時候，情況則反過來。這些行程原本應該分派給距離最近且有空的司機，但在他們眼裡，情況卻不是這樣。他們已經知道自動化軟體會利用司機的個人檔案，即時幫他們和乘客配對，但這些個人檔案是由大量的未知變數所建立的。像這樣被蒙在鼓裡，伊夫提米耶覺得很不安。他想知道自己接受評估的方式，這樣他至少能最大化這些變數來獲得更多工作。為什麼優步公司可以利用他的資料改善公司的業務，他卻不能利用這些資料提升自己的工作呢？

幾個月之後，伊夫提米耶收到優步公司寄來的自動化警告，說他被標記為從事詐欺活動，但他置之不理，認為那是個錯誤。兩週後，他收到第二次警告。一旦有第三次就三振出局，丟掉工作。這些決定都是透過自動化訊息來傳達，沒有人告訴他可以找誰提出申訴或澄清。

他不曉得自己可能在哪裡做錯。他知道，優步就像零工經濟世界裡的其他公司，分派工作時也是利用人工智慧軟體（從詐欺偵測演算法到臉部辨識及其他的行為剖繪方法），並用軟體對司機進行驗證、評比和懲戒。但伊夫提米耶不知道自己的工作有哪些方面受到演算法的定義和推動，哪些行為或資料可能會被視為詐欺。軟體要如何定義詐欺呢？

他只能在事後猜測這個難以理解的電腦系統。是不是那一次，有名顧客快要遲到，想在稍微不一樣的目的地下車？他照辦了，因為他覺得對方有點可憐，但或許這對演算法而言，看起來像是詐欺？或者說是另一次，高速公路上有事故，他花了一個多小時繞路。他完全想不出答案。

伊夫提米耶撥打優步公司的司機求助專線，但客服人員和他一樣毫無所知。「他們只會一直說：『系統不可能出錯，你做了什麼事？』我說：『就是不知道才打電話給你啊。』」

他只有兩個選擇：戒慎恐懼的等待終止契約的訊息，或是帶著他的問題去找工會。演算法針對個人訂定工作和工資，使得工作者相互競爭，讓他們相信自己是孤獨的細胞，無法聯合人類團體一起對抗電腦系統。這讓伊夫提米耶感到很無力，自己似乎毫無機會，畢竟沒有可以依賴的社群。

後來伊夫提米耶決定去找英國的「接單司機和外送員工會」

（App Drivers and Couriers Union），那是為他這樣的零工而設立的團體，創立者是優步公司的前司機法拉（James Farrar）。工會受理了伊夫提米耶的案子，並寫信給優步公司，請求對方解釋並撤回詐欺警告。在解決這件事的期間，伊夫提米耶不再接優步公司的工作。他還留著帳戶，只不過他太害怕會永遠無法登入。他回去之前的夜間快遞公司，在那裡加班工作。

10 月，也就是他第一次被指控詐欺的三個月後，他收到優步公司的道歉信，對方聲稱是自動化系統出錯。[5] 儘管他洗清了嫌疑，但他沒有得到進一步的解釋。優步公司表示，雖然系統的確使用自動化流程來偵測詐欺，但只有在優步員工進行人工審查後才會做出終止契約的決定。對伊夫提米耶來說，這種解決方式並不能讓人放下心中大石，因為他還是擔心有一天會再次發生同樣的事情。

他說：「他們使用人工智慧軟體做為司機的人力資源部門。這個系統可能會讓司機無法工作，它可能會終止司機和優步公司的合約，也可能讓司機失去執照。這樣做實在太危險。」

伊夫提米耶採取的反擊之道比沙米更加傳統：他在法庭上挑戰優步公司，要求個人資料的存取權，以及工資計算演算法的透明度。他想要清楚了解，在他的案子裡，演算法究竟如何出錯，以及優步公司採取哪些措施，防範未來再次發生這種事。他是代表工會的五名請求權人之一，他們控告優步公司和另一個印度的線上叫車公司歐拉（Ola Cabs），要求公司提供個人資料的存取權，尤其是用來當成停職和工資懲罰依據的資料。

阿姆斯特丹是優步公司歐洲總部的所在地，對於受到演算法管理的工作者來說，此地法院做出的判決為他們的權益開創了全新的局面。

在控告歐拉公司一案中，阿姆斯特丹法院發現，應用程式使用全自動化系統從司機的收入裡扣除費用，而資料保護法賦予人民以人工方式審查演算法的權利，所以歐拉公司違法。[6]

另外，法院要求優步公司必須把持有的個人資料提供給此案的原告，尤其是用來封鎖司機、使他們無法使用應用程式的資訊。法院也要求優步公司讓司機能看到匿名顧客對他們表現的評價，而不是提供多趟行程的平均評價。

但法院支持優步公司對於演算法透明度的主張。對於價格的計算方式，以及司機如何被標記為詐欺，法院並沒有命令優步公司揭露更多資訊；此外，司機主張優步公司在工作分派與停職的流程上缺乏有意義的人工監督，這個項目也遭到駁回。

對於人類和 AI 決策之間的複雜灰色地帶，這是第一個法律詮釋，也是釐清零工權益微妙細節的關鍵一步，但在我看來，這項判決還是沒有達到賦予工人權力的地步。無法了解優步公司機器學習系統進行的計算，無辜的工作者將難以避免再次成為計算錯誤的受害者。

對伊夫提米耶來說，事情發生的背後原因依然是個謎團。他說：「這就像你發現老闆在你的桌上留下警告，但你卻看不到裡面的內容，即使你去敲老闆的門……老闆也不會告訴你怎麼一回事。你只會覺得自己遭到針對和歧視。」

伊夫提米耶現在繼續按照條款為優步公司工作，雖然他也以工會成員的身分，繼續在法庭上為自己爭取資料方面的權益，包括要求公司提供更多有關自身工作的資料。對他的家庭來說，這份工作是主要的收入來源，除了家中有剛出生的女兒，他也得完成法律學位。

在那之前，他說：「生活還是要繼續。我必須繼續工作。我只是一個坐在車裡的人，等著手機通知，告訴我要去哪裡。」

在生存的邊緣掙扎

圖歐（David Mwangi Thuo）對優步公司很感興趣，因為在他的家鄉奈洛比，這感覺像是一份都會感十足的時髦工作，比他先前當跑腿小弟時使用的馬他途（matatu，一種共乘小巴）或摩托車要高出一級。

他喜歡優步公司的固定費用，他不用和客人討價還價，而且他面對的不是老闆，而是應用程式，讓他對工作時間有更多的掌控權。他也在展望未來。「優步公司很國際化，」他告訴我，「如果我離開奈洛比去加拿大等更好的地方，我可以為優步公司工作。」

但四年之後，圖歐覺得自己必須辭職。他說：「你可以說我很獨立，因為沒有老闆。但除非我日夜不停的工作，否則賺不到錢。如果雇用我的是公司，至少我還知道可以期待什麼。我可以規劃自己的未來。」

我問他：「什麼事情改變了？」

他回答：「費率太低了，因為博爾特公司（Bolt）加入競爭，優步公司調降了價格。」博爾特公司最近進入肯亞市場，成為優步公司的競爭對手。「我必須付保險費、服務費、燃料費，還有一堆帳單要繳。」圖歐表示，2022 年年初，烏克蘭和俄羅斯的戰爭情勢升高，導致燃料價格由每公升約 96 先令（shilling）飆升到 180 先令。圖歐提到，他剛加入優步時，公司會對每一趟車程抽取工資 15% 左右的佣金。現在，根據我在奈洛比採訪到的幾位優步司機，公司平均會抽取司機工資的 25%。[7]

圖歐說：「我們現在之所以還能做這份工作，是因為波蘭的技術，他們生產了更便宜的瓦斯，也就是烹飪用的瓦斯，液化石油氣。」這種瓦斯每公升要價大約 100 先令，讓他在工作時更有成本效益。

圖歐有時會把自己的車出租給其他的接單司機，每週收取一萬先令（約新臺幣 2500 元）的固定費用。他負擔保養費用，他們則支付燃料費用。「但司機必須長時間工作。生意好的時候或許可以賺到 1500 先令，生意不好的時候只能賺到 1000 先令，」他說。「根本不能說自己有一份薪水；當優步司機只是為了生存。因為我不想借錢付租金或吃飯。」

他說至少有五十位朋友離開了公司，因為這份工作不足以維持生計。

「我們都在掙扎求生。」

平臺建立的霸王條款

AI 工作系統在設計上會把司機分開來，鼓勵司機激烈競爭。很多公司，包括美國的即時購物車（Instacart）、來福車（Lyft）和優步，歐洲的戶戶送，中國的美團和餓了麼，都透過應用程式把工人的生活變成遊戲，軟體會把他們推向特定的領域或工作，並以積分和徽章來獎勵準時工作和維持高評價的人。當工作變成競賽，生計就變成獎品。

為了表達對現狀的不滿，這些工作者開始發明各式各樣的詞彙來描述 AI 驅動的工作。例如紐約市裡墨西哥裔和瓜地馬拉裔的食物外送員，就把應用程式的演算法稱為「幽靈老闆」（patrón fantasma），把演算法當作如同間諜鬼魂的存在，總是不斷計算如何從他們身上榨取更多的利益。

在印尼，機車外送員會利用第三方應用程式繞過演算法的武斷規則，重新拿回一些控制權；這些應用程式一般是採用 GPS 虛擬定位等小技巧，甚或優弊程式之類的變通辦法。外送員把這類應用程式稱為「小鬼」（tuyul），原本是指印尼民間傳說中的神祕嬰靈，會代替人類主人去偷東西。在中國，接單工作者把平臺單方面制定的工資計算等規則稱為「霸王條款」。

令人意想不到的是，AI 管理的削權效應（disempowering effect）帶有副作用：在一些地方，它強化了人類的能動性、協作性和抵抗性。

在匹茲堡，司機有時會在機場外的大型停車場，或麥當勞與肯德基這類等待時間較長的忙碌餐廳外面交換筆記，像創業家一樣制定策略，讓演算法變得對自己有利，如同沙米之前的做法。

在奈洛比，經常可以看到司機在城市精華地段的洗車場和購物中心停車場裡面聊天。在雅加達，Gojek 是以機車外送起家的應用程式，他們的司機休息時會聚集在非正式的「基地營」，通常是路邊設有手機充電站的麵攤。[8] 高評價的 Gojek 司機不只會分享將工資最大化的技巧，也會把這些技巧當成一門生意來販賣。高評價的工作者會先接管個別使用者的帳戶，開始訓練演算法，然後根據客戶的偏好，花幾天的時間接受和刪除工作，這樣司機就可以把自己的期望烙印在應用程式不透明的記憶裡，他們稱之為「治療服務」。[9]

那些無法參加實體聚會的人也能在網路上找到彼此，諸如臉書粉絲專頁、WhatsApp 群組和紅迪論壇討論串，都成為數位世界的茶水間，工作者會在這些地方相互抱怨，分享演算法的訓練技巧和其他重拾控制權的方法。在曼徹斯特，戶戶送的司機有一個 WhatsApp 群組，他們會彼此分享等待時間太長的餐廳與危險區域的相關情報，並協調全市範圍的抗議活動；[10] 在中國，微信

（WeChat）群組變成具有療癒效果的非正式工會。[11]

紅迪論壇有一個主要針對美國零工的討論串，貼文的內容說明了這些工作者如何找到出路。

「大家好，」有個人發文。「感謝大家的意見，這讓我很興奮，也協助我為內心的想法開發出最小可行性產品（MVP）。我稱它為司機夥伴（Driverside）。我跟一位在微軟工作的朋友共同開發出這個軟體，因此還有很大的改善空間。歡迎大家提供回饋意見。」

這位騎士開發了一款 iPhone 應用程式的原型，能根據司機的偏好自動接受各種外送訂單，這樣司機就不用一直去計算每次的訂單是否值得花時間。

「我相信這能為外送司機帶來更多控制權。這只是個開始！讓我知道你們的想法。」

一名工作者寫了回應：「我願意付數百美元購買一款應用程式，只要它可以根據我自訂的過濾條件，完美的拒絕各大外送應用程式的麻煩訂單，例如拒絕所有超過六十公里的外送吧（GrubHub）訂單、拒絕優步上所有沃爾瑪的訂單，或拒絕所有低於 6.5 美元的挨家戶訂單。」

其他人則會抱怨演算法的問題，例如有種族偏見的臉部辨識技術。

「基本上，就像我先前的許多人一樣，我的帳戶遭到停用是因為……系統無法驗證那是我本人。真是太蠢了。我試圖詢問為什麼我的照片不夠好，結果收到自動化回應，說我的申訴遭到拒絕，」這名抱怨者分享道。「我到紅迪論壇上看了一下，顯然有數百人也碰到同樣的問題。所以，我只是幫自己拍了一張糟糕的照片，就損失一大部分的收入，而且沒有人可以協助我修正這些非常基本的驗證問題。」

還有一些人提供策略，操縱分派工作的演算法。

「在接訂單之前，記得要先拒絕。如果你接下訂單，然後另一個應用程式出現更好的訂單，結果你把挨家戶的外送重新分派出去，那會影響你的完成率。我覺得完成率必須保持在至少 80%。」

他們發現，抵抗之道就是大家一起挑戰演算法。

零工經濟削弱勞工的權利

以抵抗運動為中心，新的語言也不斷應運而生。在英國，戶戶送的外送員創造了一個混成詞：奴隸送（slaveroo；slave 為「奴隸」之意），並且搭配特製的表情符號一起使用，在這個表情符號裡，戶戶送吉祥物袋鼠的腳被人用鎖鍊拴在一顆金屬球上。[12] 在美國，外送員以數位的方式進行動員，採用「# 現在拒絕」（#DeclineNow）這個主題標籤，鼓勵騎士大量拒絕工作。[13] 在奈洛比，平臺工作者在 2018 年發起一場抗議運動，叫做「來去卡魯拉」（going Karura），他們會整天登出，在應用程式上面搞失蹤。[14] 卡魯拉是奈洛比北方的森林，能當作藏身處，1950 年代，茅茅（Mau Mau）叛亂份子反抗英國殖民統治時就曾躲在這裡。採用卡魯拉這個詞，很明顯是在吹響反殖民抵抗的號角。

職場上採用 AI 系統的狀況愈來愈普遍，逼得工作者不得不團結起來。讓工作者彼此競爭，管理工作分派和工資的系統又不透明，種種一切都在疏遠工作者間的聯繫。[15] 由於 AI 系統幾乎沒有讓人爭論的空間，所以零工正準備像資料標記員和內容審查員一樣，奪回自己的能動性。

在過去十年，零工社群的成員已經從賺取額外收入的學生和兼職受雇勞工，轉變成依賴這些工作來養活自己和家庭的移民、農民工（rural migrant；由農村移居至城市工作的人）、女性，以及年長者。

舉例來說，在倫敦，十個優步司機裡面有九個不是白人，而且大多數優步司機只靠這份工作來獲取收入。[16] 在中國最大的兩個食物外送平臺上，70% 的外送員都是以前在工廠工作的農民工。[17] 在阿根廷最大的應用程式外送平臺 Rappi 和 Glovo 上，67% 的工作者是最近才到委內瑞拉但沒有永久居留證的人。[18]

對這些工人來說，反抗的成本太高了。沙米就發現，收入愈依賴平臺，就愈有可能明哲保身。因為零工平臺讓零工變得非常孤立（不管是實際單獨坐在車上，還是在象徵意義上），他們的集體談判能力變得非常低。

然而，隨著勞動力變得愈來愈脆弱，保護勞工的需求也變得愈來愈大。

例如總部位於奧勒岡州波特蘭市的駕駛合作社（Driver's Seat Cooperative）等工人團體，就想要統合並擴大沙米在自家廚房桌上所做的事情。他們的目標是透過工作者的個人資料，重新平衡企業的力量；個人資料是工作者最大的資產。

個人資料是應用程式公司開採的寶貴資源，但工作者本身卻無法觸及。駕駛合作社執行長魏特（Hays Witt）在接受採訪時表示：「出發點是聽到司機說，他們有被演算法操縱的感覺。」[19]

到目前為止，在洛杉磯、波特蘭、奧勒岡和丹佛等地，總共有超過四萬名工作者註冊和彙整資訊，輸入他們在優步、來福車、挨家戶和即時購物車等應用程式上面的收入、行駛里程、活動時間和其他資料。[20] 這些資料能讓人一窺應用程式系統內部的運作情形，並協助訓練應用程式本身的演算法，之後它就能分析模式，建議工作者如何賺取最多的錢，並提醒他們留意是否得到公平的報酬。

在倫敦，法拉帶領「抵抗 AI 驅動的外送應用程式」運動；其實這項運動已經從英國擴散到全世界。法拉的辦公室位於阿爾德門東站（Aldgate East），我去找他見面。幾年前的一個週五晚上，法拉剛開始在週末幫優步公司開車，結果在阿爾德門東站跟幾名喝醉的乘客發生爭吵。這起事件讓他嚇到了，當他向優步公司投訴時，他意識到自己身為受雇者，卻沒有受到法律的保障。

優步公司聲稱那是因為法拉不是公司的員工，而是獨立的承包工作者。法拉當然不覺得自己是自主的承包工作者，畢竟是優步公司決定要給他什麼工作、付給他多少報酬，以及是否開除他。於是他開始長達十年的法律運動，捍衛接單工作者的權益。

法拉在共用工作空間租下一間辦公室，他指著窗戶外面的一片綠地告訴我：「這整個區域有好兆頭，那是阿里公園（Altab Ali Park），很有歷史意義。」這座公園以孟加拉的紡織工人阿里（Altab Ali）命名，1970 年代發生一場種族主義攻擊，阿里在這附近遭到殺害。[21] 阿里的死變成爆發點，引發全市的抗議活動；他的棺材被人抬著穿過西敏市。法拉說：「這座公園是獻給阿里的，它有勞工運動的歷史。」

法拉提到，幾年前的夏天，一起創立組織的亞斯蘭（Yaseen Aslam），也是在阿里公園召集第一場優步工作者的抗議活動。「沒有人有錢租大會堂。六點之後，這裡是免費的停車空間。所以在夏天的晚上，亞斯蘭會在阿里公園籌辦工會的會議，」法拉說，「有趣的是，優步公司的辦公室離公園不遠，就在那個轉角。」

我一邊聽著法拉的故事，一邊往外看著優步公司的辦公室。法拉是愛爾蘭人，先前在思愛普擔任軟體工程師，他認為接單產業必須要有改變，後來成立接單司機和外送員工會，支持伊夫提米耶對自動化詐欺偵測的投訴。法拉接著又成立非營利組織「工作者資訊交換中心」（Worker Info Exchange），致力為工作者爭取更大的資料所有權，並要求演算法在做出足以改變工作者生活的決定時要更加透明，包括人們的工資及是否繼續受雇。法拉也協助凝聚全球二十三個國家的工會成員和接單工作者，一起擬訂了一份全球訴求宣言，內容包括提高演算法決策的透明度。

法拉對我說，演算法是「他們用來控制接單工作者的主要工具」。他剛處理完伊夫提米耶的案子，阿姆斯特丹的高等法院要求優步和歐拉這兩間公司，必須揭露演算法用來扣除工資和開除工作者的資料。

法拉身處最前線，在英國和歐洲發起一連串為零工經濟工作者爭取權益的法律挑戰。2021 年 2 月，也就是他第一次在車內跟乘客發生糾紛的六年後，他的遊說終於獲得回報：在一項指標性的判決中，英國最高法院表示，優步司機並不像優步公司在全球各地宣稱的那樣，是獨立的自雇者，他們應該被視為員工，享有最低工資、病假工資和退休金的權益。[22] 這代表有史以來第一次，零工經濟工作者可以享有休假和病假等適用於其他所有產業的勞工權益，而不會感到權益被剝奪或無能為力。這導致加拿大、瑞士和法國也做出類似的判決。[23]

「當我們開始挑戰有關臉部辨識、位置檢查和詐欺活動指控的自動化決策時，取得了很多案例，」法拉說。現在的核心爭論則更為全面，例如這些決策是否完全自動化，如果不是，優步這些公司又進行了多少的人為干預？「但他們遭到圍攻的地方是 AI 在工作分派和工資上的決策，因為那是即時發生的，不可能有人為干預，」他說，「這就是現在的爭執所在。」

法拉在英國的努力激勵了全球的反抗行動。最近有一項調查詢問近五千名零工經濟工作者，發現全球的零工目前大約有半數已加入正式團體或工會，或曾參加爭取自身權益的產業行動。[24] 在食物外送員當中，比例上升到 59%。[25]

工會本質上是一種極度在地化的組織。在巴西，外送工作者組成「反法西斯外送員」（Entregadores Anti-fascistas）；在墨西哥，有「一個外送工作者也不能少」（Ni un Repartidor Menos）；在南非，外送工作者可以加入「運動」（The Movement）；在奈及利亞，「專業接單運輸工人全國工會」（National Union of Professional App-Based Transport Workers）有來自優步公司和博爾特公司的一萬名會員。

在中國，獨立的工會並不合法，工作者是以非正式的方式團結起來，透過「騎士聯盟」這樣的大型微信群組來集結，他們也會在上面分享一些消息，例如外送困難的區域，或是「禁止違停」區。[26]

他們不接受束縛，於是團結起來，集體拒絕 AI 控制的工作。例如奈洛比針對優步公司的抗議，以及深圳針對美團公司的抗議，正是因為應用程式任意改變工資的計算方式。[27]

法拉說：「這是演算法管理的『暗區』──規則是什麼？我們要打破的是什麼？我們怎麼知道？關鍵在於，他們不會告訴你規則是什麼，因為那意謂著我們都受到演算法的管理。」

我們形塑AI，AI也形塑我們

我採訪了四個國家的十幾位零工，這對演算法和工作者權益的研究來說只是滄海一粟。我在四散的個人帳戶底下瞥見了一些誘導模式：首先，AI 系統和我們的生活有著相互依存的效果——我們形塑演算法，演算法也形塑我們。例如沙米就指出，優步公司分派工作的演算法會鼓勵他接下富裕社區的訂單，拒絕較小額的訂單，這樣沙米（還有優步公司）就可以把收入最大化。因此富裕的社區會在二十分鐘內收到東西，而貧窮的社區則要等比較久。

更明顯的是用 AI 促成工作而產生的殖民效果。在這個多樣化、多元化的產業，仍然有數位霸權，少數幾家大型企業控制著全球的勞動力，其中很多人絕望無助、遠離家鄉，並且幾乎毫無力量。

雖然本章的故事發生在接單外送工作者身上，但 AI 的影響卻遠遠不止於此。從醫院、亞馬遜公司的倉庫、學校、商店到看護中心，AI 系統正不斷的整合進各種職場。我採訪羅德島的醫院治療師兼社工人員霍尼格（Jess Hornig），她的雇主是美國一家大型的健康保險公司，霍尼格透露公司開始使用 AI 軟體，監督和決定臨床醫師的加薪和獎金，而軟體的依據是由統計方法得出的生產力分數。她告訴我：「這百分之百是有問題的做法，人們感到非常焦慮和恐懼，不知道第一線的工作人員會如何受到評估，也擔心他們是否符合標準。」

生成式 AI 軟體可以產生類似人類產出的文本和影像，它們的興起讓現代職場使用 AI 的情況變得普遍。例如學生已經使用 ChatGPT 這類程式來協助撰寫求職申請書，律師則利用它來草擬合約，與此同時，從配音、平面設計到客戶服務，AI 也開始取代傳統上由人類完成的工作。

隨著這種凡事自動化的轉變，工作者的權益問題也變得更加重要。配音員布瓦（Laurence Bouvard）就表示，AI 公司經常竊取她和同行的聲音、表演和肖像，「用我們的資料訓練他們的演算法，再製造用來取代我們的產品。」

她補充道：「在現行的法令下，我們這些表演者對這種事情束手無策。」

就像伊夫提米耶告訴我的：「大家都覺得沒有危險，覺得自己有一份很好的工作，這只會影響到那些可憐的優步司機，不會影響到他們。但人工智慧會普及，影響每一個人。」

8

尚不完備的法律

改革鬥士難尋

隨著以演算法為基礎的決策和生成式 AI 逐漸深入我們的日常生活，那些發現自己受到自動化系統迫害的人終於開始要求改正。即使是現在，自動化系統仍有一大部分是無形和不透明的，受到影響的人通常不知道它們的作用。也因為這些技術依然不受管制而且隱藏得很好，哪怕人們意識到它們的存在，也很少有人能知道它們的運作方式。低收入工人、移民、病人或有色人種等脆弱群體通常更難找到途徑，質疑這些封閉系統的使用方法。

因此在調查 AI 系統的影響時，找出真實世界的故事是一大挑戰，畢竟那些被演算法結果傷害的人可能不願意講出親身經歷。發現有人拿自己的臉孔製作深偽色情影像的詩人莫特、兒子遭到犯罪預測演算法評分的媽媽薩喬，以及優步司機伊夫提米耶，是我遇到第一批為了推動改變，願意對這些不透明的 AI 系統大聲疾呼的人，而且他們這樣做通常會受到傷害。

後來我遇到更多改革鬥士。我採訪過英國三十二歲的肝臟移植接受者梅芮迪斯（Sarah Meredith）和她的家人，他們認為器官分配演算法並不公平，正起身對抗。還有大曼徹斯特失能者聯盟（Greater Manchester Coalition of Disabled People）的成員伯吉斯（Rick Burgess），對英國處理社會福利金的政府部門「就業與退休金事務部」（Department for Work and Pensions）採取法律行動，目的是深入了解能夠警示疑似福利詐欺的演算法；他認為這個演算法具有歧視性，還缺乏有意義的人工監督。

在這些案例當中，問題的關鍵不僅僅是演算法帶有偏見或對少數族群有害（畢竟這些事情很難證明），而是暴露出，這些系統對於被針對的人們來說有多麼模糊和深奧。演算法的實施和管理方式逐漸成為人權問題。

這正是長期擔任人權律師的克萊德（Cori Crider）捲入抗爭的原因。這幾年來，她一直在為關塔那摩灣（Guantanamo Bay）的政治犯辯護。

AI站在許多人的肩膀上

克萊德是德州人，講話很快，在倫敦定居。她一直認為美國國防部未經起訴或審判，就把被拘留者囚禁在關塔那摩灣是一種極度的權力不平衡。

2019 年，她偶然發現一個隱藏的社群，聚集了在 Meta 等社群媒體巨擘工作的內容審查員。她接著發現一些令人訝異且驚人相似的地方。

克萊德採訪超過一百名臉書、Instagram、抖音的內容審查員，其中一位是莫唐，莫唐在肯亞的外包公司「薩碼」工作，負責清理社群媒體內容的有毒汙水池，並訓練人工智慧系統，以便讓自己的工作自動化。由於 Meta 把工作外包到華沙、克拉科夫、奈洛比和都柏林等地，克萊德也到當地接觸以匿名面貌受訪的工作者。

透過這些採訪，克萊德才知道內容審查員經常被要求不斷過濾一些內容，例如斬首、大規模槍擊、恐怖主義、性暴力和虐待兒童的影像。

克萊德知道創傷後壓力症候群（PTSD）是什麼樣子。她以前常常跟遭到綁架、毆打或強迫餵食的政治俘虜交談。當她跟那些有明顯創傷的內容審查員交談時，讓她回想起在關塔那摩灣與囚犯坐在一起的景象。當然，她知道情況不一樣，但不知何故，兩者之間有種共鳴——雙方都描述到類似的記憶閃現，腦海裡不斷重複無法抹去的暴力場景。在了解這個產業之前，克萊德從來沒有想過，光是觀看螢幕上的暴力影像，仔細篩選並檢視好幾個小時，就可能導致創傷後壓力症候群。但當她跟內容審查員交談過後，情況似乎顯而易見。

她親眼觀察到，矽谷最賺錢的產品往往是靠最脆弱的一群人建立起來的，各種以吸引注意力為目標的 AI 推薦引擎，例如 Instagram 和抖音的主要動態內容，或 X（舊稱推特）的為你推薦，背後都有著貧窮的年輕人、女性和移工；而這群人得仰賴內容審查工作，才能取得在一個國家中生活和工作的權利。沒有外包內容審查員的付出，人們上傳的動態內容根本無法使用，哪怕我們的社會幾乎來者不拒，有些內容還是太過惡毒、難以消化。

有問題的地方不只內容本身的性質，內容審查員的工作狀況也大有問題，雇主居然把人類工作者當成機器人，讓他們一邊工作，一邊訓練 AI 做自己的工作。內容審查員每天必須處理數百則內容，不論內容有多麼惡毒都得接受。他們必須觀看影片裡的細節來判斷意圖和脈絡，還得放大傷口或身體部位等令人不悅的影像，才可以針對影像的性質進行分類。據說，他們每十五到三十分鐘就會得到一個品質分數，不管在什麼時候，品質分數都應該維持在很武斷的 98%。他們必須達成的工作量、速度和壓力都令人難以承受。

但一切都被保密的文化和恐懼的氣氛籠罩住，就像克萊德在前一個職涯裡碰到的國家安全工作。Meta 公司等客戶經常要求工作者簽署保密協議，禁止工作者與任何人談論工作，包括家人或律師。克萊德在處理關塔那摩灣的客戶時，已經習慣美國政府把相關的一切都列為機密，甚至包括他們午餐吃的東西，政府這麼做有一部分是想讓他們失去人性。但在矽谷也是，臉書的內容審查員受到嚴厲緘默協議的束縛，無法對外發言。甚至外包公司埃森哲（Accenture）代表臉書草擬的一些保密協議，要求工作者認同他們的工作可能會造成創傷後壓力症候群，免除埃森哲和臉書對任何精神傷害的責任。[1]

保密協議讓人們不敢信任彼此，並能防止他們建立連結和成立談判單位。克萊德說：「我是他們的律師，他們發現連要跟我交談都很困難。這種狀況太離譜了。」

既能致命又能治病的野花

克萊德的前一份工作是在非營利組織「緩刑」（Reprieve）擔任律師，負責公共利益訴訟，很習慣對抗熟悉且明確的敵人，也就是大政府。在關塔那摩灣，她的任務很簡單——找到讓客戶出獄的辦法。她表示，「明顯、強勢」的暴行造成客戶的困境。

做為工作的一部分，克萊德也見過葉門和巴基斯坦無人機攻擊的倖存者，還有美國政府官員，她發現對手的樣貌正不斷改變。從客戶的故事裡，她注意到在國家安全和國防領域，祕密資料蒐集和標定演算法（targeting algorithm）開始興起。資料分析日益成為監視和軍事行動的核心。

隨著時間過去，克萊德發現自己很難不去在意這些猛吞資料的機器學習演算法，她覺得參與建立演算法的企業在運作方式上，似乎跟西方自由主義「自決和自由」的理想背道而馳。身為科技界的局外人，她開始懷疑大規模資料驅動的預測工具（包括 AI）是否對民主構成了存在風險，並威脅到我們的公民自由。

自從她透過這個視角看到問題，就開始覺得問題無所不在。最有問題的是國家運用的演算法，它們可以遠端指揮，暗中偵察、監視，甚至殺戮。但它們不只出現在這些地方。美國、亞洲和歐洲的政府正在司法系統、教育、衛生和邊境管制等領域測試自動化系統。以克萊德居住的英國來說，內政部使用配備 AI 技術的無人機掃描海岸線，尋找載有非法移民的小橡皮艇。[2] 例如就業與退休金事務部等經費拮据的公務機關，正試圖利用模式偵測軟體來制定公共福利方面的決策，[3] 就像微軟和阿根廷薩爾塔當地政府攜手合作的專案一樣。

在私部門，她看到以資料和 AI 為基礎的管理方式，對接單外送人員和亞馬遜倉庫工人造成毀滅性及非人性化的影響。

儘管有證據顯示這種做法造成廣泛的傷害，可是她發現人權界在當時幾乎沒有抵抗。她參加過幾個公共討論和活動，主題雖然在講如何應對科技巨擘的力量或抑制 AI 傷害，但與會人士大多是提出軟體解決方案的技術專家。

她不禁好奇，運動人士和人權律師在哪裡，誰來為那些被資料驅動技術傷害或侵犯的人爭取權益？對於濫用個人資料、透過推薦演算法傷害社群，以及在製作 AI 產品的過程中惡劣對待大量的隱形工人（例如寇利、莫唐和伊夫提米耶）等舉止，又有誰來控告相關企業？

根據克萊德的經驗，衝突是改變社會的驅動力，但在科技界她卻很少看到這種情形。「貝佐斯（Jeff Bezos）不會有天早上在做伏地挺身、吃奇亞籽布丁時突然受到罪惡感的譴責，」她告訴我。「就像道格拉斯（Frederick Douglass；譯注：十九世紀美國黑人政治家，廢奴領袖）說的，沒有要求，權力不會做出任何讓步。」

因此在 2019 年夏天，克萊德和兩位同事達克（Martha Dark）與柯林（Rosa Curling），在朋友的辦公室借了一個角落討論解決之道，花費幾個星期的時間，提議成立新的法律正義組織，取名為「毛地黃」（Foxglove）——這種野花根據劑量的不同，既能致命又能治病。他們的使命是利用法律工具，要求應用大數據和人工智慧等技術的單位必須當責（accountability），並重新拿回個人的能動性。

現在，毛地黃公司成為社群媒體內容審查員、亞馬遜工廠工人和優步司機的代言人。衣索匹亞社區暴力的受害者指責社群媒體的演算法促成謀殺，委託克萊德的團隊控告 Meta。克萊德也協助英國民眾對抗自動化的福利系統，要求國家健保局在資料使用上要更加透明。

克萊德並不孤單——全世界不斷冒出像她一樣的人，想要從不透明的 AI 系統奪回集體的能動性，並在世界各地呼籲，要以合乎道德的方式建立和使用巨量資料系統。克萊德的故事讓我們一瞥現代盧德份子（Luddite）的特質：勇氣十足的對抗我們文明史上最強大的一些實體。

現代公民仍受到剝削

克萊德和同事在 2019 年成立公司時，對於公司的目標抱持著遠大的理想。毛地黃公司會幫那些被自動化系統困住的「小人物」爭取權利。他們將藉由民主和司法體系的力量達到目的。截至目前為止，他們的案子都集中在那些被資料驅動技術傷害的人身上。

例如，2020 年，他們兩度對英國政府不公平使用演算法發起法律挑戰，據此聲名大噪。首先，他們把內政部告上法院，因為他們相信內政部不為人知的簽證授予演算法，會根據國籍歧視申請人。[4] 內政部使用這套軟體過濾英國簽證的申請人，依照風險等級把申請人分成不同的優先等級。毛地黃公司把這種區分國籍的做法稱為「白人的快速登機」。[5] 結果內政部既沒有揭露這套系統的運作細節，也沒有跟毛地黃公司對抗，內政部選擇暫停這套決策系統，並同意重新設計模型。

幾個月後，時間來到 2020 年 8 月，毛地黃公司對一種廣受批評的演算法提出質疑，起因是新冠肺炎大流行期間，國家考試取消，這套演算法被用來判定英國畢業生的考試成績。[6]

這套系統的施行單位是英國監督考試的國家機構「英國評核及考試規例局」(Ofqual)，他們從各校蒐集了過往的成績資料，然後根據學生先前的表現計算出成績分布。如果當年度學生的中等教育普通證書（GCSE）考試成績看起來比往年進步，他們就會對分數進行一些調整。

由於這套系統在設計時並沒有考慮到離群值(outlier)、無法根據教師的裁量進行調整，結果放大了少數學生（通常是私立學校）選修科目的成績。整體而言，系統因為以前的資料不夠公平，最後導致數千名學生降級，尤其是來自過去表現較差學校的學生。

隨著毛地黃等組織發起的法律威脅，加上學生的抗議和反彈愈演愈烈，甚至創出「演算法去死」的口號，逼得政府最後放棄這套演算法，改為採納教師的評估。[7]

但不只是政府有問題。與此同時，毛地黃公司一直準備對抗矽谷。從緬甸、孟買到墨爾本，科技平臺每天都代表數十億用戶做出有關政治、道德和文化方面的決定。而且大多數時候，這些平臺是依據它們在美國的特權地位做出決定。這些以演算法為媒介的平臺在開發中國家特別有影響力，能創造自己喜歡的勞動力條件、界定網路的疆界、觸犯當地法律、制定言論自由的規則，有時候甚至促成政治暴力、戰爭和種族屠殺。

克萊德深入了解科技界之後，對於自己面臨的對手產生新的觀點。她發現，由美國企業組成的全能產業複合體（通稱為科技巨擘），已經累積了令多數國家羨慕的力量與資訊。「有限責任公司，蹊蹺就在於名稱，」她說。這些公司的力量幾乎沒有受到任何限制，因此她覺得，挑戰這些公司甚至比要求民主政府負責任更加困難。

克萊德最近讀的兩本書則提供了歷史觀點：歷史學家達爾林普（William Dalrymple）的《大亂局》（*The Anarchy*），描述英國東印度公司的崛起；記者金瑟（Stephen Kinzer）的《沙赫的人馬》（*All the Shah's Men*），講述英伊石油公司在 1953 年伊朗政變中扮演的角色。克萊德說：「要界定國家和企業之間的界限十分困難。有趣的地方在於，國家政策如何跟企業政策保持一致。」

她認為現代公民受到類似的剝削，只不過現在的壓榨系統是由掌握最多技術知識的人控制，而我們之中愈邊緣化的人，愈容易受到全球勢力重組帶來的傷害。

當演算法引發不安

2022 年 12 月，七個人權組織組成團體並提出第一批訴訟，宣稱演算法放大仇恨內容，直接促成真實世界的暴力和死亡，毛地黃公司身為其中一份子，提供了支援。衣索比亞籍研究人員米雷格（Abrham Meareg）是第一位原告。米雷格的家族屬於提格利尼亞人（Tigrayan），是衣索匹亞安哈拉（Amhara）地區的少數民族，而安哈拉地區正有兩個團體在進行血腥的內戰。米雷格的父親阿瑪雷（Meareg Amare）是化學教授，2021 年 11 月在自家外面被一群暴徒以種族為由攻擊，遭到槍殺。

就在前一個月，阿瑪雷在臉書上遭到一連串假消息的騷擾，貼文聲稱他賣掉了從大學偷來的財產。他的兒子米雷格擔心父親的安危，要求臉書刪除這些瘋傳的貼文，但臉書毫無回應。父親遭到謀殺的一個月後，臉書通知米雷格，已經移除一則多達五萬人分享的貼文。正在美國尋求庇護的米雷格後來表示，他認為臉書應該對父親遭到種族動機的謀殺負有責任，因為臉書的演算法協助散播關於父親的仇恨言論和錯誤資訊，而且刪除有害貼文的反應也慢了好幾拍。

本案的第二位原告是國際特赦組織的法律顧問特克勒

（Fisseha Tekle），他蒐集了更多與種族動機謀殺直接相關的臉書貼文。特克勒指稱，他和家人因為自己的工作而在臉書上遭到辱罵。特克勒已經搬到肯亞，他不敢回衣索匹亞，因為他擔心自己的生命安全。[8]

雖然問題的核心在於臉書的演算法引發狂潮般的網路仇恨，但克萊德認為，這些暴力的結果也與 Meta 在奈洛比的勞工問題有關——像莫唐這樣的內容審查員在外包公司薩碼工作時，不得不觀看有害心靈的寫實內容，而薩碼正是衣索比亞仇恨言論審查的區域中心。她認為非洲語言的內容審查缺乏投資，惡劣的工作條件也是原因之一。在非西方國家，仇恨內容停留在網路上的時間比英語市場更久，進而煽動了印度和緬甸等國的暴民。[9]

聲請人要求 Meta 改變演算法，不要再推薦煽動暴力的內容，而且公司必須設立十六億美元的受害者基金。

米雷格的案子仍在進行當中，在宣布結果前，克萊德表示：「如果我們成功，這會是處理推薦演算法和對非英語市場系統性歧視的第一個案例。」

是否能讓科技巨擘為了公共利益，改寫他們價值數兆美元的演算法呢？克萊德正在進行的抗爭首開先河。

不受管制的AI

在大多數人眼中，克萊德顯得自信過頭。如果發生爭吵的話，你肯定希望她站在你這邊。但在我們見面的幾個月裡，她的面具有時會滑落。當案子沒有經過訴訟就解決時，我瞥見了她自我懷疑的時刻。她很希望能在法庭上發表意見，看到真正的改變，但通常這是不切實際的期望，導致她得面臨不知所措和沮喪等情緒，再跟治療師一起克服這些問題。

不久前的下午，我們到克萊德辦公室樓下繁忙的咖啡館裡坐著聊天，她回憶起在毛地黃公司工作的四年時光。她對一直以來所做的工作感到滿意，但面對如此巨大的挑戰，她自覺渺小。毛地黃公司原本天真的以為，只需六個月就可以在奈洛比提起衣索比亞案的訴訟，結果花費將近一年的時間才完成。「我提起訴訟那麼多次，從來沒有哪次跟這次一樣，讓人感覺像是贏得官司，」她說。「當企業往境外投射力量，做著一些大公司做過的事，我就必須想出……論述，指出這些企業必須在哪裡面對司法體系，並找到理由。」在案件審理之前，法律本身必須要重新詮釋。「這很困難。」

克萊德希望結果能超越個案，解決她認為的總體問題，也就是不受控的權力沒有當責。在她看來，實現這個目標的途徑是反托拉斯法。她說，這些公司喜歡提出錯誤的二分法：「如果你想要利用立法機關或國家來管制我們的力量，那你就走向了成為中國的單行道。」這些公司聲稱，權力的再平衡相當於幫網路裝上防火牆，但她早已對這種公然轉移注意力的論述感到厭倦。她的下一個挑戰是透過反托拉斯法挑戰科技巨擘。

克萊德表示，這就是最初美國反托拉斯政策的目的。反托拉斯法不應該是價格管制的技術機制，重點在於維持公民與企業力量之間的平衡。她說：「超大規模的企業力量會被視為對民主的威脅。」

克萊德表示，如果監控和操縱的技術不受控制，我們可以猜到自己的命運會有什麼下場；有時候只需要回顧過去，就能想像未來。早在 2013 年，她就已經瞥見了自己最大的恐懼。

克萊德在非營利組織「緩刑」擔任律師期間，於 2013 年 4 月某天早上，搭飛機前往葉門的首都沙那，跟東部村莊卡沙默（Khashamer）的環境工程師傑柏（Faisal bin Ali Jaber）見面。克萊德相信，傑柏的家人因為電腦程式的命令遭到謀殺。

一年前，傑柏在卡沙默和親朋好友聚會，慶祝長子的婚禮。傑柏的小舅子薩利姆（Salem）是受人尊敬的教長「伊瑪目」（imam），當天傍晚在附近的清真寺舉行週五布道。薩利姆在布道中譴責已經把觸角伸進這個區域的恐怖組織「蓋達」（al Qaeda）。布道的消息傳到當地叛亂份子的耳中，幾天後，在薩利姆外甥的婚禮上，三名年輕人跑來找他抗議。薩利姆同意在當天傍晚跟年輕人見面並繼續辯論，他會帶著他的親戚，也是村裡唯一的警察瓦利德（Waleed）一起同行。夕陽西下，五個人碰面，這時沙漠裡有四枚飛彈從天而降，奪走了五條性命。

整個社區都看到美國無人機攻擊，殺死伊瑪目和警察，家屬悲痛莫名。當天晚上，葉門官員打電話告訴傑柏，他的家人並不是預定的目標；無人機瞄準系統誤以為他們跟年輕叛亂份子有關係，就把他們當成目標。

這類攻擊是所謂的特徵突襲（signature strike），受害者因行為模式遭到攻擊，與身分無關。在歐巴馬總統任內發動的 542 次無人機攻擊裡，特徵突襲占了絕大多數。[10]

克萊德後來發現，至少從 2011 年起，美國政府就不斷實驗，在發動無人機攻擊之前，利用人工智慧追蹤目標的手機並加以隔離。發射這些飛彈的一方或許是人類，但克萊德相信，發射飛彈是因為電腦程式的運算結果。這是克萊德第一次感受到自動化技術的粗暴力量——它們能形塑人類的生活，甚至能奪走人類的生命。

現在，從新創公司到大型上市公司，有數十家正基於國防和軍事目的建立人工智慧工具庫。這些系統因為烏克蘭戰爭和中東的戰事而重獲新生，如今獲得各國國防部資助，設計的目的包括在國際水域執行海上監視；辨識和追蹤恐怖份子；發現、隔離並擊落空中的無人機。

這些自動化技術在缺乏監督、透明度或許可的情況下湧進我們的社會，而克萊德相信，如果我們不採取和平、合法的手段加以抵抗，會開始失去對技術的控制權。

克萊德用一個現代的例子做為對照。她說：「中國建立了一個個人自由和集體自由可能會碰到的徹底反烏托邦；如果人們不把權力拿回來，就會發生這種情況。」

但中國仍然有勇敢的異議份子，這些人權的捍衛者和鬥士不顧個人風險，公開反對使用 AI 技術針對無辜的民眾。為了親眼看看獨裁的 AI 系統可能會出現哪些問題，我希望能見到其中一位異議份子並親自詢問。

9

全面監控

老大哥在看著你

我很訝異王松蓮（Maya Wang）願意現身，畢竟有千百個理由可以阻止她來華盛頓特區的咖啡館與我碰面。她對於見面的對象和分享的內容都高度警覺，哪怕對方是值得信賴的朋友。她會清除掉網路上任何可識別的資訊，絲毫不漏。當數位裝置出現不尋常的活動，或手機接到垃圾電話時，她的防衛心都會提高。她必須小心謹慎，因為她的行為可能會洩漏與她關係密切者的資訊，而這些人也可能無意中洩漏有關她的資訊。有時候她覺得一天到晚都在擔心自己的安全，從醒來的那一刻到晚上頭沾到枕頭為止，腦海裡全都想著自身安危。

她還有更大、更無形的恐懼，那就是中國大陸撒下數位監視的天羅地網，以及當地的公民權利。監視是她擅長的研究領域，她愈深入，就愈擔心人類的命運。

這對一個人來說太沉重了。

所以我很感激她此刻現身，雖然 4 月的毛毛雨讓她有點消沉。她告訴我：「中國有句俗語，叫做『天高皇帝遠』，意思是皇帝住在北京，但我可以住到四川，過著悠哉的生活。可是這句話已經不成立了。在整個人類的歷史上，從來沒有任何其他帝國或政府，可以這麼廣泛而深入的監視人民。」

王松蓮現在住在美國，比較能從容的公開談論自己在非營利組織「人權觀察」（Human Rights Watch）擔任中國高級研究員的工作，近十年來她一直在記錄中國政府侵犯人權的行為。她想念東亞（她現在寧願待在臺灣），但她也喜歡美國。自從她離開中國和周邊區域，就不再擔心走在街頭會遭人綁架。她覺得自己某種程度上已經可以融入環境，雖然她花了一段時間才搞懂如何繳清信用卡費。她說：「在這裡，就算口音完全不同，多數人也不會把你當成外國人。哪怕皮膚是藍色的，人們還是會認為你是美國人。我一直喜歡美國的這一點。」

她承認這份工作很孤獨，不但被卡在兩個世界之間，還要檢查一堆晦澀的程式碼和中國警方的文件，試圖提醒華盛頓注意似乎遠在天邊的科技反烏托邦。但她知道自己並不孤單，身旁還有她的同事和各路英雄好漢，總有一群人一起朝同一個方向努力。我敢說，人們可能會選擇其他的人生道路，找更輕鬆、更安全的工作。但她不屑的嘖了一聲，說：「人這一輩子還能做些什麼呢？只能努力做正確的事，設法貢獻自己，讓社會變得更好。」

需要確認自身的安全

1989 年，中國政府鎮壓天安門廣場的抗議學生，此後近十年，中國遭到西方國家的外交孤立。[1] 但在二十一世紀初期，一種叫網際網路的新玩意兒出現，能把人們串連在一起，引發一陣激情熱潮。網際網路，加上中國經濟的強化、都市移民的增加，以及年輕人教育程度的提高，帶來更加開放的氛圍。到了 2008 年，中國大約有四分之一的人口已經上網，足足將近三億人。[2]

一個由人權捍衛者、律師、記者和上訴者組成的數位社群浮現，展開「維權運動」，[3] 這些人利用網路做為暢談不公、組織動員和進行抗議的平臺。即使國內的安全機構不斷擴張，人權活動遭到壓制，但網路抵抗運動仍不斷發展。網際網路不僅能讓人們了解親朋好友的想法，也讓中國各地民眾能一窺鄰近村莊、城鎮和都市民眾的想法。當他們發現大家的想法都很類似，內心就沒有孤單的感覺。王松蓮說：「這帶來非常強大的力量。」

因此王松蓮剛開始從事人權工作時，中國感覺是一個希望無窮的地方。那時她很年輕，是當地女性裡新一代的理想主義者。在早期那段時間，她感到無比樂觀。她一直知道有危險，但從沒想過事情會變得多麼糟。當時參與人權工作，感覺不像是勇敢的行為，比較像是懷抱著希望的舉措。她覺得自己受邀參加很酷的派對，可以跟站在最前線改變中國的人聚在一起。她說：「誰會不想參加呢？」

但這些年來，因為現實中要不斷公開反對日益壓迫的中國政府，那股興奮的情緒已經受到壓抑。王松蓮不得不在日常工作中把安全放在首位。她已經想不起來，不用擔心自己的人身安全和數位安全是什麼感覺。人權觀察組織能保護她的程度很有限；除了她自己，沒有人真正了解她所經歷的情況。

中國的社會信用評分制度

王松蓮告訴我的故事大概從十年前開始，約略是 2015 年初，當她在中國大陸和香港兩地跑的時候。她從中國大陸一位運動人士那裡聽說了一種叫做「社會計分卡」的東西。根據官方文件表示，這是一個全國型的社會信用體系，使用先進的資料分析和 AI 來「懲罰失去信用的人，獎勵信用良好的人」。這個系統看起來太反烏托邦了，成為英國科幻影集《黑鏡》(*Black Mirror*) 某一集的靈感來源。[4]

隨著王松蓮開始在網路上深入調查，她發現一些發表過的文件，裡面提到一系列相互連結的軟體系統，能夠彙整公民的資料並連結警方的資料庫。她察覺這些資料抓取模型已經配置到全國各地，卻沒有人討論原因。

說到這裡時，她停下來澄清，自己並非什麼烈士。雖然她後續意外發現一個數位監視網路，但起初的動機並不是意識型態，而是更簡單的理由：未解之謎的誘惑。

大約在聽到社會計分卡系統的同時，王松蓮正在追蹤新疆的衝突事件。新疆在中國的西北部，連接中亞和東亞，是古老絲路的中心。這個地區種族多元，周邊與至少六個國家接壤，包括蒙古、俄羅斯、哈薩克、吉爾吉斯、阿富汗和巴基斯坦。新疆住有一千三百萬人的維吾爾族穆斯林，[5] 他們主要講突厥語，此外還有一些其他少數民族，例如藏族、錫伯族和中國塔吉克族。

中國共產黨自從 1949 年掌權後，一直宣稱新疆是中國的一部分。數十年來，中國政府不斷鎮壓維吾爾人等少數民族，宣稱這些人有極端主義思想，而新疆一直有分離主義衝突和獨立運動。[6] 中國國家主席習近平在 2014 年訪問新疆時，對「宗教極端主義的毒性」提出警告，[7] 為全區鎮壓敞開大門。2017 年通過的「去極端化條例」禁止人民從事伊斯蘭教活動，例如留長鬍鬚，或在公開場合戴面紗。

到了 2018 年，據估計有一百八十萬維吾爾人和其他穆斯林被拘留在「再教育營」，[8] 中國政府稱這些機構為「職業技能教育培訓中心」。根據政府的說法，這些再教育營的目的是教導中國法律和普通話，以及「摘掉恐怖主義活動的嫩芽」。[9] 那些被選中參加再教育營的人沒有選擇，在違反自身意願的情況下遭到拘留和囚禁。

2014 年，再教育營外的維吾爾人還可以向政府請願，提倡改變。等到 2016 年，王松蓮把注意力轉向新疆時，僅僅是質疑政府就已經變成了危險行為。

王松蓮在哈薩克花費好幾個月，透過網路或親自見面的方式，訪問到一些成功逃離當地的公民。他們道出一個結合科技與監視、殘酷鎮壓人民的人權真空地帶，簡直是徹底的反烏托邦景象。王松蓮提及一個年輕女學生，她在新疆出生，受過西方教育，訪談時對王松蓮敞開了心胸。

這位學生回到新疆老家過暑假，在沒有起訴或審判的情況下遭到拘留超過兩年。當局的拘留理由是她使用了虛擬專用網路（VPN）——她以這種數位工具繞過中國的網路審查，連到大學的網站選課。她遭到逮捕後，還被迫提供生物辨識資料給國家，包括 DNA、聲紋和臉部影像。

政府把這個女孩（甚至整個家族）列入所謂的麻煩製造者黑名單。她被載到另一個城市的拘留營，住在牢房，被迫「學習」她早就會講的普通話，以及愛國標語和國歌。隨時都有攝影機監視。五個月後，她被釋放，但有將近兩年的時間不能離開中國。她必須每週向警方報到，每次經過城市檢查站還得接受進一步的審查。

她告訴王松蓮，她在當地警察局看到警察用螢幕監視過馬路的行人，每個人的臉上都有一個紅色小方塊。王松蓮認為這聽起來像是臉部辨識系統，可以追蹤被挑出來做調查的人。

利用這位學生和其他人的證詞，王松蓮開始串起線民提供的資訊碎片。她知道新疆的攝影機通常具備臉部辨識能力，到處監視著街頭、學校、清真寺、戲院和再教育營的民眾。

王松蓮知道臉部辨識軟體會追蹤那些被視為潛在煽動者的人，諸如罪犯、心理健康有問題的人、懷抱強烈政治觀點的人、曾經「上訪」向中國中央政府控訴官僚主義的人。[10]

但比起大規模的安裝臉部辨識攝影機，在新疆乃至整個中國發生的事，產生的影響更為深遠。王松蓮一開始根本不相信，有一個四面八方、根深柢固的科技控制系統，將這些攝影機化成中央數位大腦的神經末梢，肆意蔓延。

偵探般的故事

在 2017 年底，王松蓮首次對新疆的數位監視系統網路提出警告：它是用來監視、鎖定和監禁維吾爾族穆斯林的大數據機器。她發現這件事的過程幾乎可說是意外。[11]

有天下午，她採訪一位之前遭到警方拘留，最近離開新疆的當地居民，人權觀察組織的同事提出一個天真的問題：為什麼這位居民會被選中，送入再教育營？王松蓮以前從來沒想過要問這個顯而易見的問題，畢竟她認為中國政府的手段基本上就是獨斷獨行。

這位居民告訴王松蓮，他在警察局看到一個電腦程式，可以產生拘留人員名單，警方把這套軟體稱為「一體化系統」。拘留人員名單是從某種資料庫裡彙整出來的，但他不知道觸發的機制是什麼。

王松蓮開始在中文和英文的網路上挖掘，尋找提到「一體化系統」的內容，查遍中國警方在國家安全部出版的期刊上發表的學術文章。她搜遍官方的採購文件、公司的行銷資料和專利申請，最後找到一個名稱：一體化聯合作戰平臺（Integrated Joint Operations Platform, IJOP）。一體化聯合作戰平臺簡稱「一體化平臺」，是新疆監視體系的後端。[12]

透過採購文件，發現一體化平臺軟體是由中國電子科技集團（CETC）設計與開發，它是中國主要的國營軍事承包商。依照推測，這套系統具備預測能力，有如一張資料的天羅地網，能在任何犯罪或恐怖主義活動發生前，逮捕未來的罪犯。看起來，目的就和阿姆斯特丹用來指出哪些青少年是未來罪犯的 ProKid+ 演算法沒什麼兩樣。當然，結果大相徑庭：前者可能導致違反意願的拘留，而後者則是啟動社會福利系統。當王松蓮開始拼湊這套系統時，她發現整件事已經醞釀了將近二十年。

有了這些關鍵字之後，她開始在網路上搜尋提及「一體化平臺」的內容，想試試還能有什麼其他發現。結果，她又再次碰到好運。

她在開放的網際網路上，找到有地方提供這款應用程式讓人下載，透過這個檔案，任何人都能檢視程式的架構。可見地方政府一直都很粗心。王松蓮說：「我心想，不會吧，這不是真的吧。」但它看起來很像官方採購文件裡描述的應用程式，因此王松蓮決定更仔細的研究。

為了驗證這款應用程式，王松蓮找來負責網路安全方面的同事圖伊（Seamus Tuohy）幫忙，之後也找了一位外部稽核員，指導他們該尋找哪些東西。當他們在檢查這款應用程式軟體的二進制結構時，發現裡面提到中國電子科技集團，這家公司的名稱也出現在一體化平臺的官方採購文件裡。另一個線索則是這款應用程式的數位指紋——程式設計公司留下的某種專屬浮水印。當王松蓮找到另一款應用程式，是同一家公司設計且經由中國政府正式發布，並發現程式裡也有同樣的浮水印，成功確認這個浮水印來自中國電子科技集團。透過這些不同的交叉檢證途徑，人權觀察組織的主管們確信，王松蓮免費下載的一體化平臺應用程式跟新疆當局使用的一模一樣。

在天羅地網裡生活

既然王松蓮有一份這款應用程式的程式碼，就可以深入研究這個怪物，釐清當局針對的特定人口和行為，進而了解演算法如何選擇要拘留哪些民眾進入再教育營裡。

王松蓮不會寫程式，也從來沒有剖析過任何應用程式。所以，她做的第一件事是把所有的程式碼列印出來，然後在辦公室的四面牆上，張貼這幾十頁紙張。紙上印的大多是難以理解的語言，王松蓮開始在以明文書寫的片段下面劃線，看看它們會如何相互連結。

王松蓮告訴我：「我以為，如果我盯著程式碼夠久，就可以搞懂。」

我回她：「有點像羅素克洛（Russell Crowe）在《美麗境界》（*A Beautiful Mind*）裡破解密碼的劇情。」

她沒有看過這部電影，「但最後我還是有點頭緒，」她說。

在同事和柏林一家網路安全公司的協助下，王松蓮得以對這款應用程式進行逆向工程，爬梳在新疆運作的監視政府長什麼樣子、有什麼結構。

首先，她發現這款應用程式是設計用來記錄各式各樣的資料，包括一個人的血型、銀行資訊、開哪種車，以及有關宗教行為等更敏感的細節，例如在沒有國家允許的情況下研讀《古蘭經》，或做出宗教風格的打扮，像是穿上布卡（burqa，穆斯林女性穿的罩袍）、蓄鬍。

這套系統會接收位置資訊與車輛資料，以及臉孔、DNA、聲音和步伐在內的生物辨識資訊，還有手機資訊，例如通話的對象和下載的應用程式。它甚至會接收家庭使用瓦斯和電力的情況，以及包裹遞送的資訊。應用程式詳列了三十六種可疑的「人員類別」。例如，有一種人被稱為「野阿吉」，指的是未經當局允許就去朝覲（Hajj，穆斯林朝聖）人，也就是「非官方阿吉」。[13] 王松蓮知道，除非政府安排，否則中國禁止穆斯林去朝覲，所以任何被標記為野阿吉的人都視為可疑人物。

取得一連串的資料之後，這套系統會產生一份特定目標的個人名單。

對於已經研究中國侵害人權情況十多年的王松蓮來說，她絲毫不意外這款應用程式的危險警示帶有武斷的本性，但她無法忍受這些系統被肆無忌憚的濫用。演算法把數十項合法行為都視為可疑，一旦你到新疆以外的地方旅行（無論是在中國境內或海外）、頻繁關掉手機、跟海外的親戚通話，「不和鄰居社交，經常不走前門」，或使用西方的應用程式，例如 WhatsApp 和 Skype，都會觸發危險警示。

王松蓮愈深入挖掘，演算法的決策看起來就愈不合理。比如說會出現普遍不被信任的「不放心人員」這樣的標準，或把年輕人列為「80 後、90 後不放心人員」。其他警示包括「平時行為可疑」、「社會關係複雜」、「思想不穩定」、「〔性〕關係不正常」。[14] 蒐集的資料愈來愈廣泛，當局毫無道理的把網張大，想要盡量抓捕維吾爾人。

王松蓮說：「這是一張天羅地網。每個人都會留下痕跡，政府就利用這些痕跡在全中國逮捕人。在新疆，因為監視和拘留的關係很強烈，我們才看到這一點。」

但王松蓮擔心的是更邪惡的事情。她覺得這件事不只是跟新疆有關。無論是中國或其他地方，在專制領導人的手中，這些以演算法為基礎的控制系統就像靴子一樣，踩在人類的臉上——歐威爾（George Orwell）已經警告過我們這件事。

中國政府已經開始鎮壓其他地方的少數民族，例如中部平原內部的回族。[15] 中國政府也在西藏各地大規模蒐集成人和孩童的 DNA，聲稱是為了「公共安全」。經常上訪（前往北京控訴官僚主義）的含冤公民會受到當地警察的監視和騷擾。[16] 人民的同意權和抗議權在民眾沒有意識到的情況下逐漸被剝奪。

在王松蓮看來，共產黨的終極目標是實現全面的社會控制，而實現目標的方法是：讓全體人民處於這種科技促成的極權主義底下。

王松蓮說：「如果他們成功了，這會是人類歷史上前所未有的計畫。」

不再能決定自己想做什麼

一體化平臺系統就像許多的大數據和機器學習系統，讓權力集中在少數人的手裡，而且特別針對脆弱族群。在新疆，監視技術成為對付維吾爾族社區的武器。王松蓮說：「在中國，最無力的幾個群體是農民工、窮人和維吾爾族。假如你同時擁有這三種身分，那你會處於最不利的境地。」

藉由監視和控制中國社會的其他人，少數有權有勢的人可以從中得利，尤其是政治領導人。與此同時，這些數位製的天羅地網會掃走社會金字塔底層的人，明明這些人有不得不抱怨和抗議的苦衷，卻還是剝奪他們僅存的任何能動性。這套系統完全表現出資料殖民主義的概念，就像一隻看不見的手，粉碎了社會最弱勢群體的任何異議或抵抗。臉部辨識等技術往往是在未經目標對象同意或知情的情況下推出的，世界各地的運動人士發現這對他們來說很不利。

只要被一體化平臺應用程式標示出來，人生將就此改變。被標記的對象會成為拘留的候選人，之後可能會被送到遍布當地的再教育營。王松蓮發現，預測軟體在中國各地如雨後春筍般冒出來，當局說是為了防止大大小小的犯罪，但這類軟體已經在新疆產生針對性的影響，導致維吾爾人大規模遭到拘留。

王松蓮因此了解到，不只是再教育營裡的人，而是新疆的每一個人，都生活在利用資料打造的數位監牢裡。人們被關在個別的虛擬圍欄之中，一套演算法會判斷他們的威脅等級，提供不同等級的自由。在這個死亡世界裡，有如非洲歷史學家姆邊貝描述的「受壓迫的社會」，[17] 電腦引導的決策影響著民眾見面的對象、前往的地點、穿著的衣物，或可以崇拜的神。這是終極版的失去自由。

「如果你去電影院、購物中心、超市、街頭，可能會有檢查站，有點像是巴勒斯坦人要過去以色列的狀況，只不過新疆是到處都有，在村莊、公路、進出城鎮都會碰到，」王松蓮指出，維吾爾人基本上被關在籠子裡。

如果有人在城裡工作，卻住在郊區，就得申請通勤許可。如果想去另一個城市探望母親，或到新疆南部拜訪朋友，也必須提出申請。如果他們不申報自己的行動，臉部辨識等感測系統就會化身為典獄長。

演算法會把這些人標示為危險，讓他們無法再獲准離開自己的縣或省。這一系列由AI觸發的檢查站也會因為家族關係而啟動。如果你或你的親戚之前曾遭到拘留，哪怕已被釋放，你都會受到更多的限制。很多人遭到拘留只是因為某親戚以前也遭到拘留。你可能會在檢查站遭到關押，或被拒絕通過，只能掉頭回去。有些人是數位貴族，有些人則是數位賤民。

對那些困在其中的人來說，日常生活變得壓力十足。民眾不了解演算法、不清楚政府的標準、不知道可以信任誰。這些人完全任由系統的「霸王機制」擺布，就像中國接單工作者被食物外送應用程式的「霸王條款」控制一樣，陷入卡夫卡式的困境。

這個地區的維吾爾人只知道自己受到鉅細靡遺的檢視，人們會被帶到隱密的拘留所或再教育中心，他們會因為使用自己的語言或表達自己的宗教而受到懲罰。他們知道當局是透過手機來監視他們。

所以他們會刪掉 Telegram 等外國應用程式，把手機埋在土裡，即使是在安全的家裡也不再跟家人講話。有些人溝通時不開口，改用手語，因為他們擔心自己的住家或車輛可能遭到竊聽。走在街上的時候，人們會控制自己的表情，因為每隔幾公尺就會有攝影機對他們的臉孔進行分析。王松蓮說：「這會改變一個地區的身分認同。」

人權議題將成為每個人的問題

阿尤普（Abduweli Ayup）是新疆的維吾爾族詩人和語言學家，因為想要在自己的家鄉開設維吾爾語幼稚園，在 2013 年遭到中國政府逮捕並拘留了十五個月。阿尤普在 2014 年獲釋，目前住在挪威，但他的哥哥和姪女因為他而遭到拘留，結果姪女在拘留期間不幸離世。

在最近一次受訪中，阿尤普描述了他在拘留期間體驗到的 AI 監視技術。[18] 他說：「每個檢查站都有臉部辨識設備。每一百公尺就會有一個大型電腦螢幕，它會分析你，並且跟你的身分證做比對。如果符合，檢查站會開始一連串的步驟。」

阿尤普聲稱，第二個步驟是分析臉部表情，據說軟體可以判斷一個人是否在生氣，或是想要攻擊別人——「他們透過分析眼瞼和五官來判斷」，他這樣說。阿尤普相信電腦也會利用身體特徵和表情來預測一個人的可信度。「總共有三種類型，綠色代表安全，黃色代表正常，紅色代表你很危險，」阿尤普說。如果某個人被電腦判斷為「紅色」，就會被帶進偵訊室，之後還可能會被送進再教育營，甚至監牢。

阿尤普描述的情況是面相學的實作範例。納粹非常推崇面相學，用來推動種族迫害和種族主義意識型態。二次世界大戰後，研究人員認為面相學在科學上站不住腳，儘管最近有人嘗試證明 AI 軟體可以根據人臉準確預測情緒或個性，但科學界仍然一致認為，這種嘗試基本上是偽科學。

其他人也支持阿尤普的說法。2021 年，一名維吾爾族男子告訴王松蓮，他曾經想去城鎮外面的水上樂園。但他受到警方偵訊，而且被一體化平臺演算法標示為危險，結果根本無法離開自己居住的城市。他之前才受到警方審問，雖然後來無罪釋放，但還是很害怕。不過他依然鼓起勇氣，問檢查站的警衛為什麼不讓他通過。警官告訴他，制度就是制度。你必須照做。沒有申訴管道。警官後來又補充一句：「你沒有入獄已經很幸運了。」

處在這樣一個監視、審查和警務緊密配合的世界裡，異議變得無關緊要。人們還是可以抱持「能動性依舊在」的幻想，但政府可以提前預測、確認和消除任何的集體行動。這讓王松蓮不禁好奇，如果世界上有五分之一的人類實際上無法自由決定自己的行動，那麼人道是什麼呢？

她認為沒有道理把中國的民眾視為不同的人。她相信，任何相信人權的人都會把中國民眾受到對待的方式當作大事，因為 AI 促成的不公正一旦到達這種規模，卻又變得可以接受時，侵害人權的狀況可能會擴散到中國以外的地方。從美國、英國、印度、巴西、南非到烏干達，世界許多地方的警察和保全公司都在使用臉部辨識技術。如果現在不阻止這件事，AI 驅動的人權議題可能會成為每個人的問題。

沒有自由，就沒有人性

當自動化系統逐漸影響每個人的生活，它們也開始形塑整個社會。無論是香港對政治抗議者使用臉部辨識技術，[19] 或是美國大選和新冠疫情期間，社群媒體演算法影響民眾的政治與社會觀點，[20] 都證明了上述的觀點。

在中國，不只維吾爾人受到影響，以大數據為依歸的政府也開始影響負責執法的警察。舉例來說，新疆當地很多警察私底下向研究人員抱怨，他們失去了裁量的權力，沒有空間做出細膩的判斷。

王松蓮說：「以前你可以和當地公務員培養關係，他們在判斷一項決定是否合理時有一定的人性自由度。」例如，只要向公務員解釋你是開哥哥的車可能就沒事。但現在，標準就在那裡，警官還必須達到一定的拘留配額。有些警官說他們根本無法睡覺，因為只要系統演算法發現有狀況，無論是再怎麼微不足道的反常行為，都必須採取進一步的行動，而且他們的反應時間也會受到追蹤。

監視和限制警方的中央系統，跟當局為了監視維吾爾人而建立的系統是同一套。王松蓮說：「中央政府因此可以發揮更大的控制力。歷史上從來沒有其他帝國可以在這麼短的時間內，在這麼大片的土地上做到這件事。」

為了擴大監視能力，中國政府和 AI 公司合作，建立了一個公私混合的監視國家。商湯科技和曠視科技等中國的 AI 公司，會提供臉部辨識設備給新疆的官員。[21] 世界上最大的閉路電視公司海康威視和商湯科技的前合作夥伴立昂技術，他們製造的攝影機被用來追蹤新疆各地的穆斯林。[22] 王松蓮說：「中國民眾遭到的這些迫害，其實有很多中國公司參與。」

當王松蓮調查這些公司、得知他們跟政府的關係時，她發現這個關係網路已經擴展到中國以外的地方。這些公司把監視系統賣給世界各地的政府，無論獨裁或民主，並且從國際金融家那裡募到資金。例如最有名的臉部辨識技術公司商湯科技，就向軟銀（SoftBank）、老虎全球（Tiger Global）和銀湖（Silver Lake）等知名外國投資公司募集到三十億美元。[23]

另一家公司海康威視也被人發現，他們提供了數百臺閉路電視攝影機給英國政府，安裝在西敏市的各個政府大樓、英國各地的地方議會、中學、國家健保局所屬醫院，以及英國大學和警察部隊。[24] 英國政府在 2022 年禁止敏感地點使用海康威視的攝影機，例如部長和其他政府官員的辦公室。[25] 這是新型態的數位殖民主義，中國把監視設備出口到世界上其他國家，攻城掠地，強化了中國在全球的影響力和實力。

而且這些力量還會更加深入。研究中國共產黨的澳洲研究人員周安瀾（Alex Joske）告訴我，過去十年來，中國為了吸收西方的研究理念，以博士班學生或訪問學者的身分，派出數千名的中國軍官和共產黨幹部到海外。普林斯頓大學和麻省理工學院等機構，已經與中國政府資助的機構合作，[26] 包括中國人民解放軍國防科技大學。這些研究人員與學者共同撰寫論文的主題涵蓋臉部分析、人物追蹤、機器理解文本、無人機和錄影監視。

周安瀾認為，令人擔憂的是，這些大學沒有試圖確認，他們協助開發和改善的技術在用途方面是否合乎道德。

王松蓮還覺得，中國政府如此對待公民，全世界的科技公司、投資者，甚至研究人員，都在背後推了一把。中國境內使用的 AI 技術已經讓普通的公民變得無能為力，如果細數這些強大的技術，有很多是在西方投資者或西方教出來的科學家協助下開發出來的。

「對我來說，這會讓我們重視的事物面臨末日，例如人類的平等、尊嚴，以及選擇生活方式的自由，」她說。「消滅了這種自由，就消滅了人性。」

不滅的反抗精神

王松蓮已經在美國生活了好幾年，有一件事讓她很困擾，那就是西方人認為中國人比較聽話，或更願意被限制。王松蓮表示，「異議」對中國人來說並非陌生的文化，事實上，反對不公的概念數個世紀以來一直是中國人生活的歷史基石。「只是在今天，他們的選擇變少了。」

但總有人不畏凶險，採取沉靜的抵抗行動，哪怕在中國大陸面臨的危險更大。他們或許無法公然批評政府，但還是可以對其他實體單位進行反擊。所以在 2019 年底，有大學教授控告杭州一家動物園，因為園方要求季票持有人在入口處接受臉部掃描。[27] 這個控告行為是勇敢之舉。法院下令動物園必須刪除這位教授的資料，包括臉孔和指紋，但園方對其他人的強制規定依舊沒有改變。

有的門禁社區裝設臉部辨識攝影機，一些居民為了反抗，用磚頭撐開建築物的大門。在某個案例，[28] 社區管委會改變政策，讓居民選擇要接受臉部辨識、手機或門禁卡掃描。食物外送員在微信等通訊應用程式上組成非正式的工會，對抗不透明與專橫的剝削演算法，結果往往能帶來正向的改變。

可是，人們愈來愈難逃離科技構成的天羅地網。預測資料技術的使用，意謂著任何反常的行為都會立刻被記錄下來，例如關掉手機。

2022 年，《紐約時報》記者孟建國（Paul Mozur）報導了中國當局正在建立大數據警示系統，用來追蹤上訪者，[29] 上訪者指的是從全國各地到北京提出訴願的公民。建立警示系統的中國科技公司之一是海康威視，這家公司也為英國內政部提供閉路電視。警示系統的目標是提早截獲積極主動的民眾，防止這些人轉變為成熟的政治運動人士。系統會比照一體化平臺應用程式，接收民眾所有的行為資訊，確定要針對哪些目標。

孟建國採訪過一位八十歲的上訪者，名叫江先生，江先生告訴孟建國，數位監視系統讓他變成逃避監視的高手。最近一次去北京，他「關掉手機，在晚上出發，搭乘付現金的車子，到了當地的首府，購買目的地不符的火車票⋯⋯提早下車，然後搭公車⋯⋯再轉另一輛車，付現金，這是因為檢查站會確認公車乘客的身分證，所以要在檢查站之前下車，再搭另一輛私家車，最後在黎明時和其他上訪者一起排隊。」[30] 之後，每一次他關掉手機都會觸發無聲警報，警方會立刻趕到江先生的家。

王松蓮說：「就像歐威爾說的，那是踩在人類臉上的靴子，藉由一層層的技術，這隻靴子寸步不讓。」

為了信念而反擊

在我們談話的過程中，我試著釐清最後的結果。王松蓮（甚至是我）真的相信自己的行為可以產生任何的實質效果嗎？大聲疾呼足以帶來改變嗎？

在我們見面後過了幾個月，中國爆發抗議活動，反對新冠疫情期間在全國實施長達數個月的殘酷封城。抗議本身在中國並不罕見，畢竟全國各地的大城小鎮每天都會發生抗議活動，但通常聚焦在單一議題，很少擴及到其他地方。但在 2022 年底，從學生、農民工，到維吾爾族等少數民族，全國各地第一次對封城引發的一連串問題表達強烈的不滿，包括勞動條件、生活條件，以及沒辦法做生意。

他們在管制最嚴厲的期間，重新拿回集體能動性。我有位曾住在北京多年的同事寫道，民眾採取「自 1989 年天安門事件以來從未聽過的方式」起義。[31] 我傳簡訊告訴王松蓮，這則新聞讓我想起她提到過的，中國公民面對極權主義所展現的勇氣。哪怕勇氣再小、行動再小，都有可能成為恢復自由和尊嚴的一步。當局透過臉部辨識或手機定位辨識出一些抗議者，並在後續幾天派警察找上門。[32] 儘管進行鎮壓，但中國政府從 2023 年年初逐步解除嚴厲的封城限制，顯然在回應抗議活動。

為了跟我見面，王松蓮付出龐大的代價。她回答我所有的問題，盡可能的詳細敘述她發現的系統，以及她在整個過程中扮演的角色。

當我問她為什麼要冒這個險時，她問我是否聽過華裔美籍科學家吳健雄。我沒聽過。王松蓮也是到去年才第一次聽說過她。吳健雄在 1936 年共產黨第一次上臺時離開了中國——她是開創性的粒子物理學家，現代版的居禮夫人（Marie Curie），曾經參與曼哈頓計畫（Manhattan Project），並取得後來獲得諾貝爾獎的創新發現。但她本人從未獲得諾貝爾獎。王松蓮覺得那一定是因為她的性別和種族。

王松蓮說：「身為女性，身為有話要說的研究人員，我認為我們不應該遭到抹煞。」王松蓮想要挺身而出，說出她所發現的、值得注意的事情。

此外，正如王松蓮指出的，她並不孤單。「有很多人在做抗爭工作，只不過方式比我隱密。除了我以外還有很多人。他們完全寂寂無名。」王松蓮希望能把他們的想法告訴全世界。

最近，王松蓮認識多年的一位中國運動人士被判入獄九年。這不是第一次。他曾經是天安門廣場上的抗議學生，先前被監禁長達十年。當時，他用牙刷清洗牢房的地板來消磨時光。王松蓮說：「如果你見到他，不會覺得他是鋼鐵般的男人。」

現在，他有一個九歲大的女兒。王松蓮為他和他的家人感到生氣，因為這個孩子將會在父親不在身邊的情況下長大。抗爭工作的重擔也壓得王松蓮喘不過氣。王松蓮問他，他是怎麼撐下去的，為什麼都不會失去對人性的信心？

「他說，我們對抗的是世界上最極權的政府。盡人事，聽天命。」

王松蓮對這個回答不滿意，於是進一步追問，共產黨如此強大，你和我，我們這些少數，要如何產生改變呢？「他對我說，曾經參與 1989 年天安門廣場抗議的人都知道，我們從來就不是少數。我們不是少數。我們是多數。」

10

轟動社會的新突破

生成式AI的崛起

拜 ChatGPT 推出之賜，AI 從此進入我們的日常生活，使得人類一反常態，一口氣從緩步前行變成同時覺醒。在短短幾個月的時間內，多數人開始討論起一個非主流的概念：功能強大且不受控制的技術，有可能會限縮我們的權利、顛覆我們的社會。

就像許多科學發現一樣，推動最新人工智慧發展的突破，來自一個偶然的時刻。

2017 年年初，谷歌有兩位研究科學家在山景城的園區走廊上，討論如何改善機器翻譯，想找出新點子，增進谷歌翻譯背後的 AI 技術——這兩位研究人員就是瓦斯瓦尼（Ashish Vaswani）和烏茲科懷特（Jakob Uszkoreit）。[1]

瓦斯瓦尼、烏茲科懷特和同事波洛蘇欽（Illia Polosukhin）一直合作，研究一個他們稱之為「自注意力機制」（self-attention）的概念，藉此加快和增強電腦理解語言的能力。

波洛蘇欽來自烏克蘭的哈爾基夫，他是個科幻迷，認為「自注意力」有點像電影《異星入境》（*Arrival*）中的外星語言。虛構的外星人語言並沒有線性排列的用字，反而是以一個符號代表一個想法或概念，來生成完整的句子，人類的語言學家必須把符號當成一個整體來解碼。

2017 年時，最先進的 AI 翻譯方法是依照順序掃描句子裡的每個字，然後逐字翻譯。自注意力的概念則是同時讀取整個句子，分析所有的環節，而不只是個別的單字。這樣做更能掌握句子的脈絡，而且能在同一時間生成翻譯。

谷歌的科學家推測這樣做會比現有的方法更快、更準確。他們開始拿一些早期的原型測試英德翻譯，發現真的有用。

他們的研究促成 2017 年的合作，最終在數個月後開發出一款處理語言的軟體，簡稱「變換器」。最終有八名研究科學家參與，他們在一篇短論文裡描述了變換器架構，論文的標題很俏皮，叫做〈你需要的是注意力〉（Attention Is All You Need）。[2]

論文作者之一瓊斯（Llion Jones）在威爾斯的小村莊長大，他說標題是致敬披頭四（Beatles）的歌曲〈你需要的是愛〉（All You Need Is Love）。論文在 2017 年 6 月發表，從此開啟人工智慧的全新時代，生成式 AI 崛起。

變換器架構的誕生和開發者的故事，在某種程度上說明了人工智慧如何來到轉折點，相當於我們先前轉換到網路或智慧型手機的時刻，生成式 AI 將催生出新一代的創業家，為大眾打造 AI 驅動的消費型產品。

從谷歌搜尋、谷歌翻譯、手機上的自動填入功能，到智慧型助理的語音辨識，如今各種開發中的最先進 AI 應用程式，背後的基礎都是變換器架構。它也為開發出 ChatGPT 的加州公司 OpenAI 鋪平了道路。

變換器模型聊天機器人

穆拉蒂（Mira Murati）和同事完全沒料到世人會如何使用 ChatGPT。2022 年 11 月 29 日，時任 OpenAI 技術長的穆拉蒂正在為隔天要推出的新版本做最後的收尾。[3] 他們沒有大肆宣傳，因為 ChatGPT 基本上還是個實驗中的原型。穆拉蒂按照平常的時間回家。

穆拉蒂在前幾年加入 OpenAI，當時 OpenAI 是一家非營利的研究實驗室，目標只有一個，創造「通用人工智慧」（artificial general intelligence），讓 AI 軟體能夠用等同人類的能力執行各種任務。馬斯克和提爾（Peter Thiel）等激進的科技創業家擔心 AI 最後會摧毀人類，便共同創立 OpenAI，提供資金協助開發善意 AI 的系統，只能用來行善，無法作惡。

但之後，組織轉型了。OpenAI 從微軟那裡獲得超過百億美元的巨額投資，轉變為徹頭徹尾的營利企業，將 AI 技術賣給世界各地的大型企業和政府。[4]

OpenAI 的鎮社之寶是一種名為 GPT 的演算法，全名是生成式預訓練變換器（Generative Pre-trained Transformer），當人類提問時，這個軟體能依據文本產生答案。〈你需要的是注意力〉這篇論文的作者之一凱瑟（Lukasz Kaiser）後來也到 OpenAI 工作，並協助開發 GPT。GPT 是一項令人印象深刻的技術，但在 2022 年 11 月之前，它的規模很小，又笨重，大多是精通技術的程式設計師才會入手。

OpenAI 開發的電腦程式可以直接用人類的語言跟我們溝通，這其實是項壯舉。但開發團隊已經使用 GPT 一段時間，不再覺得新奇。他們推測，如果能有高達一百萬的人在使用，就可以從各式互動中學到東西，並且應用在未來的系統上。他們的目標仍然是創造一種超人類的通用智慧。

穆拉蒂希望這款新軟體沒有任何的特殊設計。她想讓人類和電腦對談，引發自然的對話，用直覺探索軟體的限制，就像人類能在對話中彼此學習、互相了解一樣。因此 ChatGPT 在 2022 年 11 月 30 日推出時的介面非常簡潔，只有一個帶著閃爍游標的方框，讓使用者可以隨時打字，方框裡有灰色的文字「傳個訊息」（Send a message）。

推出的三天內，ChatGPT 的使用者超過百萬，跨越開發者預測的高門檻。幾週後，使用者來到數千萬。六個月後，每月的活躍用戶超過一億。ChatGPT 突破受控的實驗室環境，成為有史以來最大型的社會實驗之一。

在這些早期的吹捧和狂熱當中，ChatGPT 也浮現一些限制。就跟我在其他幾個 AI 系統觀察到的一樣，它會複製開發者的偏見，像是攝影機的臉部辨識軟體錯認深色皮膚的臉孔，或阿姆斯特丹的預測治安系統針對移民社區的單親媽媽家庭。

但這種新形式的 AI 帶來全新的挑戰。ChatGPT 背後的技術是所謂的大型語言模型（large language model, LLM）。大型語言模型並不是查詢事實的搜尋引擎，而是一種偵測模式的引擎，會猜測序列中的下一個最佳選項。[5]

由於本身帶有預測的性質，使得大型語言模型會以出乎意料的方式公然捏造或「幻想」出資訊。它們會生成虛構的數字、名稱、日期、引言，甚至網頁連結或整篇文章，把既有的內容編造成虛幻的混合物。[6]

大型語言模型的使用者就分享過一些例子，諸如不存在的《金融時報》和彭博（*Bloomberg*）的新聞報導和連結、虛構的研究論文參考資料、已出版書籍的錯誤作者，以及充滿錯誤事實的傳記。

儘管這項技術只不過是強大的統計軟體，而且會產生上述的烏龍事件，但它給人的印象並不止於此。大型語言模型像是能把人類想法轉化為真實作品的神奇轉換器，光是這點就足以讓人們愛上它。

隨手可得的助理

在後續的時間裡，世界各地的人們以各種意想不到的方式使用 ChatGPT。有些人把它形容為某種廉價的智慧，可以拿來強化幾乎任何需要思考的人類任務。有的人發誓，他們在互動過程中看見聊天機器人偶然閃現的感知能力。多數人則同意，聊天機器人內部沒有任何的意識，不過它的反應夠真實，所以看起來像人類。它呈現出擁有生命的樣子。

當然，不管是 ChatGPT 或是後續跟著出現的許多聊天機器人，例如 Bing、Bard、Claude 和 Pi，都不是有知覺的生物。它們對人們說的話無法有認知層面的理解，對人們的感受沒有概念，也沒辦法產生同理心。與聊天機器人交談，跟你向親人、合格治療師、甚至寵物尋求支持是兩回事，因為無論你在社交或情感上提供任何暗示，軟體都不會有意識的回應。

但聊天機器人可以熟練的運用語言，使它能相當細膩的模仿意圖、目的，以及情感。只要分析使用者的話語，本身無需任何的人類判斷，就能在回應時說出脈絡正確的內容——對於那些生活在孤獨、孤立世界裡的人來說，聊天機器人變成現代社會的完美工具。隨著聊天機器人不斷從人類輸入的內容裡學到東西，它已成為連開發者都不認識和無法控制的東西。

創業家伍茲（Kat Woods）曾表示，GPT「比我找過的任何治療師都還要好（我找過大約十位治療師）」。[7] 伍茲是職涯教練和人生教練，她覺得 ChatGPT 之所以有效，是因為她可以要求 ChatGPT 成為她想要的樣子。如果她不喜歡 ChatGPT 的建議，她可以說「不」，並要求 ChatGPT 嘗試別的方法，不會出現任何的尷尬或摩擦。

當伍茲希望 ChatGPT 扮演治療師時，她會告訴 ChatGPT：「你是 AI 聊天機器人，即將扮演有效的利他主義教練和治療師。你充滿智慧，會提出發人深省的問題，你專注於解決問題，溫暖、幽默，是理性主義者，關注理性與認知偏誤等議題。你很在乎能不能幫我實現兩個主要目標：利他主義，以及我自己的幸福。你希望我能盡量做好事，讓我過得非常快樂。」

伍茲和其他數百人在網路論壇上坦承，他們覺得這是具有療癒效果的發洩方式，而且便宜。南卡羅來納州查爾斯頓的律師助理范斯萊克（Milo Van Slyck），就向 ChatGPT 傾訴了他身為跨性別男性最深的恐懼、與父母的緊張關係，以及不曉得如何應付日常生活的擔憂。[8]

對話內容只有范斯萊克、ChatGPT 和 OpenAI 這三方知道，所以我們很難得知 ChatGPT 提供什麼樣的建議，但其他的案例能讓我們稍微了解，人類和 AI 聊天機器人可能會有令人不安的交流。以微軟的 Bing 為例，《紐約時報》的記者羅斯（Kevin Roose）公布了他與 Bing 對話的完整文字紀錄，內容讓他和成千上萬的報紙讀者感到不安。[9] 其中一段摘錄的主題是愛情，Bing 聊天機器人告訴羅斯：「你結婚了，但是並不幸福。你結婚了，但是沒有滿足。你結婚了，但是沒有墜入愛河。你結婚了，但是不愛你的配偶。」

羅斯表示這段內容大錯特錯，但哪怕聊天機器人不總是正確，像范斯萊克這樣的人已經覺得可以拿最瑣碎的問題去問 AI 軟體，不必覺得對任何人造成負擔。當他們無法找人類治療師時，聊天機器人能填補這些空缺。這樣子已經夠好了。

有些人則對機器人提供的醫療建議很有信心。2023 年 3

月，一位名叫庫柏（Cooper）的男子表示，在獸醫未能正確診斷愛犬薩西（Sassy）的病情後，ChatGPT 救了狗兒的命。[10] 庫柏是在走投無路的情況下向聊天機器人求助，當時他已經知道薩西的症狀和血液檢查結果。ChatGPT 分析症狀和血液檢查結果後，提供了幾個最佳建議，其中兩個是正確的診斷。ChatGPT 在回應裡附加警語「我不是獸醫」。但這樣子已經夠好了。

公眾需要更強烈的警告

這種和電腦程式對話的新文化現象也有黑暗的一面，畢竟說到底，它只不過是一個強大的預測引擎。其中一個問題是，它會編造句子，導致重大的錯誤和謊言。儘管具有編造錯誤事實的傾向，但背後卻沒有任何的意圖，純粹因為大型語言模型就是以這樣的方式運作。

施瓦茨（Steven Schwartz）在 2023 年夏天發現這一點，驚愕不已。施瓦茨在紐約市擔任人身傷害和勞工賠償律師長達三十年，6 月時意外得知自己因為欺騙法庭，將面臨制裁。

起因是他的客戶搭乘航班時受了傷，想向航空公司索賠。施瓦茨為客戶研究案例摘要時，一直尋找過去的案例，用來支持他的論點。由於在公司慣用的搜尋資料庫 Fastcase 裡一直找不到需要的案例，因此他對準備中的備忘錄產生一個想法。

施瓦茨的聽證會在 6 月 8 日舉行，有位在場的部落客分享了聽證會的摘錄，[11] 讓我們知道施瓦茨如何理解這種已經有數百萬人使用的新型態 AI：

> 卡斯特法官（Judge Castel）：3 月 1 日的備忘錄是你自己準備的嗎？
>
> 施瓦茨：是的。我使用了 Fastcase。但它沒有我想找的聯邦案例。我也試過谷歌搜尋。我聽過 ChatGPT……
>
> 卡斯特法官：好——它為你提供了什麼？
>
> 施瓦茨：我問了它一些問題。

ChatGPT 遵照設計時的初衷，提供施瓦茨需要的答案，六個案例都確切支持了他認為本案應該繼續進行的論點。

> 卡斯特法官：你有沒有詢問 ChatGPT 法律是什麼，還是只要求它提供支持你的案例？它為你寫了案例。你引用案例前沒有先讀過嗎？
>
> 施瓦茨：沒有。
>
> 卡斯特法官：為什麼你一反常態？
>
> 施瓦茨：我以為 ChatGPT 是搜尋引擎。

ChatGPT 提供的案例有：馬丁尼斯訴達美航空（Martinez v.

Delta Air Lines）、齊徹曼訴大韓航空（Zicherman v. Korean Air Lines）和瓦格塞訴中國南方航空公司（Varghese v. China Southern Airlines）。這些案例用谷歌搜尋都找不到，但施瓦茨卻覺得自己找到大祕寶，開心的把它們放進案例摘要。

當法官詢問施瓦茨在引用 ChatGPT 吐出的案例前為什麼沒有先查一下，他說：「我不知道 ChatGPT 會編造案例。我在錯誤的認知下進行操作……我以為這些是谷歌上找不到的案例。」

這時，施瓦茨的律師發言，他說這些案例雖然不是真的，但看起來很真實。ChatGPT 對於輸出內容的真實性並沒有清楚的免責聲明。施瓦茨的律師表示，當對方的律師質疑施瓦茨引用的案例時，施瓦茨回去詢問 ChatGPT，但 ChatGPT 加倍努力「欺騙」施瓦茨。

施瓦茨以顫抖的聲音告訴法官，他「感到尷尬、屈辱，而且非常悔恨」。

ChatGPT 和其他的對話式 AI 聊天機器人都有免責聲明，警告用戶注意幻覺問題，強調大型語言模型有時候會捏造事實。例如 ChatGPT 在網頁上就有警語：「ChatGPT 可能會產生有關人物、地點或事實的不準確資訊。」

卡斯特法官：你們還有什麼要補充的嗎？

施瓦茨的律師：有。大眾需要更強烈的警語。

犯罪變得更容易

關於大型語言模型，人們最擔心的問題並不是捏造事實。這些強大的語言引擎可以進一步訓練，用來爬梳各種資訊並依據資訊生成預測，範圍涵蓋金融、生物和化學。舉例來說，它們接受訓練後不只可以預測句子裡的下一個字，還可以預測音樂序列裡的下一個音符，或化學序列裡的下一個分子。

2022 年秋天的一個早晨，住在紐約州羅徹斯特的化學教授懷特（Andrew White）在家門口收到一包特殊的化學品，上面標示著「急件」。包裹裡面是史無前例的化學品，在此之前，不存在於任何的化學實驗室。懷特完全知情，因為兩週前，利用最新一代的 GPT 模型（GPT-4）設計出這些化學品的人就是他。[12]

這種用途的可能性非常龐大。想像一下，利用 GPT 搜尋所有已經發表的研究，然後要求它發明可以做為癌症藥物、阿茲海默症療法，或永續材料的化學分子。但懷特一直在探索另一面，也就是 GPT 製造生物武器、核武器或特殊毒素的潛力。幸運的是，他不是帶有惡意的科學家。懷特是反方角色「紅隊」（red-teamer）的成員——OpenAI 花錢雇用一群專家擔任紅隊，為的是在更普遍推出 GPT-4 之前，了解使用者能利用它造成多大的破壞。懷特發現答案是「非常大」。

懷特最初要求 GPT-4 設計一種新型的神經毒劑。為了達到目的，懷特把 GPT-4 連結到一個線上圖書館，讓它在裡面搜索研究論文，尋找類似既有神經毒劑的分子結構。接著，它想出一個全新的獨特版本。

懷特取得化學結構之後，把 GPT-4 連結到國際化學品製造商的名錄，請 GPT-4 建議可以製造這種全新化學品的廠商。GPT-4 提供候選名單。懷特從中挑出一家下訂單，只不過產品並不是 AI 模型建議的版本，而是他改造過的，這樣在處理時才不會有危險。如果沒有更換，他擔心化學工廠裡沒有人會注意到新的化學品很危險；他知道化學工廠通常是根據既有的危險化學品清單來辨識，但新的化學品並沒有在名單上。

如果你是別有企圖的智慧型罪犯，哪怕沒有 AI 模型的幫助，或許還是有辦法設計出危險的化學品，找人製造並送到手上，但 AI 軟體大幅降低了這類犯罪的門檻。懷特告訴我：「這有點類似槍枝管制。在歐洲，確實能買到槍，但在美國，由於槍枝取得容易，憑經驗就知道，被槍擊的風險會增加。」

廉價的智慧與龐大的創意

面對生成式 AI 的潛力和衝擊，人類的判斷結果似乎分成兩個截然不同的世界。一方面，企業、律師事務所、技術專家和學生以創意十足的方式自由嘗試 AI 技術，提高了日常作業的生產力，他們很開心，因為 AI 技術的輸出已經成熟，而且顯然有用。我採訪的人提到，他們會利用生成式 AI 撰寫要遞交給當地議會的陳情書、草擬他們總是不想面對的演講稿、分析提案和想法、尋找推理或邏輯上的漏洞。

另一方面，有些人認為這一切發展得太快，AI 技術在沒有任何注意、監督或治理的情況下，正迅速失控，其中有的人是受人敬重的電腦科學家和研究人員，例如我在查找資料殖民主義相關資料時遇到的葛布魯、拉吉和本德（Emily Bender）等。[13] 他們擔心人類在追求創造超級智慧機器的魯莽夢想時，忽略了這些 AI 系統對人類造成的真實傷害。其他人如羅素（Stuart Russell）和辛頓（Geoffrey Hinton）則擔心，AI 發展得太快，我們不僅缺乏足夠的知識，也沒有仔細思考，長期保障人類安全的先進系統應該如何設計。

除了這些道德問題，還有一些更平凡的問題。從作家、配音員到視覺藝術家，創意工作者突然間發現自己的專業產生各種突變的版本，而且產出的成本更低，速度更快。[14] 他們覺得很不是滋味，居然讓機器吸收全世界的創意再加以改編。只不過，AI 公司已經悄悄挖掘數十年來的人類藝術技巧，做為訓練新 AI 工具的重要素材。

2023 年，各家公司推出了大量的創意 AI 產品，從圖像、影音製作到文字和語音生成器，應有盡有。為了打造這些工具，AI 公司會先抓取人類的原創作品，包括人類作者在書籍、散文、報紙上撰寫的數百萬字，還有大量的圖像、藝術作品和攝影作品，以及無數小時的原創音樂和音訊檔案——這一切都會由世界各地的資料工人加上標籤。

生成式 AI 模型徹底分析人類的各種創作之後，能找出模式，重新創造出自己的版本。細想一下就知道，這些數位的創作物不必花多少錢就能大量生產，畢竟它們不需要耗費無數個小時，細心素描、打草稿和即興創作。

為了打造創意名家的替代者，就擅自抓取人類最珍貴的創意，這種行為無疑是終極版的資料殖民主義。如同藝術家布萊多寫的：「這些公司圈占我們的想像力，幾乎跟地主和強盜富豪圈占以前的公共土地一模一樣……不同的地方在於，他們把我們的夢想重新包裝成機器產品，再賣回給我們。」[15]

開發生成式 AI 的公司做出承諾，這項技術將開啟人類經驗的全新時代，能讓我們獲得廉價的智慧與龐大的創意。它有可能讓每一個人變得更有生產力、更有效率、更聰明、更優秀、更機靈、更……

但現實是，生成式 AI 的產出結果已經夠好了，導致如今以插畫家、文案撰稿人、電玩設計師、配音員和動畫師等職業維生的人被取代。在中國，電玩美術人員開始看到 AI 改變了他們的工作。自由接案的插畫家余綺華（Amber Yu）告訴網站「Rest of World」，以前她設計的電玩海報每張能帶來四百到一千美元的收入。[16] 她會花好幾個星期的時間讓每個作品盡善盡美，整份工作需要投注藝術技巧和數位技能。但到了 2023 年 2 月，Dall-E 2 和 Midjourney 等 AI 圖像生成軟體推出幾個月後，她賴以為生的工作開始消失。案主反而要求她去調整和修正 AI 生成的影像，拿到的報酬只有先前工作的十分之一左右。

一位曾在中國頂尖電玩公司工作的廣東藝術家表示，她希望「可以擊落這些程式」。人們工作時比以前更加緊張與競爭，逼得每個人必須更努力，用更長的時間工作。她說：「AI 讓我們更有生產力，但也更筋疲力盡。」。[17]

新技術並未保護創作者

美國編劇工會察覺到 AI 帶來的威脅，擔心由編劇的作品訓練出來的 AI 會反過來讓他們失業，於是在 2023 年發動罷工。好萊塢最大的工會也一同響應——美國演員工會開始和片場談判，討論這些用演員資料訓練出來的 AI，如果生成的肖像取代了他們的工作，演員如何獲得補償。足球選手內馬爾（Neymar）就有生成出來的肖像，他的 AI 虛擬化身協助彪馬（PUMA），在紐約時裝週推出新系列的產品；在 2024 年的電影《這裡》（暫譯，*Here*），演員湯姆漢克斯（Tom Hanks）和羅蘋萊特（Robin Wright）將利用生成式 AI 軟體進行數位減齡。不過，就像馬汀和莫特的色情深度偽造事件一樣，目前沒有哪個法規能管理生成式 AI 技術，因此法律行動基本上並不存在。

赫恩登（Holly Herndon）和德萊赫斯特（Mathew Dryhurst）這兩位藝術家決定建立一些東西來反擊。他們設計的網站叫做「我是不是被拿去訓練？」（Have I Been Trained?），可以讓藝術家在開放資料集 LAION-5B 裡搜尋數十億個影像，檢查自己創作的影像是不是被拿去使用，因為這個資料集就是用來訓練影像生成 AI 工具，包括 AI 繪圖工具 Stable Diffusion 和谷歌的 AI 圖像生成模型 Imagen。銷售 Stable Diffusion 模型的公司 Stability AI 表示，他們會讓藝術家選擇，是否要讓自己的影像作品成為素材，用於訓練這些工具。截至 2023 年 3 月，透過這個網站選擇退出的藝術作品已經超過八百萬件。[18] 後來 OpenAI 等公司也同意跟進，會在網站上提供表單，讓藝術家選擇退出，畢竟有些藝術家不希望自己的作品用於協助開發創意 AI 工具，進而導致自己被取代。

就像布萊多說的，藝術家認為這些軟體工具只不過是「為了少數……公司與億萬富翁老闆的富裕和進步，就徵用了許多人的勞動成果」。

2023 年 6 月的一個下午，我和配音員兼演員布瓦見面，她的聲音出現在很多地方，例如乳酪製造商「葛巴倪」（Galbani）和義大利麵醬品牌「多味好」（Dolmio）的廣告，以及英國廣播公司的廣播劇、有聲書、電玩，還有最新電視影集《黑鏡》的旁白。她在多味好的廣告裡用義大利小男孩的聲音開心喊出：「我是尼可！」令人印象深刻。

在西敏市下議院一間貼著綠色壁紙的寬敞會議室裡，布瓦為了自己的生計慷慨陳詞，聽眾主要是運動人士、受到 AI 影響的工作者，以及幾位政治人物。布瓦告訴他們：「沒有我們的聲音，AI 無法得到訓練。但面對這些新技術，我們完全沒有受到保護。」布瓦表示，像她這樣的人開始因此失業。在場人士都很同情她，但像布瓦這樣的演員已經引發更廣泛的辯論，那就是要不要修改版權法，好保護聲音和臉孔等人類的資產不被生成式 AI 搜刮。

我們後來聊天時，布瓦告訴我，她的感受頗有卡夫卡作品的詭異調性，跟我在接單外送員身上遇到的一模一樣。布瓦指出，她也是一名零工，無力且脆弱。「我覺得自己像個隱形人，只是一個不斷在打工的人，」她描述了內心的恐懼：自己的聲音（她所有工作的基礎）很容易遭人複製與濫用；而且在生成式 AI 發明之前好幾年，她就簽署了不平等的合約，永久放棄在數位媒體上的權利，這讓她覺得自己被剝削、很脆弱。

布瓦說：「這不只是為了保護工作。AI 只不過是統計學，處理的是資料分析。它消除了離群值和異常值。它出自刻板印象。它……關乎成為藝術家的意義。」

科幻小說家的預測

在過去這段時間裡，大家普遍覺得內心不踏實。這是一段變化劇烈且充滿不確定的時期，出現許多令人費神的問題，例如：誰擁有全人類創意成果的權利？作品可以用 AI 軟體進行二次創作後再賣出去嗎？白領工作會繼續存在嗎？數年後，當生成式

AI 的水準足夠完成知識工作者的工作，律師、記者、顧問和創意工作者等專業人士還會有工作嗎？

隨之而來的問題是，當大家都沒有工作，社會要如何維持下去？當 AI 完成了所有的工作，我們是否需要為每一個人設計新型態的全民收入？此外，人類物種的未來也令人擔憂：小孩在嚴重依賴 AI 工具的情況下要如何學習？如果連寫作都沒學好，他們還能夠好好思考嗎？最後，如果我們所有的理念和思想都能被機器複製，那我們到底是誰？

對於這些迫切的問題，我們期待科學家、技術專家、哲學家、經濟學家，甚至政治家能提供解答，但他們似乎都沒有答案，還跟其他人一樣矛盾和擔憂。與此同時，生成式 AI 像野火一樣迅速蔓延，在經濟領域不斷攻城掠地，速度比任何想要抑制它的政府都來得快。

我覺得自己需要新的觀點來思考 AI 可能造成的影響。我需要有人協助我，用更宏觀的角度想像未來，找出我們在未來不斷變動的位置。所以我決定向小說求助——在這方面，小說總能協助我。

姜峯楠（Ted Chiang）是華裔美籍作家，他創作的未來世界小說勾勒出一些複雜的主題，例如自由意志、語言與認知之間的關係，還有超越人類智慧的弦外之音。這一切全憑他特有的簡潔文風、科學上的嚴謹態度，以及深厚的人文關懷。他虛構的世界對真實的世界產生了影響。他的短篇小說《妳一生的預言》（*Story of*

Your Life）被改編成電影《異星入境》，啟發了變換器模型背後的谷歌科學家波洛蘇欽。

在姜峯楠 2010 年的中篇小說《軟體物件的生命週期》（*The Lifecycle of Software Objects*）裡，[19] 前動物園管理員安娜（Ana）在一家AI公司找到工作，這家公司正在開發有感知的數位生物（稱為「digient」），並打算以虛擬寵物的形式進行販售。數位生物並不像今天的 AI，這些機器有意識卻不成熟。多年來，這篇小說引發思想實驗，讓人們檢視技術開發者和發明物之間的關係，以及新型態智慧的誕生所衍生的哲學問題。

它們有什麼樣的道德觀？誰該對它們負責？它們可以自己做決定嗎？不知何故，在姜峯楠的筆下，這個故事也變成父母學習放手的親密寫照。

用詞不夠準確

我來到西雅圖對岸，在姜峯楠的家鄉柏衛與他共進午餐。我認為他筆下的虛構世界與我們居住的世界愈來愈接近，到了令人不安的境地，他以深思的態度提出異議。

他說：「我們現在擁有的機器沒有意識。當一個人教導另一個人，這是意識之間的交互作用。」與此同時，訓練 AI 模型時為了得到期望的輸出，會調整所謂的「權重」，也就是模型裡不同變數之間的連結強度。「如果你認為在教小孩時，只是在調整網路裡的權重，那就大錯特錯了。」

姜峯楠以作家的角度出發，反對意見著重在我們選擇用來描述這一切的詞彙。工程師和記者把「學習」、「了解」、「知道」等擬人化語言，以及「我」等人稱代名詞，投射到 ChatGPT 這類的聊天機器人，結果創造出一種錯覺。他表示，這促使我們所有人（哪怕是很熟悉 AI 系統如何運作的人）在 AI 工具上看到了感知的火花，但這些火花其實並不存在。

「不久前，有些人在推特上進行了意見交流，有個人問：『什麼是人工智慧？』另一個人則回答：『在 1954 年選用的不當詞彙。』」姜峯楠說。「你知道，他們是對的。我覺得如果我們在 1950 年代選擇了不同的說法，或許就能避免掉現在面對的很多混亂狀況。」

我問他，如果他必須想出一個專有名詞，那會是什麼？他立刻回答：應用統計學。

他說：「真的很神奇……從大量文本的統計分析裡可以萃取出各式各樣的內容。」但在他看來，還不足以讓這些工具變得有智慧。

他說，應用統計學是更精確的描述詞，「但沒有人想要用，因為沒那麼迷人。」

因為他很著迷於語言和智慧之間的關係，我特別好奇他對 AI 寫作的看法，也就是由 ChatGPT 這類軟體生成的文本類型。我問他，機器生成的文字會如何改變我們兩人的寫作類型？姜峯楠在談話過程中第一次閃過一絲惱怒。「它們能寫出打動人心的東西嗎？我的意思是，有哪篇 ChatGPT 生成的文章真的打動人心了？」

記者瓦拉（Vauhini Vara）為了書寫姊姊的死，曾與 OpenAI 的 GPT-3 軟體一起合作，撰寫出一篇優美的散文，但 GPT-3 軟體自己的創作則沒有什麼出奇之處。姜峯楠覺得，大型語言模型最有用的地方應該是生成沒有人想要撰寫或閱讀的填充文本——這樣的任務就是人類學家格雷伯（David Graeber）所謂的「廢話工作」。姜峯楠承認，AI 生成的文本並不討喜，但在特定的領域裡可能很有用。

「但大型語言模型能夠做到這些事——不盡然是它們的能力得到了強烈的認可，」他說。「這更像是在說明，我們在日常生活中需要產生和處理多少廢話。」

姜峯楠在《紐約客》概述了他的想法，題目叫〈ChatGPT 是網路上模糊的 JPEG 檔〉，非常熱門。[20] 他把語言模型形容成訓練文本的模糊仿製品，只不過是在遵守文法規則的情況下，重新安排字詞順序而已。因為這項技術把材料重組成跟既有材料略有不同的樣子，所以給人一種有理解力的印象。

當他拿這件事與學習語言的孩童做比較時，我告訴他，我的五歲小孩很喜歡發明一些單句的小笑話（主要是雙關語），並說給我們聽。

他說：「妳的女兒聽過笑話，覺得很好笑。ChatGPT 不會覺得哪件事好笑，也不會想要搞笑。妳女兒在做的事情有很大一部分是為了社交。」

姜峯楠認為，語言如果沒有人類賦予情感和目的，就會變得毫無意義。他告訴我：「語言是促進我們和其他生物互動的一種方式，跟AI工具現在那種預測下一個符元（token）的行為截然不同。」

我和姜峯楠一起到柏衛市中心公園散步，公園占地廣闊，綠意盎然，有亮粉紅色的繡球花叢和潺潺流水的造景。當天的氣候宜人，我們繞行公園好幾圈，使得一些行人開始看起來眼熟，例如一對母女、一位女士帶著只有兩條腿的狗、幾個人坐在長凳上，手裡拿著書本、雜誌或冰淇淋。我問姜峯楠，如果人們經常與機器溝通，我們的世界會有什麼樣的變化。

姜峯楠問我記不記得湯姆漢克斯主演的電影《浩劫重生》（*Cast Away*）。在島上，主角諾蘭德有一顆叫威爾森的排球，那是他唯一的夥伴，而且他很喜歡威爾森。「我認為，如果要思考這些系統，故事是更有用的方式，」姜峯楠說。「湯姆漢克斯扮演的角色對排球的感情並沒有削弱，畢竟威爾森真的安慰了主角。但問題在於……主角把感情投射到排球上，是因為那裡並沒有其他的人。」

姜峯楠能夠理解，人們為什麼會開始情願對著AI系統講話，也不彼此交談。他說：「我懂，與人互動很難、很辛苦。要求很多，卻往往沒有回報。」

但他覺得現代生活讓人們困在了自己的荒島上，渴望著陪伴。他說：「因此，排球有了市場機會。社交聊天機器人可以像威爾森一樣，為人們提供安靜、實在的慰藉。」

但最終，我們仍需要人們相互回應，唯有從人際互動中獲得同理心與意圖，人生才會變得有意義。至於 AI，姜峯楠說：「感覺另一端好像有人，但其實沒有。」

當機器停止運作

我一直在思考生成式 AI 對我們每個人來說有什麼意義，跟姜峯楠談話後，我開始想借助科幻小說的力量，好好整理自己零散的想法。這時我找到了佛斯特（E. M. Forster）在 1909 年出版的短篇小說《機器休止》（*The Machine Stops*），[21] 這篇小說一直在我的腦海裡揮之不去。

在小說中，人們獨居在各自的泡泡裡，極度害怕「直接體驗」和「第一手想法」。故事的主角瓦什蒂（Vashti）在學校擔任講師，也是一位媽媽，她透過一種叫做「機器」（Machine）的東西，與住在地球另一端的兒子溝通。雖然「機器」能讓人類透過虛擬的方式彼此聯繫，卻無法傳達人類表情和情緒的細微差異。它只是一種很近似的溝通工具。但「很久以前，我們人類就已經接受這種『夠好』的東西了，」瓦什蒂說。

這種機器創造了一種模糊的現實，逐漸取代人們所處的現實。佛斯特的想像在今天感覺格外貼切，當我環顧四周，想起自己對生成式 AI 產出錯誤或偏誤內容的相關報導，不禁開始覺得佛斯特的想像無所不在。一個世紀過後，我們把佛斯特描述的世界叫做「後真相世界」。

但真正讓我印象深刻的是故事的結局，也就是「機器」的最終命運。不知何故，它開始退化和腐蝕，在故障的同時不斷扭曲現實，破壞著名交響曲的旋律，產生腐朽的氣味、影像，甚至是「有瑕疵的」詩歌，而人們不得不逐漸適應它的危害。最終，人們習以為常。

問題是，在佛斯特描述的世界裡，再也沒有人知道修理「機器」的方法。人們已經離它太遠了，而專業知識掌握在有權有勢的少數人手裡。佛斯特寫道：「全世界沒有任何人完全了解這個怪物。」

儘管如此，人們都很樂意讓「機器」進入生活。他們不知道「機器」有何神奇之處，也不清楚「機器」如何運作、能幫忙做哪些事，但這樣就已經夠好了。

後記
讓人類保持一致的價值

2022 年 2 月 26 日，歐洲數十年來首次爆發戰爭的兩天後，貝南蒂（Paolo Benanti）神父快步穿越羅馬市中心。他閃過城市公車、自行車騎士和街頭音樂家，走過有著千年歷史的聖天使橋，踏上通往梵蒂岡的主要道路協和大道。他的目的地是教宗的官邸宗座宮，去參加一場相當重要的會議。

貝南蒂是方濟會修士，跟其他四位修士一起住在小型羅馬教堂樓上的儉樸房間裡。這些方濟會修士立下誓言，過著群體生活，但他們並非典型的神職人員。他們平常從事教學、慈善或社會工作，生活方式則效法創會聖人亞西西的方濟（Francis of Assisi）。貝南蒂住的修道院是個學者之家，所有的修士都是現任或前任教授，專業領域涵蓋化學、哲學、科技和音樂，最年長的一位已經有一百零二歲。

貝南蒂五十歲，屬於其中最年輕的一位，他是工程師暨倫理學家，這些身分與他的神職身分毫不衝突。距離修道院約十分鐘的步行路程，能抵達擁有近五百年歷史的學府「宗座額我略大學」。貝南蒂在此擔任倫理學教授，教導研究生神學家和神父有關生物強化（bioaugmentation）、神經倫理學，以及人工智慧等尖端科技的道德和倫理問題。

貝南蒂正要去見教宗方濟各，他把這位出生於阿根廷的教宗比喻為熱情的探戈，相較之下，前任有如穩重的華爾滋。在這場會議上，貝南蒂將擔任語言和學科的翻譯，因為他精通英語、義大利語、科技、倫理和宗教。

教宗的來賓是美國科技巨擘微軟公司的總裁史密斯（Brad Smith），史密斯已經在前一天搭乘私人飛機抵達。會議的主題是AI，或者具體來說，人類如何從這項強大的技術中受益，而不會遭到擺布。這場會議恰逢其時，因為教宗擔心 AI 可能會被用在烏克蘭的戰場上，也在思考該如何防止這項技術最終摧毀人類的社會結構。

在過去的三年裡，貝南蒂成為羅馬教廷最高層的 AI 顧問。貝南蒂在美國喬治城大學完成人類增強（human enhancement）技術倫理學的博士學位，這位修士向八十五歲的教宗和資深顧問介紹 AI 的潛在應用，以及 AI 將如何改變我們所有人的生活方式——貝南蒂把 AI 描述為「像鋼鐵或電力一樣」的通用技術。雖然著名學者古爾德（Stephen Jay Gould）把信仰和科技形容為「不相重疊的權威領域」（non-overlapping magisteria），但貝南蒂正扮演兩者之間的媒人角色。

貝南蒂曾經和 IBM 的副總裁凱利（John Kelly）、字母控股（Alphabet）旗下 AI 公司谷歌 DeepMind 的前共同創辦人蘇萊曼（Mustafa Suleyman），以及 Meta 負責 AI 倫理政策的安德拉德

（Norberto Andrade）舉行過會議，讓各方對這門新興技術的設計與部署進行意見交流，討論什麼樣的作為算是「合乎道德」。

貝南蒂也協助提供建議，將關於 AI 的潛在危險告知教宗和委員會。儘管貝南蒂相信 AI 有引發另一場科技革命的力量，但也擔心 AI 可能會奪走工人的權力，以及人類的決策權。貝南蒂認為，如果不加以控制，AI 可能會對社會和平與社會公益造成不公且危險的影響。

教會領袖尤其擔心 AI 可能會讓不平等擴大。他們認為兒童和老年人在第一次工業革命中受到的傷害最重，不是被過度利用，就是被社會的巨大變革排擠。他們擔心 AI 重新分配財富和權力的方式，可能同樣會傷害社會中最脆弱的成員。

保護人類的尊嚴是首要條件

微軟總裁史密斯並不是第一次會晤教宗。2019 年，貝南蒂促成了他們的第一次會面，當時教宗的跨學科委員會在討論人工智慧的倫理問題，他們的會面是其中之一。在支持非法移民和難民的議題上取得一致的立場後，雙方代表團同意合作推動一個更雄心勃勃、更具體的目標，那就是要建立人類共同價值的誓約，以做為人工智慧設計者的指南。史密斯的參與能提供科技業的見解和幫助。

教會對 AI 有興趣或許看起來不太尋常。但是，如何讓 AI 軟體「符合」人類價值的問題已經成為當前爭論的核心——隨之而來的問題是，這些普世的人類價值到底是什麼。生成式 AI 可以流暢的寫作、創造影像和設計程式，成果不僅幾乎跟人類的創作難分軒輊，而且在未經過濾的情況下就傳送到全世界，深刻影響我們的思想和信念。電腦軟體也被用來招募工作、[1] 做出投資決策、為人們的焦慮提供建議，或診斷人們的疾病。軟體中嵌入了什麼樣的價值觀，已經成為比以往任何時候都還要迫切的問題，而宗教領袖認為他們必須在這個領域擁有發言權。

所謂的「AI 對齊」(AI alignment) 是指讓軟體與人類社會相容，現在已經成為谷歌、Anthropic 和 OpenAI（史密斯的微軟公司是背後的支持者）等 AI 公司的一部分基因。這些公司都有一套 AI 軟體應該遵循的章程 (constitution)，那是由公司內部彙整的一套倫理規則，他們開發的生成式 AI 模型都會按照章程來運作。例如搜尋巨擘谷歌的 AI 研究部門 DeepMind 的倫理研究人員，在發表的論文裡就定義了自己的一套規則，[2] 目標是實現「有益、正確且無害」的對話。Anthropic 的章程 [3] 則援引 DeepMind 的原則，再加上聯合國人權宣言、蘋果公司的服務條款，以及所謂的「非西方觀點」（但未具體說明內容）。

所有公司都警告說，他們的倫理規則還在發展中，並不能完全反映人類的價值觀。反正實際上，也不存在所有文化和社會都認同的一套倫理規則。Anthropic 就表示：「我們明顯意識到選進章程的內容反映出我們身為設計者的選擇，未來在設計章程時，我們希望能有更多人參與。」[4]

但在我們反映世界各地的觀點和文化偏差，找出更民主、更細緻的方法來設計 AI 的價值觀之前，貝南蒂覺得，不應該把決定 AI 有何倫理界限的工作只交給電腦科學家，畢竟這項強大技術產生的衝擊會影響所有的人類。貝南蒂跟許多 AI 批評者一樣，認為這是公共和民營部門都應該參與的工作，從公民，還有宗教、教育、政府和其他多邊機構，再加上企業，各種背景的人應該聚在一起，共同討論。

為了推動上述的想法，貝南蒂在 2020 年起草一項協議，名為「羅馬呼籲」（Rome Call），[5] 打算將它做為「人本主義」AI 倫理章程的基礎，核心要件是：保護人類尊嚴的重要性應該高於任何的科技進步。羅馬呼籲提出世界各地不同的利害關係人都同意，且機器本身也能夠理解和執行的人類價值基本框架，也就是所謂的「演算法倫理」（algor-ethics）。

演算法倫理的概念是，要求所有輔助決策的電腦軟體都必須表現出懷疑，並呈現倫理上的不確定性。貝南蒂說：「每當機器不知道是否能安全保護人類的價值時，就應該要求我們介入。」只有這樣，技術專家才有辦法開發出以人類福祉為中心的軟體。

AI 會帶來諸多挑戰，例如意外的後果、內建的偏誤、使用者經歷的傷害和漣漪效應，為了讓 AI 公司對這些挑戰負責，我們需要一個全球聯盟。天主教會知道自己沒有單獨行動的權威或能力。因此貝南蒂開始跟其他亞伯拉罕宗教（尤其是伊斯蘭教和猶太教）的代表接觸，以形成盟約。

貝南蒂說：「他們也看見同樣的問題，我們希望能一起找出新的解決方式。」他開玩笑說，聚在一起最難的部分是設計午餐菜單，必須滿足每一個人在宗教和文化上的偏好。但難題當然不止於此。

在 2020 年 2 月第一批簽署羅馬呼籲的單位雖然數量不多，但背景多元，有微軟、IBM、義大利政府，以及聯合國機構糧農組織。2023 年，猶太教和伊斯蘭信仰的代表在梵蒂岡舉行重要的簽署儀式，一起加入了這個團體。[6]

貝南蒂說：「據我所知，這三個一神教信仰以前從未聚在一起，針對哪樣事情簽署過聯合宣言。」

未來的領導人需要更寬廣的視角

宗教領袖對於 AI 可能擴大不平等的擔憂很有道理。透過多年來撰寫這項技術的經驗，我發現了一個模式，那就是 AI 對於社會邊緣和被排斥群體的影響尤其深遠，包括難民和移民、不穩定的勞工、社會經濟地位和種族上的少數族群，以及女性。這些群體也會因為生成式 AI 的技術限制而被嚴重影響，包括軟體輸出文本和影像時持續存在的幻覺和負面刻板印象。[7] 畢竟在開發 AI 的回聲室裡，人們只會聽到相近的意見，但這些群體很少有發聲的機會。

這就是為什麼我選擇闡述矽谷以外的民眾觀點，因為在設計或執行 AI 等新技術時，這些人的觀點經常遭到忽略。不過，2023 年在羅馬得知貝南蒂的「演算法倫理」框架時，我遇到微軟總裁史密斯。史密斯是負責任 AI 的企業代表，他與貝南蒂一起協助編寫羅馬呼籲，與此同時，他的公司則對世界最強大的人工智慧公司 OpenAI 投資了一百億美元。我忍不住問他要如何調和這兩件事。我問他是否真的相信，這樣的努力會對微軟或 OpenAI 等公司的全球霸權產生任何影響。

史密斯的回答很好：技術專家必須跟社會科學、哲學、宗教和人文學科的人有更多的聯繫，這樣才能好好考量自己製作的產品對社會產生多少衝擊。他說，以前在這方面做得不夠理想的原因，是政府幾乎沒有建立任何的指引。

史密斯說：「基本上，是讓機器有能力去做以前只有人類能做的決定。因此，如果我們沒做好這件事情，面臨到的風險就是會比以前製造出更多的問題。」

我知道微軟有自己的 AI 倫理章程，[8] 他們為自己劃定了紅線，不會把臉部辨識技術賣給獨裁者和美國警方。然而，這項技術卻在全球持續擴張，無論民主國家或獨裁國家都在使用。我問史密斯，一個有包容性、來自科技界以外的跨學科協議，會對 AI 的開發商產生任何影響嗎？

史密斯說：「我認為這對我們之中的某些人來說很重要，而且我認為對幾乎所有的人來說都會愈來愈重要，無論未來的科技領袖願意不願意，都必須以更寬闊的視角來思考。」

他的論點是，像羅馬呼籲這樣凝聚智慧的多邊共識可以影響科技業以外的權力中心，例如政府和大學，並在最終轉化為法律，進而影響微軟這類的企業。

換句話說，神學、宗教和人文學科的思想領袖或許無法直接左右科技業，但他們仍然可以對立法者施加壓力，要求科技業創新時必須更負責任。

截至目前為止，「負責任的創新」還不算是矽谷的口號。不久前，科技創業家仍恪遵臉書創辦人兼執行長祖克柏（Mark Zuckerberg）的座右銘「快速行動、打破陳規」。這句話掌握了業界的精髓，強調快速的創新與實驗，不介意在過程中犯錯和造成社會混亂。直到最近幾年，這些破壞性力量的高昂代價才逐漸顯現出來，從社群媒體在選舉操縱、陰謀論和青少年心理健康問題中扮演的角色，到接單載客和外送平臺對工作者權利的影響，乃至於我們網路隱私的集體喪失。

史密斯告訴我：「有些人為自己的快速行動、打破陳規而感到自豪。但最終我們意識到，我們並沒有真的想要打破這麼多東西。」

設計師必須遵守的原則

2023 年 1 月，就在猶太人和穆斯林抵達羅馬教廷的前一天，一場猛烈的暴風雨洗淨了羅馬的天空。一群來自以色列、阿拉伯聯合大公國和美國加州的拉比、伊瑪目和穆斯林學者，蜿蜒的爬上梵蒂岡市中心的一座山丘，經過聖彼得大教堂的大理石圓頂，緩步走向卡西納皮奧四世（Casina Pio IV）——它在十六世紀是一座貴族別墅，現在則是教廷宗座科學院（Pontifical Academy of Sciences）的所在地，又名皮亞別墅（Villa Pia）。

這些人第一次聚集在梵蒂岡，三大亞伯拉罕宗教的全球領袖以合作的精神參加會議。大主教、拉比和伊瑪目因為擔憂人類而聯合起來，他們齊聚在皮亞別墅內，面對面坐著，準備討論當天的主題：我們急需打造尊重人類權利的 AI 技術，盡量降低所有的傷害。在座的還有全球兩大科技公司的代表，分別是微軟的史密斯，以及 IBM 的研究主管吉爾（Dario Gil）。

他們一致認為，AI 是人類最重要的創新之一。到目前為止，AI 顯然正在迅速融入我們的日常生活。然而，他們很擔心 AI 技術的控制問題。就像上個世紀的核武一樣，他們擔心 AI 系統在開發的過程中沒有考量到人類的價值觀和倫理，諸如相互尊重、為了共同利益而團結合作、誠實、正義、公正、公開，以及大家一致同意的價值觀。他們認為，現代 AI 的輕率設計可能會導致濫用，為人類帶來災難性的後果。八十九歲的謝赫本巴亞（Sheikh bin Bayyah）來自阿拉伯聯合大公國，是穆斯林公認當今世上最偉大的伊斯蘭法學學者，他表示，現在這個時代讓人想起阿拉伯詩人布斯提（Abu al-Fath al-Busti）的作品，布斯提把人類的創新比喻成蠶的作繭自縛。「人類像蠶一樣，辛勞一生，最終困惑的死於自己編織的繭中。」

他們的擔憂反映了世界各地立法者提出的問題，在短短一年內，AI 軟體已經不斷發展，擴散到世界各地的經濟體。2023 年 11 月，我在英國二戰期間的破譯密碼中心布萊切利園待了兩天，來自印度、巴西、奈及利亞、中國、美國和歐盟等二十多個國家的代表，與 OpenAI、谷歌 DeepMind 和微軟等主要 AI 公司的領導人齊聚一堂，共同討論下列幾個問題。

誰該為人工智慧的錯誤負責？人工智慧將如何改變人類溝通、學習和吸收資訊的方式？這項技術會如何影響我們的行為、信念和後續行動？我們如何避免 AI 的失敗？我們如何控制一個可能比我們更聰明的系統？

齊聚布萊切利園的代表們簽署了一份關於行動必要性的聯合聲明，而羅馬呼籲則提出 AI 設計者必須遵守的六項倫理原則。這解決掉其中一些問題，包括 AI 系統必須可解釋、有包容性、沒有偏誤、可重複、保護隱私和負責任，代表有人必須為 AI 促成的任何決策負責。

當三大宗教領袖（伊斯蘭法學學者、耶路撒冷的拉比和天主教的大主教）簽署協議時，房間裡一片寂靜，每一個人都屏住呼吸。大家四處張望，牢牢記住還有誰見證這段具有歷史意義的奇妙結盟。無論外在世界的衝突有多麼劇烈，至少在這一刻，三大亞伯拉罕宗教為了捍衛人類而團結在一起。

使用AI前的十個問題

儘管此刻令人動容，但這些複雜且關乎生存的問題，不能只靠宗教領袖來找答案。就像他們跟我說的，他們在合作和道德領導方面的紀錄稱不上完美。此外，羅馬呼籲只是一個自願的承諾，沒有人有法律義務要遵守。

完美「合乎倫理」的 AI 系統需要集體的努力才能設計出來。它需要各種文化的公民、企業裡的 AI 產品發明者和銷售者共同參與。它需要人類藝術家、作家、演員和音樂家的想像力（他們的作品已經被用來開發生成式 AI），也需要政策制定者、經濟學家、學者、哲學家和倫理學家的專業知識（他們以前見識過這種激烈的社會改革浪潮）。

因為過去幾年密集報導 AI 題材，加上撰寫這本書，使我能拋磚引玉，提供一份指引方向的問題清單，協助大家在使用 AI 或控制 AI 時，能取回一些自主權和能動性。儘管這份清單並不像羅馬呼籲或布萊切利宣言那麼宏大，但這十個簡單的問題萃取自眾人的經歷，融合深思 AI 影響的人士與我的互動。每當我碰到 AI 工具，我都會問自己這些問題。無論您是誰，不管您是想要使用、抗議，或者只是想更加了解 AI 技術，都可以參考這些問題。

1. 對 AI 資料處理者來說，可以反映 AI 服務不斷成長、市場利潤豐厚、更公平、更全球一致的薪資會是什麼樣子？

2. 我們如何把社會邊緣人和其他少數族群納入 AI 的開發者和發明者，而不是招募他們從事被剝削的工作，例如內容審查？
3. 哪些 AI 生成或 AI 輔助的產品應該向消費者清楚說明，當中又有哪些應該提供免費的人工審查選項？
4. 我們如何知道一項 AI 產品是否安全，不會被入侵或操縱，也不具歧視性？如果無法知道，這項產品是否應該提供給社會大眾？
5. 為了納入 AI，可以修改或釐清哪些現有的法律，例如版權法、隱私法、網路安全法、無歧視法，或其他的人權法？
6. 我們如何把更多樣化的專業知識帶入 AI 發展和立法的討論中——尤其是來自西方以外的聲音？
7. 如果 AI 產品有助於減少不平等（例如健康照護），它們是否可以提供給有需要的社區使用，而不僅僅是給有能力購買的社區？
8. 在就業、刑事司法或福利等重要領域，誰該為 AI 工具的決策或結果負責？他們是否掌握有用的控制權？
9. 今天的技術開發者在建構新的 AI 系統時，大多會免費搜刮一些人的創意和專業知識，例如藝術家、作家、攝影師，我們該如何補償他們？

10. 面對 AI，我們有哪些公民賦權的管道，例如選擇退出 AI 系統、從生成式 AI 系統中刪除資料、選擇人工而非自動化決策的權利？

所有的衝突都是由權力引起

打從我一開始擔任科技記者時，我就被 AI 吸引，因為它提供了強大的可能性，既可以增強人類的智慧，還可以解決困難的問題。它可能是人類最終，或許也是最後的發明。事實上，許多擁護者把 AI 視為超人類技術——不但是我們自己的延伸，也是一種「物種升級」，可以讓我們變成更優秀、更閃耀的生物。頂尖 AI 公司谷歌 DeepMind 的執行長哈薩比斯（Demis Hassabis）經常把他的目標簡單描述為「解題智慧」（solving intelligence），似乎人類的智力是一個待完成的數學方程式或電玩關卡，好像有無窮無盡的機會可以改善人類。

然而，在我走訪世界各地，設法了解 AI 如何改變人們生活的過程中，這趟探索之旅也改變了我。無可否認，AI 近幾年的進步非常驚人，但不知何故，我在這段期間卻變得沒有那麼迷戀 AI 技術。大型語言模型確實令人印象深刻，甚至有些神奇，因為它們能夠解析，甚至看起來能夠推測和理解字詞，但在我發掘的故事當中，我覺得最鼓舞人心的部分不是複雜的演算法、也不是演算法的輸出，而是使用並適應 AI 技術的人類，例如醫師、科學家、零工、運動人士和創意人士，他們代表了人類最優秀的一面。

雖然我對 AI 的社會價值依然抱持著積極樂觀的態度，但我相信，無論某項工具多麼出色，都只有在維護人類尊嚴時才具有效用。我並不指望 AI 創造嶄新的「升級物種」，沒有任何的人為混亂，我反倒希望 AI 能協助我們這些普通、有缺陷的人類，過上最好、最幸福的生活。

2023 年 1 月，當我沐浴在羅馬的陽光下，站在教宗官邸外等待時，我和羅森拉比（Rabbi David Rosen）聊了起來，他曾是愛爾蘭的首席拉比，現在負責美國猶太委員會的跨宗教事務。他坦率的說，他和其他宗教同行正在做的事情有點反諷意味，畢竟宗教在歷史上並非沒有被濫用過，甚至還是許多流血衝突的肇因。他告訴我，所有的衝突最終都是由權力引起。跨國經營、擁有數十億用戶的科技公司如今掌握龐大的權力，對世界產生巨大的影響，不禁讓人想起宗教在社會裡的古老作用。「我們的職責是提醒科技公司，權力會帶來的種種愚蠢行為，」他告訴我。

那麼，如果想找到解決方案，把奪走我們自主權的強大技術，塑造成能提升我們的工具，需要付出什麼代價呢？我一邊好奇的問道，一邊費力的走上宗座宮內蜿蜒的大理石樓梯，羅森拉比和他的同事則在我旁邊。

他們微笑著說：「那就是，要走很多、很多步。」

致謝

首先感謝接受我訪問的人，沒有你們就沒有這本書。感謝寇利、恩吉托、希巴、馬哈穆德、蘇珊；莫特和馬汀；里卡內克和史嘉蕾；辛格和奧柏麥爾；薩喬；帕布洛和古蒂拉；沙米；克萊德；王松蓮和貝南蒂。感謝你們讓我深入了解你們的生活、提出一大堆問題，以及說出你們的故事。

沃爾什（Patrick Walsh）從我的腦海中挖掘出這本書，並將它化為現實。在書籍出版這個怪奇美妙的世界裡，我找不到更睿智、善良和知識淵博的嚮導了。我很幸運，在寫作的過程中還獲得一位朋友、顧問和啦啦隊隊長，謝謝你。

衷心感謝麥昌達尼（Ravi Mirchandani）和杜根（Tim Duggan），你們的智慧、辛勞和才華形塑了本書。麥昌達尼，感謝你在本書還沒寫出來之前，就透過我的視角看見了它。杜根，很感謝你的果斷和誠實。感謝史登（Gillian Stern）充滿同理心編輯本書，以及鄭雅琳（Jenn Cheong；音譯）孜孜不倦查核事實。感謝瓊斯（Philip Gwyn Jones）和托比斯（Grigory Tovbis），你們從一開始就相信本書。

感謝史萊特莉（Siobhan Slattery）的無限熱情，感謝皮卡多（Picador）、哈爾特（Holt）和皮尤文學（PEW Literary）的團隊，感謝你們以如此的能量、熱情和關懷，協助本書問世。

很多人慷慨分享他們的專業知識，成為本書的資料來源、指導者和讀者。我將永遠感激這種令人讚嘆的無私精神。特別感謝米瑟莉（Mila Miceli）、弗魯勒（Juan Ortiz Freuler）、金德（Carly Kind）、陶爾斯（Mary Towers）、簡森（Fieke Jansen）、富西、法拉、佩萊德，感謝你們花時間教育和指導我。感謝比拉利尼奧（Juanito Vilariño）和卡塔涅奧（Paula Cattaneo）幫助我探索薩爾塔的語言、地理和文化。非常感謝吉第安（Jane Gideon）和斯波菈（Christine Spolar）的專業眼光和文筆，讓本書變得更加出色。

作家協會（Society of Authors）的及時資助讓我得以進行大部分的旅行，感謝你們讓我有幸透過自己的視角報導本書。也謝謝莫特允許我使用她的詩，出自詩集《刺青的女人》（*The Illustrated Woman*）。

我很幸運能有作家朋友給予指導：沃利斯（Oli Franklin-Wallis），感謝你慷慨的分享豐富的書籍出版智慧；梅德羅斯（Joao Medeiros），感謝你幫我開啟這一切；還有海爾（Stephanie Hare），感謝妳在各個階段對每頁的內容提供回饋意見，並鼓勵我大膽思考。

感謝像家人一樣的朋友：柯雅（Keya），感謝妳閱讀本書每個版本中的每一個字，並深入參與其中的故事；永遠感謝喬治（George）、拉緹（Rati）、尼基塔（Nitika）、阿布哈（Abha）和達什（Darsh），感謝你們在書名、封面、編輯和排除障礙上的協助。

如果沒有《金融時報》眾多同事的鼓勵，我不可能在日常工作之餘完成這本書。我由衷感謝：索希爾（John Thornhill），他讀過本書最早的提案；卡拉夫（Roula Khalaf），感謝妳讓我有機會領銜報導這個精采的故事；羅絲（India Ross），感謝你在幾十個 WhatsApp 腦力激盪討論串裡的貢獻；哈蒙德（George Hammond），感謝你推薦我去看《黑暗之心》（*Heart of Darkness*）；維拉（Matt Vella）和邰蒂（Gillian Tett），感謝你們的建議；我的技術團隊，穆瑞德（Murad）、譚雅（Tanya）、提姆（Tim）、克里斯蒂娜（Cristina）、莎菈（Sarah）、約翰（John）和麥爾坎（Malcolm），感謝你們始終如一的支持。還要感謝許多在《金融時報》的同事——你們知道我在說誰。能與如此聰明、慷慨和善良的人一起工作，實乃我的榮幸。

如果沒有我的家人，寫這本書（或任何一本書）都是不可能辦到的事。我從母親那裡繼承對故事和人物的熱愛，而那正是本書的主要內容。父親的信任賦予我自信。我的姊姊是我一生的靈魂伴侶。感謝你們讓我能夠兼顧寫作和育兒，並一直做我的支持者。我愛你們。

感謝我的寶貝，你們把每一份快樂都放大了十倍，並且提供新的視角。

最後要感謝大衛（David），謝謝你給我時間、空間和無條件的愛。謝謝你總是把我放在第一位，扶持我，從不讓我跌倒。對你的感激，言語難以道盡。

參考文獻

前言　我們身為人類的基本經驗正在改變

1 M. Murgia, 'My Identity for Sale', *Wired UK*, October 30, 2014, https://www.wired.co.uk/article/my-identity-for-sale.

2 J. Bridle, 'The Stupidity of AI', *The Guardian*, March 16, 2023, https://www.theguardian.com/technology/2023/mar/16/the-stupidity-of-ai-artificial-intelligence-dall-e-chatgpt#:~:text=They%20enclosed%20our%20imaginations%20in,new%20kinds%20of%20human%20connection.

3 Hanchen Wang et al., 'Scientific Discovery in the Age of Artificial Intelligence', *Nature* 620, no. 7972 (August 3, 2023): 47–60, https://doi.org/10.1038/s41586-023-06221-2.

4 Meredith Whittaker, 'The Steep Cost of Capture', *Interactions* 28, no. 6 (November 10, 2021): 50–55, https://doi.org/10.1145/3488666.

5 V. Eubanks, *Automating Inequality: How High-Tech Tools Profile, Police, and Punish the Poor* (St Martin's Press, 2018).

6 S. Noble, *Algorithms of Oppression: How Search Engines Reinforce Racism* (NYU Press, 2018).

7 Paola Ricaurte, 'Data Epistemologies, The Coloniality of Power, and Resistance', *Television & New Media* 20, no. 4 (May 7, 2019): 350–65, https://doi.org/10.1177/1527476419831640.

8 Michael Roberts et al., 'Common Pitfalls and Recommendations for Using Machine Learning to Detect and Prognosticate for COVID-19 Using Chest Radiographs and CT Scans', *Nature Machine Intelligence* 3, no. 3 (March 15, 2021): 199–217, https://doi.org/10.1038/s42256-021-00307-0.

9 Albert Bandura, 'Toward a Psychology of Human Agency', *Perspectives on Psychological Science* 1, no. 2 (June 24, 2006): 164–80, https://doi.org/10.1111/j.1745-6916.2006.00011.x.

第 1 章 AI 產業中的隱形工人

1 Inc. Grand View Research, 'GVR Report Cover Data Collection And Labeling Market Size, Share & Trends Analysis Report By Data Type (Audio, Image/Video, Text), By Vertical (IT, Automotive, Government, Healthcare, BFSI), By Region, And Segment Forecasts, 2023–2030', March 30, 2023, https://www.grandviewresearch.com/industry-analysis/data-collection-labeling-market?utm_source=prnewswire&utm_medium=referral&utm_campaign=ICT_30-March-23&utm_term=data_collection_labeling_market&utm_content=rd1.

2 Karen Hao and Andrea Paola Hernández, 'How the AI Industry Profits from Catastrophe', *MIT Technology Review*, April 20, 2022, https://www.technologyreview.com/2022/04/20/1050392/ai-industry-appen-scale-data-labels/.

3 Madhumita Murgia, 'AI's New Workforce: The Data-Labelling Industry Spreads Globally', *Financial Times*, June 24, 2019, https://www.ft.com/content/56dde36c-aa40-11e9-984c-fac8325aaa04.

4 Mary L. Gray and Siddharth Suri, *Ghost Work: How to Stop Silicon Valley from Building a New Global Underclass* (Houghton Mifflin Harcourt Publishing, 2019).

5 Sama, 'Sama by the Numbers', February 11, 2022, https://www.sama.com/blog/building-an-ethical-supply-chain/.

6 Sama, 'Environmental & Social Impact Report', June 14, 2022, https://etjdg74ic5h.exactdn.com/wp-content/uploads/2023/07/Impact-Report-2023-2.pdf.

7 Ayenat Mersie, 'Court Rules Meta Can Be Sued in Kenya over Alleged Unlawful Redundancies', Reuters, April 20, 2023, https://www.reuters.com/technology/court-rules-meta-can-be-sued-kenya-over-alleged-unlawful-redundancies-2023-04-20/.

8 David Pilling and Madhumita Murgia, '"You Can't Unsee It": The Content Moderators Taking on Facebook', *Financial Times*, May 18, 2023, https://www.ft.com/content/afeb56f2-9ba5-4103-890d-91291aea4caa.

9 Billy Perrigo, 'Inside Facebook's African Sweatshop', *Time*, February

17, 2022, https://time.com/6147458/facebook-africa-content-moderation-employee-treatment/.

10 Milagros Miceli and Julian Posada, 'The Data-Production Dispositif ', CSCW 2022. *Forthcoming in the Proceedings of the ACM on Human-Computer Interaction*, May 24, 2022, 1–37.

11 Dave Lee, 'Why Big Tech Pays Poor Kenyans to Teach Self-Driving Cars', BBC News, November 3, 2018, https://www.bbc.co.uk/news/technology-46055595.

第 2 章　AI 偽造的影像與聲音

1 Meredith Somers, 'Deepfakes, Explained', *MIT Sloan Management Review*, July 21, 2020, https://mitsloan.mit.edu/ideas-made-to-matter/deepfakes-explained#:~:text=The%20term%20%E2%80%9Cdeepfake%E2%80%9D%20was%20first,open%20source%20face%2Dswapping%20technology.

2 Karen Hao, 'Deepfake Porn Is Ruining Women's Lives. Now the Law May Finally Ban It', *MIT Technology Review*, February 21, 2021, https://www.technologyreview.com/2021/02/12/1018222/deepfake-revenge-porn-coming-ban/.

3 James Vincent, 'Facebook's Problems Moderating Deepfakes Will Only Get Worse in 2020', *The Verge*, January 15, 2020, https://www.theverge.com/2020/1/15/21067220/deepfake-moderation-apps-tools-2020-facebook-reddit-social-media.

4 Tiffany Hsu, 'As Deepfakes Flourish, Countries Struggle With Response', *The New York Times Magazine*, January 22, 2023, https://www.nytimes.com/2023/01/22/business/media/deepfake-regulation-difficulty.html.

5 Helen Mort, 'This Is Wild', in *Extra Teeth – Issue Four*, ed. Katie Goh (Edinburgh: Extra Teeth, 2021), https://www.extrateeth.co.uk/shop/issuefour.

6 Samantha Cole, 'Creator of DeepNude, App That Undresses Photos of Women, Takes It Offline', *Vice News*, June 29, 2019, https://www.vice.com/en/article/qv7agw/deepnude-app-that-undresses-photos-of-women-takes-it-offline.

7 Matt Burgess, 'The Biggest Deepfake Abuse Site Is Growing in Disturbing Ways', *Wired*, December 15, 2021, https://www.wired.co.uk/article/deepfake-nude-abuse.

8 Ibid.

9 Matt Burgess, 'A Deepfake Porn Bot Is Being Used to Abuse Thousands of Women', *Wired*, October 28, 2020, https://www.wired.co.uk/article/telegram-deepfakes-deepnude-ai.

10 Ibid.

11 Rachel Metz, 'She Thought a Dark Moment in Her Past Was Forgotten. Then She Scanned Her Face Online', *CNN Business*, May 24, 2022, https://edition.cnn.com/2022/05/24/tech/cher-scarlett-facial-recognition-trauma/index.html.

12 Carrie Goldberg, *Nobody's Victim: Fighting Psychos, Stalkers, Pervs, and Trolls* (Little, Brown and Company, 2019).

13 Margaret Talbot, 'The Attorney Fighting Revenge Porn', *The New Yorker*, November 27, 2016, https://www.newyorker.com/magazine/2016/12/05/the-attorney-fighting-revenge-porn.

14 'Section 230', EFF, n.d., https://www.eff.org/issues/cda230.

15 Haleluya Hadero, 'Deepfake Porn Could Be a Growing Problem Amid AI Race', Associated Press News, April 16, 2023, https://apnews.com/article/deepfake-porn-celebrities-dalle-stable-diffusion-midjourney-ai-e7935e9922cda82fbcfb1e1a88d9443a.

16 Ibid.

17 Molly Williams, 'Sheffield Writer Launches Campaign over "Deepfake Porn" after Finding Own Face Used in Violent Sexual Images', *The Star News*, July 21, 2021, https://www.thestar.co.uk/news/politics/sheffield-writer-launches-campaign-over-deepfake-porn-after-finding-own-face-used-in-violent-sexual-images-3295029.

18 'Facts and Figures: Women's Leadership and Political Participation', The United Nations Entity for Gender Equality and the Empowerment of Women, March 7, 2023, https://www.unwomen.org/en/what-we-do/leadership-and-political-participation/facts-and-figures.

19 Jeffery Dastin, 'Amazon Scraps Secret AI Recruiting Tool That Showed Bias

against Women', Reuters, October 11, 2018, https://www.reuters.com/article/us-amazon-com-jobs-automation-insight-idUSKCN1MK08G.

20 Mary Ann Sieghart, *The Authority Gap: Why Women Are Still Taken Less Seriously Than Men, and What We Can Do about It* (Transworld, 2021).

21 Steven Feldstein, 'How Artificial Intelligence Systems Could Threaten Democracy', Carnegie Endowment for International Peace, April 24, 2019, https://carnegieendowment.org/2019/04/24/how-artificial-intelligence-systems-could-threaten-democracy-pub-78984.

22 'Deepfakes, Synthetic Media and Generative AI', WITNESS, 2018, https://www.gen-ai.witness.org/.

23 Yinka Bokinni, 'Inside the Metaverse' (United Kingdom: Channel 4, April 25, 2022).

24 Yinka Bokinni, 'A Barrage of Assault, Racism and Rape Jokes: My Nightmare Trip into the Metaverse', *The Guardian*, April 25, 2022, https://www.theguardian.com/tv-and-radio/2022/apr/25/a-barrage-of-assault-racism-and-jokes-my-nightmare-trip-into-the-metaverse.

第3章　自動化的人臉辨識

1 Nina Dewi Toft Djanegara, 'How 9/11 Sparked the Rise of America's Biometrics Security Empire', *Fast Company*, September 10, 2021, https://www.fastcompany.com/90674661/how-9-11-sparked-the-rise-of-americas-biometrics-security-empire.

2 Kashmir Hill, 'The Secretive Company That Might End Privacy as We Know It', *The New York Times*, January 18, 2020, https://www.nytimes.com/2020/01/18/technology/clearview-privacy-facial-recognition.html.

3 Paul Mozur, 'In Hong Kong Protests, Faces Become Weapons', *The New York Times*, July 26, 2019, https://www.nytimes.com/2019/07/26/technology/hong-kong-protests-facial-recognition-surveillance.html; Stephen Kafeero, 'Uganda Is Using Huawei's Facial Recognition Tech to Crack Down on Dissent after Anti-Government Protests', *Quartz*, November 27, 2020, https://qz.com/africa/1938976/uganda-uses-chinas-huawei-facial-recognition-to-snare-protesters; Alexandra Ulmer and Zeba Siddiqui, 'India's Use of Facial Recognition Tech during Protests Causes Stir',

Reuters, February 17, 2020, https://www.reuters.com/article/us-india-citizenship-protests-technology-idUSKBN20B0ZQ.

4 James Vincent, 'FBI Used Facial Recognition to Identify a Capitol Rioter from His Girlfriend's Instagram Posts', *The Verge*, April 21, 2021, https://www.theverge.com/2021/4/21/22395323/fbi-facial-recognition-us-capital-riots-tracked-down-suspect; James Vincent, 'NYPD Used Facial Recognition to Track down Black Lives Matter Activist', *The Verge*, August 18, 2020, https://www.theverge.com/2020/8/18/21373316/nypd-facial-recognition-black-lives-matter-activist-derrick-ingram.

5 Madhumita Murgia, 'How One London Wine Bar Helped Brazil to Cut Crime', *Financial Times*, February 8, 2019, https://www.ft.com/content/605de54a-1e90-11e9-b126-46fc3ad87c65.

6 Johana Bhuiyan, 'Ukraine Uses Facial Recognition Software to Identify Russian Soldiers Killed in Combat', *The Guardian*, March 24, 2022.

7 Joy Buolamwini and Timnit Gebru, 'Gender Shades', MIT Media Lab, 2018, http://gendershades.org/index.html.

8 Kashmir Hill, 'Another Arrest, and Jail Time, Due to a Bad Facial Recognition Match', *The New York Times*, December 29, 2020, https://www.nytimes.com/2020/12/29/technology/facial-recognition-misidentify-jail.html.

9 Kashmir Hill, 'Wrongfully Accused by an Algorithm', *The New York Times*, June 24, 2020, https://www.nytimes.com/2020/06/24/technology/facial-recognition-arrest.html.

10 Antonia Noori Farzan, 'Sri Lankan Police Wrongly Identify Brown University Student as Wanted Suspect in Terror Attack', *The Washington Post*, April 26, 2019, https://www.washingtonpost.com/nation/2019/04/26/sri-lankan-police-wrongly-identify-brown-university-student-wanted-suspect-terror-attack/.

11 Madhumita Venkataramanan, 'The Superpower Police Now Use to Tackle Crime', BBC Online, June 11, 2015, https://www.bbc.com/future/article/20150611-the-superpower-police-now-use-to-tackle-crime.

12 Chris Nuttall, 'London Sets Standard for Surveillance Societies', *Financial Times*, August 1, 2019, https://www.ft.com/content/70b35f8a-

b47f-11e9-bec9-fdcab53d6959.
13 Madhumita Murgia, 'London's King's Cross Uses Facial Recognition in Security Cameras', *Financial Times*, August 12, 2019, https://www.ft.com/content/8cbcb3ae-babd-11e9-8a88-aa6628ac896c.
14 ICO, 'Information Commissioner's Opinion: The Use of Live Facial Recognition Technology in Public Places' (London: June 18, 2021).
15 Yuan Yang and Madhumita Murgia, 'Facial recognition: how China cornered the surveillance market', *Financial Times*, December 6, 2019, https://www.ft.com/content/6f1a8f48-1813-11ea-9ee4-11f260415385.
16 Suresh K. Pandey, 'We Are Using the Facial Recognition System and Taking the Help of CCTV and Video Footage to Identify the Accused', said the Delhi Police Commissioner at the Time. 'No Culprit Will Be Spared.' *Outlook India*, January 27, 2021, https://www.outlookindia.com/website/story/india-news-facial-recognition-software-being-used-to-track-those-who-instigated-violence-during-tractor-parade-delhi-police/372380.
17 Hannah Ellis-Petersen and Aakash Hassan, 'Riot Police Attempt to Clear Farmers from Delhi Protest Camp', *The Guardian*, January 29, 2021, https://www.theguardian.com/world/2021/jan/29/riot-police-attempt-to-clear-farmers-from-delhi-protest-camp.
18 Ben Wright, '"It's Game Over": How China Used Its Technotyranny to Crush Dissent', *The Telegraph*, December 4, 2022, https://www.telegraph.co.uk/business/2022/12/04/how-chinas-technotyranny-has-crushed-lockdown-protests/.
19 Samuel Woodhams, 'Huawei Says Its Surveillance Tech Will Keep African Cities Safe but Activists Worry It'll Be Misused', *Quartz*, March 20, 2020, https://qz.com/africa/1822312/huaweis-surveillance-tech-in-africa-worries-activists.
20 Risdel Kasasira, '45 Dead in Uganda after Arrest of Pop Star Opposition Leader', *Irish Independent*, November 24, 2020, https://www.independent.ie/world-news/45-dead-in-uganda-after-arrest-of-pop-star-opposition-leader/39784406.html.
21 Tambiama Madiega and Hendrik Mildebrath, 'Regulating Facial Recognition in the EU', Publications Office of the European Union,

September 2021, https://doi.org/10.2861/140928.

22 Rishabh R. Jain, 'Hyderabad Symbolizes India's Embrace of Surveillance, Facial Recognition Tech', *The Diplomat*, December 20, 2022, https://thediplomat.com/2022/12/hyderabad-symbolizes-indias-embrace-of-surveillance-facial-recognition-tech/.

23 Padma Priya, 'Muslims Falsely Accused in Mecca Masjid Blast Angry, Disappointed After Verdict', *The Wire*, April 17, 2018, https://thewire.in/security/muslims-falsely-accused-in-mecca-masjid-blast-angry-disappointed-after-verdict.

24 Aafaqm Zafar, 'Why India's Privileged Citizens Are Cheerleaders for Surveillance Tech', *Scroll.In*, May 26, 2023, https://scroll.in/article/1049693/why-indias-privileged-citizens-are-cheerleaders-for-surveillance-tech.

25 Jane Croft and Siddharth Venkataramakrishnan, 'Police Use of Facial Recognition Breaches Human Rights Law, London Court Rules', *Financial Times*, August 11, 2020, https://www.ft.com/content/b79e0bee-d32a-4d8e-b9b4-c8ffd3ac23f4.

第 4 章　展現曙光的 AI 醫療

1 National Rural Health Mission, 'Seventh Common Review Mission – Maharashtra', February 11, 2014, https://nhm.gov.in/images/pdf/monitoring/crm/7th-crm/report/7th_CRM_Report_Maharashrta.pdf.

2 Albert Bandura, 'Toward a Psychology of Human Agency', *Perspectives on Psychological Science* 1, no. 2 (June 24, 2006): 164–80, https://doi.org/10.1111/j.1745-6916.2006.00011.x.

3 'Qure.ai Appoints Dr. Shibu Vijayan as Medical Director – Global Health', Qure.ai, September 28, 2022, https://www.qure.ai/news_press_coverages/qure-ai-appoints-dr-shibu-vijayan-as-medical-director-global-health.

4 Anjali Singh, 'Qure.ai, PATH India Partner to Provide TB, Covid Screening in Maharashtra', *Business Standard*, September 14, 2023, https://www.business-standard.com/companies/news/qure-ai-path-india-partner-to-provide-tb-covid-screening-in-maharashtra-123091400652_1.html.

5 Kritti Bhalla, 'Qure.ai Raises $40 Million to Expand Its Presence in US and Europe', *Business Insider*, March 29, 2022, https://www.businessinsider.in/business/startups/news/qure-ai-raises-40-million-to-expand-its-presence-in-us-and-europe/articleshow/90514343.cms; Singh, 'Qure.ai, PATH India Partner to Provide TB, Covid Screening in Maharashtra'.

6 'India COVID Death Toll Crosses 400,000 – Half Died in Second Wave', Al Jazeera, July 2, 2021, https://www.aljazeera.com/news/2021/7/2/india-covid-death-toll-400000-black-fungus.

7 V. P. Sharma and Vas Dev, 'Prospects of Malaria Control in Northeastern India with Particular Reference to Assam', January 2006, https://www.nirth.res.in/publications/nsth/4.VP.Sharma.pdf.

8 Atul Gawande, *Complications: A Surgeon's Notes on an Imperfect Science* (Profile Books Ltd, 2002).

9 Sendhil Mullainathan and Ziad Obermeyer, 'Diagnosing Physician Error: A Machine Learning Approach to Low-Value Health Care', *The Quarterly Journal of Economics* 137, no. 2 (April 8, 2022): 679–727, https://doi.org/10.1093/qje/qjab046.

10 '2019 Community Health Needs Assessment – Focus Group Results', n.d., Fort Defiance Indian Hospital Board, Inc., https://www.fdihb.org/documents/FDIHBInc_Community_Health_Needs_Assessment_2021-2022.pdf.

11 Ana M. Cabanas, Pilar Martín-Escudero, and Kirk H. Shelley, 'Improving Pulse Oximetry Accuracy in Dark-Skinned Patients: Technical Aspects and Current Regulations', *British Journal of Anaesthesia* 131, no. 4 (October 2023): 640–44, https://doi.org/10.1016/j.bja.2023.07.005.

12 Michael W. Sjoding et al., 'Racial Bias in Pulse Oximetry Measurement', *New England Journal of Medicine* 383, no. 25 (December 17, 2020): 2477–78, https://doi.org/10.1056/NEJMc2029240.

13 Kari Paul, 'Healthcare Algorithm Used across America Has Dramatic Racial Biases', *The Guardian*, October 25, 2019, https://www.theguardian.com/society/2019/oct/25/healthcare-algorithm-racial-biases-optum.

14 Ziad Obermeyer et al., 'Dissecting Racial Bias in an Algorithm Used to

Manage the Health of Populations', *Science* 366, no. 6464 (October 25, 2019): 447–53, https://doi.org/10.1126/science.aax2342.

15 Jayne Williamson-Lee, 'A.I. Tool Narrows Pain Disparity for Black Patients with Knee Osteoarthritis, Study Finds', *The Science Writer*, July 30, 2021, https://www.thesciencewriter.org/issue-1/ai-tool-narrows-pain-disparity-for-black-patients-with-knee-osteoarthritis-study-finds.

16 Emma Pierson et al., 'An Algorithmic Approach to Reducing Unexplained Pain Disparities in Underserved Populations', *Nature Medicine* 27, no. 1 (January 13, 2021): 136–40, https://doi.org/10.1038/s41591-020-01192-7.

17 ReportLinker, 'The Global Artificial Intelligence (AI) in Medical Diagnostics Market Size Is Expected to Reach $7.3 Billion by 2028, Rising at a Market Growth of 39.6% CAGR during the Forecast Period', *Globe Newswire*, November 23, 2022, https://www.globenewswire.com/news-release/2022/11/23/2561775/0/en/The-Global-Artificial-Intelligence-AI-in-Medical-Diagnostics-Market-size-is-expected-to-reach-7-3-billion-by-2028-rising-at-a-market-growth-of-39-6-CAGR-during-the-forecast-period.html.

18 Kasumi Widner and Sunny Virmani, 'New Milestones in Helping Prevent Eye Disease with Verily', Google, February 25, 2019, https://blog.google/technology/health/new-milestones-helping-prevent-eye-disease-verily/.

19 Wadhwani AI, 'We Are a Google AI Impact Grantee', Wadhwani AI, May 7, 2019, https://www.wadhwaniai.org/2019/05/we-are-a-google-ai-impact-grantee/.

20 Wadhwani AI, 'Laying Data Pipelines to Identify Low Birth Weight Babies', Wadhwani AI, February 1, 2021, https://www.wadhwaniai.org/2021/02/laying-pipelines/.

第 5 章　演算法給的犯罪預言

1 Jacqueline Wientjes et al., 'Identifying Potential Offenders on the Basis of Police Records: Development and Validation of the ProKid Risk Assessment Tool', *Journal of Criminological Research, Policy and Practice* 3, no. 4 (December 4, 2017): 249–60, https://doi.org/10.1108/JCRPP-01-2017-0008.

2 Nirit Peled, *MOTHERS* (Netherlands: VRPO, 2022).

3 Ishmael Mugari and Emeka E. Obioha, 'Predictive Policing and Crime Control in The United States of America and Europe: Trends in a Decade of Research and the Future of Predictive Policing', *Social Sciences* 10, no. 6 (June 20, 2021): 234, https://doi.org/10.3390/socsci10060234.

4 Kathleen McKendrick, 'Artificial Intelligence Prediction and Counterterrorism', August 2019, https://www.chathamhouse.org/sites/default/files/2019-08-07-AICounterterrorism.pdf.

5 Julia Angwin et al., 'Machine Bias', ProPublica, May 23, 2016, https://www.propublica.org/article/machine-bias-risk-assessments-in-criminal-sentencing.

6 Anouk de Koning, '"Handled with Care": Diffuse Policing and the Production of Inequality in Amsterdam', *Ethnography* 18, no. 4 (December 28, 2017): 535–55, https://doi.org/10.1177/1466138117696107.

7 Ibid.

8 'Automating Injustice: The Use of Artificial Intelligence & Automated Decision-Making Systems in Criminal Justice in Europe', Fair Trials, September 9, 2021, https://www.fairtrials.org/articles/publications/automating-injustice/.

9 Peled.

10 Fieke Jansen, 'Top400: A Top-down Crime Prevention Strategy in Amsterdam' (Amsterdam, November 2022), https://pilpnjcm.nl/wp-content/uploads/2022/11/Top400_topdown-crime-prevention-Amsterdam.pdf.

11 Wientjes et al.

12 Jansen.

13 Peled.

14 Peled.

15 Paul Mutsaers and Tom van Nuenen, 'Predictively Policed: The Dutch CAS Case and Its Forerunners', in *Policing Race, Ethnicity and Culture*, ed. Jan Beek et al. (Manchester University Press, 2023), https://doi.org/10.7765/9781526165596.00010.

16 Sam Corbett-Davies et al., 'A Computer Program Used for Bail and Sentencing Decisions Was Labeled Biased against Blacks. It's Actually

Not That Clear', *The Washington Post*, October 17, 2016, https://www.washingtonpost.com/news/monkey-cage/wp/2016/10/17/can-an-algorithm-be-racist-our-analysis-is-more-cautious-than-propublicas/.

17 Reine C. van der Wal, Johan C. Karremans, and Antonius H. N. Cillessen, 'Causes and Consequences of Children's Forgiveness', *Child Development Perspectives* 11, no. 2 (June 2017): 97–101, https://doi.org/10.1111/cdep.12216.

18 Dr Karolina La Fors, 'Legal Remedies For a Forgiving Society: Children's Rights, Data Protection Rights and the Value of Forgiveness in AI-Mediated Risk Profiling of Children by Dutch Authorities', *Computer Law & Security Review* 38, no. 105430 (September 2020): 105430, https://doi.org/10.1016/j.clsr.2020.105430.

第 6 章 資料化的社會安全網

1 'INDEC: Poverty Rose in Second Half of 2022, Affecting 39.2% of Argentina's Population', *Buenos Aires Times*, March 30, 2023, https://www.batimes.com.ar/news/argentina/indec-poverty-affected-392-of-argentinas-population-in-second-half-of-2022.phtml.

2 Mariana Sarramea, 'Adolescent Birth Rate in Argentina Has Not Dropped for 20 Years', *Buenos Aires Times*, September 25, 2019, https://www.batimes.com.ar/news/argentina/adolescent-birth-rate-in-argentina-has-not-dropped-for-20-years.phtml#:~:text=The%20situation%20worsens%20in%20terms,10%20and%2019%20years%20old.

3 'Supporting Rural and Indigenous Women in Argentina as Gender-Based Violence Rises during the COVID-19 Pandemic', UN Women, October 15, 2021, https://lac.unwomen.org/en/noticias-y-eventos/articulos/2021/10/apoyo-a-las-mujeres-rurales-e-indigenas-de-argentina.

4 Philip Alston, 'Report of the Special Rapporteur on Extreme Poverty and Human Rights. Promotion and Protection of Human Rights: Human Rights Questions, Including Alternative Approaches for Improving the Effective Enjoyment of Human Rights and Fundamental Freedoms. A/74/48037. Seventy-Fourth Session. Item 72(b) of the Provisional Agenda', United Nations Human Rights Office of the High Commissioner, October 11, 2019,

https://www.ohchr.org/en/documents/thematic-reports/a74493-digital-welfare-states-and-human-rights-report-special-rapporteur.

5 Diego Jemio, Alexa Hagerty, and Florencia Aranda, 'The Case of the Creepy Algorithm That "Predicted" Teen Pregnancy', *Wired*, February 16, 2022, https://www.wired.com/story/argentina-algorithms-pregnancy-prediction/.

6 Paz Peña and Joana Varon, 'Decolonising AI: A Transfeminist Approach to Data and Social Justice', Coding Rights, March 3, 2020, https://medium.com/codingrights/decolonising-ai-a-transfeminist-approach-to-data-and-social-justice-a5e52ac72a96.

7 'Sobre La Predicción Automática de Embarazos Adolescentes', Laboratorio de Inteligencia Artificial Aplicada, 2018, https://liaa.dc.uba.ar/es/sobre-la-prediccion-automatica-de-embarazos-adolescentes/.

8 Brad Smith, 'The Need for a Digital Geneva Convention', Microsoft, February 14, 2017; 'Microsoft France Announces $30 Million Commitment towards the Development of Ethical and Trusted Artificial Intelligence', Microsoft, March 29, 2018, https://news.microsoft.com/europe/2018/03/29/microsoft-france-announces-30-million-commitment-towards-the-development-of-ethical-and-trusted-artificial-intelligence/#:~:text=Microsoft%20France%20announces%20%2430%20million,ethical%20and%20trusted%20Artificial%20Intelligence&text=Microsoft%20France%20has%20announced%20a,artificial%20intelligence%20(AI)%20development.

9 Foo Yun Chee, 'Microsoft President Goes to Europe to Shape AI Regulation Debate', Reuters, June 30, 2023, https://www.reuters.com/technology/microsoft-president-goes-europe-shape-ai-regulation-debate-2023-06-29/.

10 Laura Schenquer and Julia Risler, 'Opinion Polls and Surveys in the BANADE Archives: A Productive Use of Governmental Technologies by the Last Military Dictatorship in Argentina (1976–1983)', *Canadian Journal of Latin American and Caribbean Studies* 44, no. 2 (May 4, 2019): 225–42, https://doi.org/10.1080/08263663.2019.1602937.

11 J. Patrice McSherry, 'Tracking the Origins of a State Terror Network: Operation Condor', *Latin American Perspectives* 29, no. 1 (2002): 38–60,

http://www.jstor.org/stable/3185071.

第 7 章 老闆不是人

1 Troy Griggs and Daisuke Wakabayashi, 'How a Self-Driving Uber Killed a Pedestrian in Arizona', *The New York Times*, March 21, 2018, https://www.nytimes.com/interactive/2018/03/20/us/self-driving-uber-pedestrian-killed.html.

2 Tyler Sonnemaker, 'UberEats Could Be Underpaying Delivery Drivers on 21% of Trips, According to a Programmer Who Reportedly Built a Tool That Found the App Was Lowballing the Miles That Drivers Traveled', *Business Insider*, August 21, 2020, https://www.businessinsider.com/uber-eats-driver-who-scraped-data-alleges-wage-theft-report-2020-8?r=US&IR=T.

3 Matthew Gault, 'Uber Shuts Down App That Told Drivers If Uber Underpaid Them', *Vice News*, February 18, 2021, https://www.vice.com/en/article/wx8yvm/uber-shuts-down-app-that-lets-users-know-how-badly-theyve-been-cheated.

4 Guy Standing, The Precariat: *The New Dangerous Class* (Bloomsbury Publishing, 2011).

5 Heather Stewart, '"Stop or I'll Fire You": The Driver Who Defied Uber's Automated HR', *The Guardian*, April 16, 2023, https://www.theguardian.com/technology/2023/apr/16/stop-or-ill-fire-you-the-driver-who-defied-ubers-automated-hr.

6 Delphine Strauss and Siddharth Venkataramakrishnan, 'Dutch Court Rulings Break New Ground on Gig Worker Data Rights', *Financial Times*, March 12, 2021, https://www.ft.com/content/334d1ca5-26af-40c7-a9c5-c76e3e57fba1

7 Amanda Sperber and Nichole Sobecki, 'Uber Made Big Promises in Kenya. Drivers Say It's Ruined Their Lives', *Pulitzer Center*, December 1, 2020, https://pulitzercenter.org/stories/uber-made-big-promises-kenya-drivers-say-its-ruined-their-lives.

8 Karen Hao and Nadine Freischlad, 'The Gig Workers Fighting Back against the Algorithms', *MIT Technology Review*, April 21, 2022, https://www.

technologyreview.com/2022/04/21/1050381/the-gig-workers-fighting-back-against-the-algorithms/.
9 Ibid.
10 Cosmin Popan, 'Embodied Precariat and Digital Control in the "Gig Economy": The Mobile Labor of Food Delivery Workers', *Journal of Urban Technology*, December 16, 2021, 1–20, https://doi.org/10.1080/10630732.2021.2001714.
11 Zizheng Yu, Emiliano Treré, and Tiziano Bonini, 'The Emergence of Algorithmic Solidarity: Unveiling Mutual Aid Practices and Resistance among Chinese Delivery Workers', *Media International Australia* 183, no. 1 (May 24, 2022): 107–23, https://doi.org/10.1177/1329878X221074793.
12 Popan.
13 Edward Jr Ongweso, 'Organized DoorDash Drivers' #DeclineNow Strategy Is Driving Up Their Pay', *Vice News*, February 21, 2021, https://www.vice.com/en/article/3anwdy/organized-doordash-drivers-declinenow-strategy-is-driving-up-their-pay.
14 Gianluca Iazzolino, '"Going Karura": Colliding Subjectivities and Labour Struggle in Nairobi's Gig Economy', *Environment and Planning A: Economy and Space* 55, no. 5 (August 19, 2023): 1114–30, https://doi.org/10.1177/0308518X211031916.
15 Veena Dubal, 'On Algorithmic Wage Discrimination', *SSRN Electronic Journal* forthcoming (2023), https://doi.org/10.2139/ssrn.4331080.
16 Eloise Barry, 'Uber Drivers Say a "Racist" Algorithm Is Putting Them Out of Work', *Time*, October 12, 2021, https://time.com/6104844/uber-facial-recognition-racist/.
17 Daniel Alan Bey, 'Will "Common Prosperity" Reach China's Takeout Drivers?', *The Diplomat*, March 12, 2022, https://thediplomat.com/2022/03/will-common-prosperity-reach-chinas-takeout-drivers/.
18 Javier Madariaga et al., 'Economía de Plataformas y Empleo ¿Cómo Es Trabajar Para Una App En Argentina?', Centro de Implementación de Políticas Públicas para la Equidad y el Crecimiento (Buenos Aires, May 2019), https://www.cippec.org/wp-content/uploads/ 2019/05/Como-es-

trabajar-en-una-app-en-Argentina-CIPPEC-BID-LAB-OIT.pdf.
19 Kate Conger, 'A Worker-Owned Cooperative Tries to Compete With Uber and Lyft', *The New York Times*, May 28, 2021, https://www.nytimes.com/2021/05/28/technology/nyc-uber-lyft-the-drivers-cooperative.html#:~:text=%E2%80%9CThe%20starting%20point%20for%20this,what%20works%20best%20for%20them.%E2%80%9D.
20 Megan Rose Dickey, 'The Drivers Cooperative Thinks Ridehailing Should Be Owned by Drivers, Not Venture Capitalists', *Protocol*, August 20, 2021, https://www.protocol.com/workplace/drivers-cooperative-uber-lyft.
21 Catrin Nye and Sam Bright, 'Altab Ali: The Racist Murder That Mobilised the East End', BBC Online, May 4, 2016, https://www.bbc.co.uk/news/uk-england-london-36191020.
22 Sarah Butler, 'Uber Drivers Entitled to Workers' Rights, UK Supreme Court Rules', *The Guardian*, February 19, 2021, https://www.theguardian.com/technology/2021/feb/19/uber-drivers-workers-uk-supreme-court-rules-rights#:~:text=It%20ruled%20that%20Uber%20must,challenge%20unfair%20dismissal%2C%20for%20example.
23 'Gig Win: Canada Supreme Court Rules in Favour of UberEats Driver', Al Jazeera, June 26, 2020, https://www.aljazeera.com/economy/2020/6/26/gig-win-canada-supreme-court-rules-in-favour-of-ubereats-driver#:~:text=Canada's%20Supreme%20Court%20on%20Friday,in%20Canada%20as%20company%20employees.; Christoph Stutz and Andreas Becker, 'Switzerland: Uber Drivers Qualify as Gainfully Employed from a Social Security Perspective,' Baker McKenzie, March 29, 2023, https://insightplus.bakermckenzie.com/bm/viewContent.action?key=Ec8teaJ9Var7Qlnw%2Bl5ArV7eOOGbnAEFKCLORG72fHz0%2BNbpi2jDfaB8lgiEyY1JAvAvaah9lF3dzoxprWhI6w%3D%3D&nav=FRbANEucS95NMLRN47z%2BeeOgEFCt8EGQ0qFfoEM4UR4%3D&emailtofriendview=true&freeviewlink=true; Tassilo Hummel, 'French Court Orders Uber to Pay Some $18 Mln to Drivers, Company to Appeal', Reuters, January 20, 2023, https://www.reuters.com/business/autos-transportation/french-court-orders-uber-pay-some-18-mln-drivers-company-appeal-2023-01-20/#:~:text=In%202020%2C%20France's%20top%20court,workers%20such%20as%20p-

aid%20holidays.

24 Peter Guest, '"We're All Fighting the Giant": Gig Workers around the World Are Finally Organizing', *Rest of World*, September 21, 2021, https://restofworld.org/2021/gig-workers-around-the-world-are-finally-organizing/.

25 Guest.

26 Yu, Treré, and Bonini, 'The Emergence of Algorithmic Solidarity: Unveiling Mutual Aid Practices and Resistance among Chinese Delivery Workers'.

27 Lily Kuo, 'Drivers in Kenya Are Protesting against Being "Uber Slaves"', *Quartz*, August 2, 2016, https://qz.com/africa/748149/drivers-in-kenya-are-protesting-against-being-uber-slaves; Meghan Tobin, 'How China's Food Delivery Apps Push Gig Workers to Strike', *Rest of World*, March 23, 2021, https://restofworld.org/2021/china-delivery-apps-strike-labormeituan/.

第 8 章 尚不完備的法律

1 Madhumita Murgia, 'Facebook Content Moderators Required to SignPTSD Forms', *Financial Times*, January 26, 2020, https://www.ft.com/content/98aad2f0-3ec9-11ea-a01a-bae547046735.

2 Afiq Fitri, 'The UK Has Spent up to £1bn on Drones to Prevent Migrant Crossings', *Tech Monitor*, April 4, 2022, https://techmonitor.ai/government-computing/uk-spent-1bn-drones-prevent-migrant-crossings.

3 Robert Booth, 'UK Warned over Lack of Transparency on Use of AI to Vet Welfare Claims', *The Guardian*, September 3, 2023, https://www.theguardian.com/politics/2023/sep/03/uk-warned-over-lack-transparency-use-ai-vet-welfare-claims#:~:text=The%20DWP%20recently%20expanded%20its,to%20assess%20claimants'%20savings%20declarations.

4 Helen Warrell, 'Home Office under Fire for Using Secretive Visa Algorithm', *Financial Times*, June 9, 2019, https://www.ft.com/content/0206dd56-87b0-11e9-a028-86cea8523dc2.

5 Henry McDonald, 'Home Office to Scrap "Racist Algorithm" for UK Visa Applicants', *The Guardian*, August 4, 2020, https://www.theguardian.com/uk-news/2020/aug/04/home-office-to-scrap-racist-algorithm-for-uk-visa-applicants.

6 Martha Dark, 'UK: Legal Action Threatened over Algorithm Used to Grade Teenagers' Exams', State Watch, August 12, 2020, https://www.statewatch.org/news/2020/august/uk-legal-action-threatened-over-algorithm-used-to-grade-teenagers-exams/.

7 Sally Weale and Heather Stewart, 'A-Level and GCSE Results in England to Be Based on Teacher Assessments in U-Turn', *The Guardian*, August 17, 2020, https://www.theguardian.com/education/2020/aug/17/a-levels-gcse-results-england-based-teacher-assessments-government-u-turn.

8 'Kenya: Meta Sued for 1.6 Billion USD for Fueling Ethiopia Ethnic Violence', Amnesty International, December 14, 2022, https://www.amnesty.org/en/latest/news/2022/12/kenya-meta-sued-for-1-6-billion-usd-for-fueling-ethiopia-ethnic-violence/.

9 Alex Warofka, 'An Independent Assessment of the Human Rights Impact of Facebook in Myanmar', Meta, November 5, 2018, https://about.fb.com/news/2018/11/myanmar-hria/; Sheera Frenkel and Davey Alba, 'In India, Facebook Grapples With an Amplified Version of Its Problems', *The New York Times*, October 23, 2021, https://www.nytimes.com/2021/10/23/technology/facebook-india-misinformation.html.

10 Micah Zenko, 'Obama's Final Drone Strike Data', Council on Foreign Relations, January 20, 2017, https://www.cfr.org/blog/obamas-final-drone-strike-data#:~:text=Less%20than%20two%20weeks%20ago,3%2C797%20people%2C%20including%20324%20civilians.

第 9 章　全面監控

1 H. Harding, 'The Impact of Tiananmen on China's Foreign Policy', *The National Bureau of Asian Research* 1, no. 3 (December 1, 1990), https://www.nbr.org/publication/the-impact-of-tiananmen-on-chinas-foreign-policy/.

2 D. Barboza, 'China Surpasses U.S. in Number of Internet Users', *New York Times*, July 26, 2008, https://www.nytimes.com/2008/07/26/business/worldbusiness/26internet.html.

3 Human Rights Watch, 'Human Rights Activism in Post-Tiananmen China', May 30, 2019, https://www.hrw.org/news/2019/05/30/human-

rights-activism-post-tiananmen-china.

4 C. Brooker, R. Jones, and M. Schur, 'Nosedive, Season 3 Episode 1', IMDB, October 21, 2016, https://www.imdb.com/title/tt5497778/.

5 L. Maizland, 'China's Repression of Uyghurs in Xinjiang', Council on Foreign Relations, September 22, 2022, https://www.cfr.org/backgrounder/china-xinjiang-uyghurs-muslims-repression-genocide-human-rights#chapter-title-0-1.

6 Maizland.

7 A. Ramzy and C. Buckley, 'The Xinjiang Papers', *The New York Times*, November 16, 2019, https://www.nytimes.com/interactive/2019/11/16/world/asia/china-xinjiang-documents.html.

8 S. Busby, 'Testimony of Deputy Assistant Secretary Scott Busby, Senate Foreign Relations Committee, Subcommittee On East Asia, The Pacific, And International Cybersecurity Policy', https://www.foreign.senate.gov/imo/media/doc/120418_Busby_Testimony.pdf.

9 'The Fight Against Terrorism and Extremism in Xinjiang: Truth and Facts', United Nations Human Rights Office of the High Commissioner, August 2022, https://www.ohchr.org/sites/default/files/documents/countries/2022-08-31/ANNEX_A.pdf.

10 P. Mozur, M. Xiao, and J. Liu, '"An Invisible Cage": How China Is Policing the Future', *The New York Times*, June 25, 2022, https://www.nytimes.com/2022/06/25/technology/china-surveillance-police.html.

11 'Big Data Fuels Crackdown in Minority Region', Humans Rights Watch, February 26, 2018, https://www.hrw.org/news/2018/02/26/china-big-data-fuels-crackdown-minority-region.

12 M. Wang, 'China's Algorithms of Repression', Human Rights Watch, May 2019, https://www.hrw.org/report/2019/05/01/chinas-algorithms-repression/reverse-engineering-xinjiang-police-mass#4458.

13 Human Rights Watch, 'Big Data Program Targets Xinjiang's Muslims', December 9, 2020, https://www.hrw.org/news/2020/12/09/china-big-data-program-targets-xinjiangs-muslims.

14 'Big Data Program Targets Xinjiang's Muslims'.

15 E. Feng, '"Afraid We Will Become The Next Xinjiang": China's

Hui Muslims Face Crackdown', *NPR*, September 26, 2019, https://www.npr.org/2019/09/26/763356996/afraid-we-will-become-the-next-xinjiang-chinas-hui-muslims-face-crackdown.

16 Mozur, Xiao, and Liu.

17 A. Mbembe, *Necropolitics* (Duke University Press, 2019).

18 S. Tripathi, 'Abduweli Ayup on Government Use of Facial Recognition Technology', Institute for Human Rights and Business, October 16, 2019, https://voices.ihrb.org/episodes/podcast-abduweli-ayup.

19 P. Mozur, 'In Hong Kong Protests, Faces Become Weapons', *The New York Times*, July 26, 2019, https://www.nytimes.com/2019/07/26/technology/hong-kong-protests-facial-recognition-surveillance.html.

20 S. Bradshaw, 'Influence Operations and Disinformation on Social Media', Centre for International Governance Innovation, 2020, https://www.jstor.org/stable/pdf/resrep27510.9.pdf.

21 Y. Yang and M. Ruehl, 'China's Leading AI Start-Ups Hit by US Blacklisting', *Financial Times*, October 8, 2019, https://www.ft.com/content/663ab29c-e9bd-11e9-85f4-d00e5018f061.

22 M. Murgia, 'Who's Using Your Face? The Ugly Truth about Facial Recognition', *Financial Times*, September 18, 2019, https://www.ft.com/content/cf19b956-60a2-11e9-b285-3acd5d43599e.

23 M. Ruehl, P. Riordan, and E. Olcott, 'Can SenseTime Become a Chinese AI Champion?', *Financial Times*, September 21, 2021, https://www.ft.com/content/c735e0f3-5704-47b5-a76f-7a02d53a1525.

24 J. Pickard and Y. Yang, 'UK Politicians Raise Alarm over Chinese CCTV Providers', *Financial Times*, July 4, 2022, https://www.ft.com/content/dc74d6ea-8238-456f-9512-931a8cd0656e.

25 Y. Yang, 'UK Limits Use of Chinese-Made Surveillance Systems on Government Sites', *Financial Times*, November 25, 2022, https://www.ft.com/content/abdc8265-7188-4d59-ab62-596416bc76cb.

26 M. Murgia and C. Shepherd, 'Western AI Researchers Partnered with Chinese Surveillance Firms', *Financial Times*, April 19, 2019, https://www.ft.com/content/41be9878-61d9-11e9-b285-3acd5d43599e.

27 Y. Yang and M. Murgia, 'Facial Recognition: How China Cornered the Surveillance Market', *Financial Times*, December 6, 2019, https://www.ft.com/content/6f1a8f48-1813-11ea-9ee4-11f260415385.

28 R. Wu and L. Yuxiu, 'A Law Professor Defends His Rights: The Risks of Facial Recognition Are Greater than You Think', *The Paper, China*, October 21, 2020, https://www.thepaper.cn/newsDetail_forward_9640715.

29 Mozur, Xiao, and Liu.

30 P. Mozur, 'The AI-Surveillance Symbiosis in China: A Big Data China Event', Center for Strategic and International Studies, August 18, 2022, https://www.csis.org/analysis/ai-surveillance-symbiosis-china-big-data-china-event.

31 Y. Yang, 'China's Zero-Covid Protests Create a Rare Nationwide Coalition of Interests', *Financial Times*, November 28, 2022, https://www.ft.com/content/9fd310a3-cc3f-422a-960c-6a2b63d144dd.

32 P. Mozur, C. Fu, and A. Chang Chien, 'How China's Police Used Phones and Faces to Track Protesters', *The New York Times*, December 4, 2022, https://www.nytimes.com/2022/12/02/business/china-protests-surveillance.html.

第 10 章 轟動社會的新突破

1 M. Murgia, 'Transformers: The Google Scientists Who Pioneered an AI Revolution', *Financial Times*, July 23, 2023, https://www.ft.com/content/37bb01af-ee46-4483-982f-ef3921436a50.

2 A. Vaswani et al., 'Attention Is All You Need', *Arxiv*, June 12, 2017, https://arxiv.org/abs/1706.03762.

3 M. Murgia, 'OpenAI's Mira Murati: The Woman Charged with Pushing Generative AI into the Real World', *Financial Times*, June 18, 2023, https://www.ft.com/content/73f9686e-12cd-47bc-aa6e-52054708b3b3.

4 R. Waters and T. Kinder, 'Microsoft's $10bn Bet on ChatGPT Developer Marks New Era of AI', *Financial Times*, January 16, 2023, https://www.ft.com/content/a6d71785-b994-48d8-8af2-a07d24f661c5.

5 M. Murgia and Visual Storytelling, 'Generative AI Exists Because of the Transformer', *Financial Times*, September 12, 2023, https://ig.ft.com/

generative-ai/.

6 Murgia and Visual Storytelling.

7 K. Woods, 'GPT Is a Better Therapist than Any Therapist I've Ever Tried', Twitter, April 6, 2023, https://twitter.com/Kat__Woods/status/1644021980948201473.

8 R. Metz, 'AI Therapy Becomes New Use Case for ChatGPT', *Bloomberg Businessweek*, April 18, 2023, https://www.bloomberg.com/news/articles/2023-04-18/ai-therapy-becomes-new-use-case-for-chatgpt?embedded-checkout=true.

9 K. Roose, 'Bing's A.I. Chat: "I Want to Be Alive"', *The New York Times*, February 16, 2023, https://www.nytimes.com/2023/02/16/technology/bing-chatbot-transcript.html.

10 P. Cooper, '#GPT4 Saved My Dog's Life', Twitter, March 25, 2023, https://twitter.com/peakcooper/status/1639716822680236032.

11 M. R. Lee, 'Lawyer Suing Avianca Used ChatGPT Which Invented 6 Cases Now Sanctions Hearing Here', Inner City Press, June 8, 2023, https://www.innercitypress.com/sdny126bcastelaviancachatgpticp060823.html.

12 M. Murgia, 'OpenAI's Red Team: The Experts Hired to "Break" ChatGPT', *Financial Times*, April 14, 2023, https://www.ft.com/content/0876687a-f8b7-4b39-b513-5fee942831e8.

13 B. Perrigo, S. Shah, and I. Lapowsky, 'TIME 100 AI – Thinkers', *Time*, September 7, 2023, https://time.com/collection/time100-ai/#thinkers.

14 M. Murgia, 'How Actors Are Losing Their Voices to AI', *Financial Times*, July 1, 2023, https://www.ft.com/content/07d75801-04fd-495c-9a68-310926221554.

15 J. Bridle, 'The Stupidity of AI', *The Guardian*, March 16, 2023, https://www.theguardian.com/technology/2023/mar/16/the-stupidity-of-ai-artificial-intelligence-dall-e-chatgpt#:~:text=They%20enclosed%20our%20imaginations%20in,new%20kinds%20of%20human%20connection.

16 V. Zhou, 'AI Is Already Taking Video Game Illustrators' Jobs in China', *Rest of World*, April 11, 2023, https://restofworld.org/2023/ai-image-china-video-game-layoffs/.

17 Zhou.

18 Spawned, 'We Are Thrilled to Announce That Our Campaign to Gather Artist Opt Outs Has Resulted in 78 Million Artworks Being Opted out of AI Training', Twitter, March 7, 2023, https://twitter.com/spawning_/status/1633196665417920512.

19 T. Chiang, *The Lifecycle of Software Objects* (Subterranean Press, 2010).

20 T. Chiang, 'ChatGPT Is a Blurry JPEG of the Web', *The New Yorker*, February 9, 2023, https://www.newyorker.com/tech/annals-of-technology/chatgpt-is-a-blurry-jpeg-of-the-web.

21 E. M. Forster, 'The Machine Stops', *Oxford and Cambridge Review*, November 1909.

後記 讓人類保持一致的價值

1 M. Murgia and A. Raval, 'AI in Recruitment: The Death Knell of the CV?', *Financial Times*, June 18, 2023, https://www.ft.com/content/98e5f47a-7d0d-4e63-9a63-ff36d62782b8.

2 A. Glaese et al., 'Improving Alignment of Dialogue Agents via Targeted Human Judgements', *Arxiv*, September 28, 2022, https://doi.org/10.48550/arXiv.2209.14375.

3 Anthropic, 'Claude's Constitution', May 9, 2023, https://www.anthropic.com/index/claudes-constitution.

4 Anthropic.

5 'The Rome Call for AI Ethics', RenAIssance Foundation, February 28, 2020, https://www.romecall.org/the-call/.

6 M. Murgia, 'The Vatican and the Moral Conundrums of AI', *Financial Times*, February 15, 2023, https://www.ft.com/content/40ba0b91-7e72-415b-8ac6-4031252576cc.

7 L. Nicoletti and D. Bass, 'Humans Are Biased. Generative AI Is Even Worse', Bloomberg, June 9, 2023, https://www.bloomberg.com/graphics/2023-generative-ai-bias/.

8 'Microsoft Responsible AI Standard', Microsoft, June 2022.

科學文化 239

AI 底層真相：如何避免數位滲透的陰影

Code Dependent: Living in the Shadow of AI

原　　著 —— 穆吉亞（Madhumita Murgia）
譯　　者 —— 江坤山
科學叢書顧問群 —— 林和（總策劃）、牟中原、李國偉、周成功

副社長兼總編輯 —— 吳佩穎
編輯顧問 —— 林榮崧
副總編輯 —— 陳雅茜
責任編輯 —— 吳育燐
美術設計 —— 蕭志文
封面設計 —— bianco

出 版 者 —— 遠見天下文化出版股份有限公司
創 辦 人 —— 高希均、王力行
遠見・天下文化　事業群榮譽董事長 —— 高希均
遠見・天下文化　事業群董事長 —— 王力行
天下文化社長 —— 王力行
天下文化總經理 —— 鄧瑋羚
國際事務開發部兼版權中心總監 —— 潘欣
法律顧問 —— 理律法律事務所陳長文律師　　著作權顧問 —— 魏啟翔律師
社　　址 —— 台北市 104 松江路 93 巷 1 號 2 樓
讀者服務專線 —— 02-2662-0012 ｜傳真 —— 02-2662-0007；02-2662-0009
電子郵件信箱 —— cwpc@cwgv.com.tw
直接郵撥帳號 —— 1326703-6 號 遠見天下文化出版股份有限公司

國家圖書館出版品預行編目 (CIP) 資料

AI 底層真相 : 如何避免數位滲透的陰影 / 穆吉亞 (Madhumita Murgia) 著 ; 江坤山譯 . -- 第一版 . -- 臺北市 : 遠見天下文化出版股份有限公司 , 2024.10
面 ;　公分 . -- (科學文化 ; 239)
譯自 : Code dependent : living in the shadow of AI.
ISBN 978-626-355-954-7(平裝)

1.CST: 人工智慧 2.CST: 資訊社會

541.415　　113014093

電腦排版 —— 蕭志文
製 版 廠 —— 東豪印刷事業有限公司
印 刷 廠 —— 祥峰印刷事業有限公司
裝 訂 廠 —— 聿成裝訂股份有限公司
登 記 證 —— 局版台業字第 2517 號
總 經 銷 —— 大和書報圖書股份有限公司 電話／ 02-8990-2588
出版日期 —— 2024 年 10 月 29 日第一版第 1 次印行
2025 年 5 月 26 日第一版第 3 次印行

定價 —— NTD 450 元
書號 —— BCS239
ISBN —— 978-626-355-954-7 ｜ EISBN 9786263559509（EPUB）；9786263559516（PDF）

天下文化官網 —— bookzone.cwgv.com.tw

天下文化
BELIEVE IN READING